八道灣十一號

八道湾十一号

黄乔生

生活·讀書·新知 三联书店　　生活書店出版有限公司

图书在版编目（CIP）数据

八道湾十一号 / 黄乔生著. — 北京：
生活书店出版有限公司，2015.6（2015.12重印，2019.8重印）
ISBN 978-7-80768-082-6

Ⅰ. ①八… Ⅱ. ①黄… Ⅲ. ①鲁迅（1881～1936）－人物研究 ②周作人（1885～1967）－人物研究 Ⅳ. ①K825.6

中国版本图书馆CIP数据核字（2015）第048290号

责任编辑 肖 严
装帧设计 张 胜 / 生生书房
版面制作 从文工作室
责任印制 常宁强

出版发行 生活書店出版有限公司
（北京市东城区美术馆东街22号）
邮　　编 100010
印　　刷 北京隆昌伟业印刷有限公司
版　　次 2015年6月北京第1版
2019年8月北京第3次印刷
开　　本 635毫米×965毫米 1/16 22.5印张
印　　数 11,000-13,000册
字　　数 203千字
定　　价 44.00元
（印装查询：010-64002717；邮购查询：010-84010542）

本书如有印装质量问题，由承印厂负责调换。

序言

鲁迅（1881—1936）

周作人（1885—1967）

周建人（1888—1984）

中国现代著名作家鲁迅、周作人和社会活动家周建人——人们称为“周氏三兄弟”或“周氏兄弟”——曾居住过的八道湾十一号宅院，坐落在北京西城。从西直门向东，西直门内大街与赵登禹路交叉口向南约一百米，路东有一条狭窄弯曲的胡同，就是八道湾胡同。沿着这条胡同往东走，是十一号的西跨院。绕着院子往南，再往东，是前公用库胡同（现名前公用胡同）。八道湾十一号的南门也就是正门，就开在前公用胡同里。鲁迅、周作人的日记、书信或文章里提到他们的住宅，有时写作“新街口八道湾”，有时也写作“西直门内公用库八道湾”。

清末，这一地区属正红旗管辖，颇有一些尊贵住户。八道湾十一号原为东邻刘姓大院（今八道湾九号）的一个附属院落。鲁迅到八道湾看房时，他的教育部同事钱稻孙一起去看过，那时已是民国八年，王公贵族纷纷凋零。在钱稻孙的印象中，这是“一个破破烂烂的小王府”。

从公用库这个名称推测，附近应该有过仓库。据史料记载，在八道湾东面，现在的后公用胡同一带，有过一个宫衣库，可能是保管宫廷服饰的地方，但也有史料称之为“官银库”，后来，也许是为了避免使用“官”、“宫”字样吧，简称前、后公用库胡同。如今，干脆去掉“仓库”的“库”字，成了“公用胡同”，离本意更远，更让人摸不着头脑了。

八道湾地处皇城西北，习惯上人们笼统称这里为西城。鲁迅当年写小说，背景除了设在他的故乡绍兴外，偶尔也设在北京西城。例如《示众》开头就写道“在首善之区的西城的一条马路上”。周作人有时也在文章或者书信的结尾署上：某年某月某日于北京之西北城。

鲁迅在此居住时的民国时代，此地行政区划属右四区。

八道湾胡同西边原本有一条从西北向东南流去的弯弯曲曲的金水河。民国二年出版的地图上，还有这条河的标识。后来河水渐少，河道淤塞，变成一条臭水沟，称为“大明壕”。1921年，开始填沟修路，但河水仍在下面流淌，成为暗河。直到1930年，河道才全部填平，修成马路，分为南北两段，当地人称这样的道路为“沟沿”，八道湾处在北沟沿，所以周作人就有文章叫作《北沟沿通信》。胡同名称中的“湾”字，也有可能是指河道而非指胡同的形状，虽然这条叫八道湾的胡同——有时写作“八道弯”——的确弯得可以。

这条北沟沿大街，后来为纪念国民党西北军抵抗日本帝国主义侵略时阵亡的将军，得名赵登禹路（另外两个同时命名的是张自忠路和佟麟阁路）。1966年8月，“文化大革命”运动蓬勃开展，北京市委和市委机关的群众组织为了表现革命性，写报告给中央，提出张自忠、赵登禹、佟麟阁等人不是抗日英雄，道路应该重新命名。于是，“赵登禹路”改为“中华路”（“张自忠路”改为“工农兵东大街”，“佟麟阁路”改为“四新路”）。1972年后整顿街道名称，“中华路”还曾改名为“白塔寺东街”。1984年，又恢复了赵登禹路之名，沿用至今。

多年来，这座中国现代文学史上有名的院落的生存状态不佳，早已不复当年旧观，甚至险些被拆毁。所幸，因为曾为鲁迅所居，它在高楼大厦雨后春笋般生长的时代，仍奇迹般地生存着。

全国鲁迅纪念的设施共有六处，分别在北京、上海、绍兴、广州、厦门和南京。北京的鲁迅旧居坐落在西城区阜成门内宫门口西三条（现为宫门口二条）胡同，已被列为全国重点文物保护单位，那里建有鲁迅博物馆；上海鲁迅旧居在北四川路大陆新村；绍兴是鲁迅的出生地，故居也是祖居，如今连同他少年时代就读的私塾，都被列为全国重点文物保护单位；鲁迅曾任厦门大学教授，该校集美楼上鲁迅住宿和办公合一的房间乃至整个一层楼，如今也辟为鲁迅纪念馆；同样，广州的大钟楼上也建有鲁迅纪念馆；南京是鲁迅青年时代求学的地方，他就读过的陆师学堂附设矿路学堂旧址，现存南京师范大学附属中学校内。该校也特设鲁迅纪念室。

鲁迅在北京住过的地方有四个：宣武门外绍兴会馆、八道湾十一号、西四砖塔胡同六十一号和阜成门内宫门口西三条二十一号。居住时间最长的是绍兴会馆，时间最短的是砖塔胡同。绍兴会馆是公共住所，非专有住宅，鲁迅和周作人在那里借住；砖塔胡同则是短期租住。可以作为故居的只有八道湾十一号和宫门口西三条二十一号住宅。中华人民共和国成立后，政府将宫门口西三条二十一号辟为鲁迅故居和博物馆，而没有选择八道湾十一号。

八道湾十一号住宅是周氏三兄弟将故乡绍兴的房产卖掉筹款购买的。1921年，周建人离开，1923年，鲁迅因与二弟周作人反目，另购房屋居住，八道湾宅院留给了周作人一家和周建人的前妻及儿女使用。周作人在日本占领北平时期加入伪政府，战争结束后被逮捕判刑，房产被法院没收。

中华人民共和国成立之初，政府也曾考虑在八道湾建纪念鲁迅的设施，因为院内有一部分房产属于鲁迅，鲁迅曾在此创作了包括《阿Q正传》在内的大量作品。据院内的居民回忆，有一天许广平来了，跟住在院子里的华北军区纠察队的连长说，鲁迅和周建人名下的房产都捐给政府了。她还转达周总理的意见，说这里以后或辟为纪念鲁迅的场所，或改作鲁迅小学。但这些设想后来没有实现。

到北京鲁迅博物馆参观的人，常常问起八道湾十一号的情况。博物馆的鲁迅生平陈列中，不但有这座院落的老照片，而且还有一个全景模型。但有些观众，不满足于这些材料，总想实地察看。我自己就陪同过好多位中外朋友到八道湾参观。大家看到院内加盖的低矮拥挤的房屋，满地堆放的杂物，总是不胜唏嘘，发出沧海桑田之叹。

我每次去八道湾十一号参观，都能感受到这里的居民搬出大杂院、改善居住条件的渴望。他们总是询问，政府有没有建立博物馆的计划，何时才能“动”。1996年，因为旧城改造，八道湾一带要开发商品住宅楼。消息传出，舆论涌起一片反对声浪。关键时刻，鲁迅的威望起了作用，八道湾十一号连同周围的一片平房幸免于拆。

同时，人们也不能不考虑，假如保留院落，一个凌乱不堪的大杂院将做什么用场？居民埋怨于内，开发商虎伺于外，其状况终究令人不安。有人建议辟为鲁迅旧居，作为鲁迅博物馆的分馆对外开放。有人就此提出反对意见：全国纪念鲁迅的机构已有六个，北京也已经有一家规模较大的博物馆，不必再增加同类设施了。

还有人主张将其辟为北京（新）文化研究基地。新文化运动是中国近现代历史上的大事件，研究新文化，不能绕过鲁迅和周作人。北大红楼是“五四”运动的策源地，新文化运动的代表人物陈独秀、胡适、李大钊、鲁迅和周作人等都在那里担任过教职；周氏兄弟在北京的住宅也是新文化尤其是新文学史上有象征意义的建筑物。文学史家郑振铎曾说：“假如我们说，‘五四’以来的中国文学有什么成就，无疑的，我们应该说，鲁迅先生和他（周作人）是两个颠扑不破的巨石重镇，没有了他们，新文学史上便要黯然失光。”

周氏兄弟同住的八道湾十一号具有丰富的人文价值，需要充分认识，妥善保护，合理利用。

2009年1月

目录

八道湾十一号平面分布图

（根据周丰二先生1987年绘制图制作）

* 1919年，瓦房27间，灰背房5间，占地4亩，西边跨院是空地；
1940年（大约）在西院建瓦房12间，灰背平房8间，廊6间。

一　四合院

八道湾十一号周宅，摄于20世纪20年代

周家原籍浙江绍兴。

在绍兴，周家是大户，当地称作“台门人家”。但到了鲁迅的祖父周福清一代，周家已经衰落。周福清发奋苦读，中进士，入翰林院，给周家带来中兴的希望。但因为他性情乖戾，仕途多舛。后来科场舞弊，被捕入狱，经皇帝亲自过问，从重处罚，被判斩监候。周家为了减刑，卖地当物，疏通关节，政治地位一落千丈，经济更加拮据。鲁迅的父亲还因此被斥革了秀才名分，永不得参加科考，再无出头之日，因此抑郁成疾，三十七岁去世。在这个过程中，鲁迅和两个弟弟担惊受怕，颠沛流离，寄人篱下，屡遭白眼，深切感到了人情冷暖，世态炎凉。

兄弟们有了一个心愿：重振家业。

鲁迅18岁踏上了外出求学的道路，二弟作人步其后尘。他们先到南京，后到日本，接触了新学，开阔了眼界。他们所走的这条道路，与传统的科举仕途相违，按当时人的说法，是“将灵魂出卖给了魔鬼”，很不光彩的。但世事难料，几年后朝廷废科举，兴新学，他们这一批青年，既有旧学根底，又受新学熏陶，倒成了时代的弄潮儿。

当初，眼看两个哥哥陆续到大城市读书甚至留洋，建人也不愿待在家里了。他向母亲表达了外出求学的心愿。母亲不愿意三个儿子全都离开自己，想留一个在身边。两个哥哥假期回家，也竭力劝说弟弟留下来照顾母亲。他们承诺，等他们两个在外面站稳了脚跟，就把母亲和弟弟接过去同住，有福同享。鲁迅的母亲曾对邻居谈及这段往事，说："你们大先生、二先生出去读书，三先生因自幼身体瘦弱多病，我也不放心他离开我，而且那时家里也确实没有钱。于是，你们大先生、二先生商量决定，他们出去读书，让你们三先生留在绍兴，一面照料家务，一面可以陪伴我；再在绍兴找点工作做，一面自学。将来他们学成回国，工作以后，收到薪金大家合用。这就是你们三先生没有出去留学的原因。"[1]

鲁迅从日本回国后，先在杭州，后回到绍兴教书。当时，二弟作人与日本姑娘羽太信子结婚，尚在日本；小弟弟在家乡的小学校教书，两兄弟的收入不高，又要资助周作人夫妇，经济仍不宽裕。1911年9月，周作人结束在日本的留学生活，携羽太信子回到绍兴。三兄弟和母亲，一家人共同生活了几个月时间。

辛亥革命后，鲁迅离开家乡，到南京（随后到北京）民国政府教育部任职。1917年4月，经鲁迅向北京大学校长蔡元培介绍，周作人来到北京，先在北京大学国史编纂处任职，后被聘为北大文科教授。鲁迅在北京的前几年，住在南城的绍兴会馆，过着单身生活。政事之余，他潜心读书，研究学问。二弟来京后，也住在绍兴会馆，两兄弟生活上相互照顾，学问上相互切磋。

新文化运动兴起，鲁迅和周作人文名渐盛。他们在北京立定了脚跟，就谋划将在绍兴的家属接到北京。绍兴老宅周围的房屋已经差不多都卖掉。新主人希望买下整个宅子，催他们尽快搬

1　俞芳《太师母谈鲁迅兄弟》，见《我记忆中的鲁迅先生》，浙江人民出版社 1981 年版。

走。这形势，使他们不能再犹豫。

尽管鲁迅平时对家乡颇多不满，但卖掉祖宅、永远离开家乡，想必感觉像一棵树被连根拔起，感情上不免起些波澜。他在给朋友的信中写道："在绍之屋为族人所迫，必须卖去，便拟挈眷居于北京，不复有越人安越之想。"[1]

全家迁居北京，就须在北京找房子。

从1919年2月开始，鲁迅四处看房。从寻找的范围看，都在北京城西，这首先是考虑离工作场所距离较近——鲁迅供职的教育部，在今北京西城西单附近的教育街；周作人任教的北京大学，在东西城交界处的沙滩。鲁迅先由教育部同事齐寿山介绍和陪同到报子街、铁匠胡同，同朱孝荃、张协和到广宁伯街看房子，此外还同林鲁生等人一起看了鲍家街、辟才胡同等处的房子。5月间，经教育部同事徐吉轩介绍，到蒋街口、护国寺一带看房。7月间，终于看中新街口八道湾十一号院子，15日量屋作图，21日决定购买，随后验契付款。8月19日晚在广和居收契并付1750元，另加中保人酬金175元。10月5日，收房屋九间，付400元。当时，院子里居住的似乎不止一家。11月4日，鲁迅又由徐吉轩陪同，到八道湾见罗姓房主和中保人，交房款1350元，至此完成了对全院房屋的购买。房款加上中保费、契税和装修费用，合计花费4300多元。

看房、议价、办各种契税、筹借款项等，几乎由鲁迅一人完成。鲁迅曾通过教育部的同事齐寿山借了500元，利息一分三厘，

1　鲁迅1919年1月16日致许寿裳信。信中还说："近来与绍兴之感情亦日恶，殊不自至(知)其何故也。"见《鲁迅全集》第十一卷，人民文学出版社2005年版。

六月

三日晴下午曇同徐吉軒往護國寺一帶看屋 晚大風一陣後小雨

七月

十日小雨上午寄羅志希信 午後晴同徐吉軒往八道灣看屋 夜劉半農錢玄同來即託其帶去孔德學校捐款見泉十元

十五日晴上午寄三弟週評一包 午後往八道灣量屋作圖

二十三日晴上午得三弟信十九日發(五四) 午後擬買八道灣羅姓屋同原主赴警察總廳報告 往中央公園觀監獄出品展覽會買藍格毛巾一打泉三元 下午寄朱孝荃信 寄許詩荃信 晚錢玄同來

三十一日晴上午得二弟信二十四日發 寄錢玄同信并文藁八枚 午後往護國寺理房屋雜務 晚宋紫佩來 夜雨

八月

二日晴上午得三弟信廿九日發(五六) 辰文館寄來俚謠一册 大學遣工送二弟之六月下半月薪水百廿 午後往西直門內橫橋巡警分駐所問屋事 晚子佩來談 開譯或ル青年ノ夢

十八日晴午後往市政公所驗契 得三弟信十四日發(六十)

十九日晴上午往浙江興業銀行取泉 買羅氏屋成晚在廣和居收契并先付見泉一千七百五十元又中保泉一百七十五元

九月

六日晴午後二弟領得買屋憑單來

七日曇風午晴下午往八道灣宅

八日晴下午付木工泉五十

十日曇午後往八道灣 晚小雨 夜劉半農來

十二日曇上午往八道灣

十三日晴上午託齊壽山假他人泉五百息一分三釐期三月 在八道灣宅置水道付工值銀八十元一角小費從陳姓宅被索去假道之費三十元又二所閒者索去五元 下午在部會議 晚宋子佩來

十四日晴午後往八道灣宅置水道已成 付木工泉五十 晚潘企莘來 夜風收拾書籍入箱

十六日曇星期休息上午蔣抑卮來 午後寄遐卿信 下午許詩荃來并致銘伯先生及季市所送遷居賀泉共廿 夜收拾什物在會館者訖 風

十八日晴午後往八道灣宅 得李遐卿信

二十一日晴上午與二弟眷屬俱遷入八道灣宅

二十九日晴午後付木工泉百七十五波黎泉四十凡修繕房屋之事略備具

十二月

二十四日晴下午以舟二艘奉母偕三弟及眷屬携行李發紹興蔣玉田叔來送 夜燈籠焚以手撲滅之傷指

二十九日晴晨發天津午抵前門站重君二弟及徐坤在驛相迓徐吉軒亦令劉升孫成至從容出站 下午俱到家

己未日記

二月

十一日晴 午后同齊壽山往報子街看屋〻已售

十三日晴 上午得東京堂信 午后同齊壽山往鐵匠胡同看屋不合用

二十四日晴 午后看屋

二十七日晴 上午往林魯生家同去看屋二處

三月

一日晴 上午往銘伯先生寓 午后同林魯生看屋數處 下午大風 晚錢玄同來

八日曇 午后邀張協和看屋 夜雨雪

十日晴 午后同林魯生看屋 下午往銘伯先生寓

十二日晴 午后看屋又往留黎廠 夜宋紫佩來

十四日晴 午后看屋 下午復出且邀協和俱

十九日晴 上午東京堂寄來小說一冊并明信片 午同朱孝荃、張協和至廣寧伯街看屋 后在協和家午飯 晚宋子佩來

四月

十三日晴 星期休息 下午劉半農來 朱鄴之來，隨之同往鮑家街看屋 收二弟所寄書一包五本，八日紹興發

五月

二日晴 午后寄尹默信 下午同壽山至辟才胡同看地

二十九日晴 上午得冀叔昭信 午后復之 下午與徐吉軒至蔣街口看屋 晚錢玄同來

十八日晴 上午寄許季市、張梓生及三弟雜志各一卷 午后同齊壽山、徐吉軒及張木匠往八道灣看屋工 下午得李遐卿信

二十六日雨 星期休息 午后羅及李來為屋事

十月

五日晴 星期休息 上午得沈尹默信并詩 午后往徐吉軒寓招之同往八道灣收房九間，交泉四百 下午小雨

六日曇 午后往警察廳報修理房屋事

十日晴 休假 上午往八道灣視修理房屋

十一日曇 午后往洪橋警察分駐所驗契 下午雨

十四日晴 午后往瑞蚨祥買布匹之類 夜齒痛

十六日晴 下午往八道灣宅

十九日晴 星期休息 上午同重君、二弟、二弟婦及豐、謐、蒙乘馬車同游農事試驗場，至下午歸，並順道視八道灣宅

二十三日晴 下午往八道灣宅

二十四日晴 下午往大柵闌買衣服雜物

二十七日晴 上午收本月奉泉三百 付木工見泉五十 下午往自來水西分局并視八道灣宅

二十九日晴 晨至自來水西局約人同往八道灣量地 夜大風

十一月

一日晴 下午往八道灣宅

四日晴 下午同徐吉軒往八道灣會羅姓並中人等交與泉一千三百五十 收房屋訖 晚得李遐卿信

期限三个月。

鲁迅选定这所三进四合院的一个原因，是考虑到作人和建人都有孩子，需要较大的场地玩耍。老朋友许寿裳看了院子，感叹说，简直可以开运动会！[1]周作人的儿子周丰一也在回忆文章中说，虽然院子里种了好几棵树，但他小时候和舅舅还能在院内练习棒球。[2]

从前公用库胡同的大门进入周宅，前面是坐北朝南三套罩房，一套3间，共9间；中院有北房三间，中间的堂屋后面接出一间，在北京俗称“老虎尾巴”，中院东面有个夹道，通到后院，后院最宽敞，有北房9间。

周家买得宅子后，对院子和房屋进行了改造。

院里还安装了当时颇为先进的自来水管道。那时北京公用自来水还不成系统，独门独院安装此类设施，花费不赀。鲁迅到北京自来水西局提出申请，请人来丈量设计。因为水管要通过陈姓住宅，被陈家索要过路费30元，外加中间人费用5元。单是这项工程，就花了一百多元。

周作人当年3月间离开北京回绍兴，与妻儿团聚，一个月后将妻子儿女送回日本省亲。原计划，作人全家在日本一直住到北京的新房适宜居住，直接到北京与母亲和兄弟们团聚。但在他逗留日本期间，5月4日，北京发生了学生运动，周作人匆匆只身回国，住到8月份，又赶回东京接来家小。1919年8月10日，周作人一家到达北京。鲁迅日记记载：“午后二弟、二弟妇、丰、谧、

---

1 许寿裳《亡友鲁迅印象记·西三条胡同住屋》，人民文学出版社 1953 年版。

2 周之荻（丰一）《我的舅舅》，载《飙风》1982 年 7 月第 14 号，陈南译。

八道湾十一号周宅，摄于20世纪20年代

蒙及重久自东京来，寓间壁王宅内。”[1]丰、谧、蒙，是作人和羽太信子夫妇的孩子，重久是作人的妻弟，就是周丰一与其在院子里练习棒球的那个舅舅。周作人日记记载：“九时廿分乘火车出发。十二时十分到北京。徐坤来接。”[2]徐坤是周家的仆人。

鲁迅的日记提到作人一家“寓间壁王宅内”，是因为八道湾新居还没有修好，绍兴会馆又不许女眷留宿，鲁迅就为他们找了会馆附近的房屋暂住。

此后一段时间，鲁迅和周作人时常到八道湾视察施工进度，有时还带着全家人去看新宅。周作人1919年10月19日日记记载：“上午同家人乘马车出西直门，游农事试验场，在豳风堂午饭。下午至八道湾新宅一看，五时返。”奇怪的是，他没有提到哥哥鲁迅，而其实这一天鲁迅是同去的，鲁迅日记写道：“星期休息。上午同重君、二弟、二弟妇及丰、谧、蒙乘马车同游农事试验场，至下午归，并顺道视八道弯宅。”

八道湾周宅的室内装修，考虑到家中两个日本籍媳妇的生活习惯，专门修建了日式厨房和浴室。1919年11月10日，周作人携妻弟羽太重久到八道湾，实地勘察，商量如何修建卫浴设施。两天后他在日记中记载：“托泽山工程局造日本式房及浴室。”13日又记：“午出校，至八道湾看装水道。”这水道可能指的是浴室的下水道。负责施工的“泽山工程局”，是一家日本公司。

鲁迅的日记中没有记载整个装修花了多少钱，但不时记载一些杂项花费。如11月26日付木工五十元，29日又付木工

---

1 《鲁迅全集》第十五卷，人民文学出版社2005年版。

2 《周作人日记》，大象出版社1996年版。

一百七十五元，玻璃四十元。至此，“凡修缮房屋之事略备具”。装修接近尾声。

购房和装修的花费，来自出售绍兴房产所得、两兄弟的积蓄和借贷。

1919年11月21日，鲁迅和周作人一家搬入八道湾居住。鲁迅日记记载：“上午与二弟眷属俱移入八道弯宅。”周作人日记写的是：“上午移居八道湾十一号。”

安顿好了二弟一家，鲁迅于12月1日离开北京回故乡接母亲、家眷和三弟一家。他的小说《故乡》就是以这次回乡搬家为素材的：

> 我这次是专为了别他而来的。我们多年聚族而居的老屋，已经公同卖给别姓了，交屋的期限，只在本年，所以必须赶在正月初一以前，永别了熟识的老屋，而且远离了熟识的故乡，搬家到我在谋食的异地去。
>
> 第二日清早晨我到了我家的门口了。瓦楞上许多枯草的断茎当风抖着，正在说明这老屋难免易主的原因。几房的本家大约已经搬走了，所以很寂静。我到了自家的房外，我的母亲早已迎着出来了，接着便飞出了八岁的侄儿宏儿。

因为周作人的儿子在北京，这个跑出来迎接“我”的宏儿，应该是三弟建人的孩子，但建人的孩子实际年龄没有那么大——鲁迅在这里做了虚构。如果写实，则只好让老母亲抱着“宏儿”出来迎接“我”了。鲁迅不会那么写，因为他还要为这个侄儿安排更重要的任务：同闰土儿子水生一块儿玩耍，就像小说的叙述者“我”小时候同闰土一起玩耍一样。所以这孩子的年龄一定要足够大。鲁迅设定两代小伙伴的目的，是让小说主人公借以思考人生的循环延续：

> 我躺着，听船底潺潺的水声，知道我在走我的路。我想：我竟与闰土隔绝到这地步了，但我们的后辈还是一气，宏儿不是正在想念水生么。我希望他们不再像我，又大家隔膜起来……然而我又不愿意他们因为要一气，都如我的辛苦展转而生活，也不愿意他们都如闰土的辛苦麻木而生活，也不愿意都如别人的辛苦恣睢而生活。他们应该有新的生活，为我们所未经生活过的。
>
> ……
>
> 我在朦胧中，眼前展开一片海边碧绿的沙地来，上面深蓝的天空中挂着一轮金黄的圆月。我想：希望是本无所谓有，无所谓无的。这正如地上的路；其实地上本没有路，走的人多了，也便成了路。

这里说的要过新的生活，要为船舱里的孩子们提供良好的成长环境，自然包含了对北京大家庭生活的憧憬。

从小说中看，离乡一行似乎只有“我”、母亲和宏儿。其实，同行的还有周建人夫妇和他们的另一个孩子，当然，还有鲁迅的妻子朱安。鲁迅日记才是实录：“二十四日晴。下午以舟二艘奉母偕三弟及眷属携行李发绍兴，蒋玉田叔来送。”

1919年12月29日，一行人到达北京。鲁迅当天日记记载：

“晴。晨发天津，午抵前门站。重君、二弟及徐坤在驿相迓，徐吉轩亦令刘升、孙成至，从容出站，下午俱到家。”周作人日记记的是：“至东车站。午大哥同母亲、大嫂、乔风、芳子及二儿至京，二时返宅。”

八道湾十一号里，聚齐周家三代十二人：母亲，三兄弟、三妯娌；周作人的三个孩子：丰一7岁，静子5岁，若子3岁；周建人的两个孩子：马理2岁，丰二1岁。

大团圆带来了兴奋和新鲜感。八道湾附近有不少好去处。由前公用库胡同往东，可到新街口南大街，从新街口到护国寺一线，虽然比不得前门外和西单的繁华，但也颇为热闹。绍兴一行到京第三天，周作人就陪着三弟“至新街口一游”。

这一年的春节（1920年2月），周家过得很温馨。鲁迅日记记录了周宅的祭祖活动：“休假。旧历除夕也，晚祭祖先。夜添菜饮酒，放花爆。”

交通也还算方便。孩子们可以在门前坐上包月的洋车去方巾巷后面东华门的孔德学校上学。鲁迅和周作人上班，一般乘路边等活儿的洋车。

周作人在回忆录里描绘了他自己上班所走的路线：

> 从新街口往南，在护国寺街东折，沿着定府大街通往龙头井，迤逦往南便是皇城北面的大路了。这一路虽是冷静平凡，可是变迁很多，也很值得讲。第一是护国寺，这里每逢七八有庙会，里边什么统有，日常用品以及玩具等类，茶点小吃，演唱曲艺，都是平民所需要的，无不具备，来玩的人真是人山人海，终年如此。这

称为西庙，与东城隆福寺称作东庙的相对，此外西城还有白塔寺也有庙会，不过那是规模很小，不能相比了。第二是定府大街，后来改称定阜大街，原来是以王府得名，这就是清末最有势力的庆王的住宅，虽是在民国以后却还是很威风，门前站着些衛兵，装着拒马。后来将东边地方卖给天主教人，建造起辅仁大学，此后他们的威势似乎渐渐的不行了。第三是那条皇城背面的街路，当初有高墙站在那里，墙的北边是那马路，车子沿墙走着，样子是够阴沉沉的，特别在下雪以后，那靠墙的一半马路老是冰冻着，到得天暖起来，这一半也总是湿淋淋的，这个印象还是记得。那里从前通什刹海的一座石桥就有一部分砌在墙内，便称作西压桥，和那东边的桥相对，那边的桥不被压着，所以称为东不压桥。西压桥以北是什刹海，乃是明朝以来的名胜，到了民国以后也还是人民的公园，特别是在夏季，兴起夏令市场，摆些茶摊点心铺，卖八宝莲子粥最有名，又有说书歌唱卖技的处所，可以说是平民的游乐地。我虽然时常走过，远闻鼓乐声，看大家熙来攘往的，就可惜不曾停了车子，走去参加盛会，确实是一回遗憾的事情。[1]

周宅的房屋怎么分配呢？

先从后院说起。最后一排有房屋九间，坐北朝南，称为“后罩房”,三间一室，共三室。周作人一家住西头三间，建人一家住

1 周作人《知堂回想录 · 道路的记忆》，香港三育图书有限公司 1980 年版。

中间三间，东头三间用作客室。客房里居住的主要是日本亲戚，因为后院妇孺较多，且不安静，其他客人来居住并不很方便。据周作人的儿子周丰一回忆，他的舅舅羽太重久曾在这里住了好多年。有一次，丰一在舅舅房间的墙上写了“笨蛋重久”几个字，虽然毫无恶意，舅舅也不以为意，但遭到母亲的严厉批评。[1]1922年乌克兰诗人爱罗先珂来北京时，也住在这房里。此后，在这里住过的客人，有绍兴同乡，有日本朋友，还有东北军阀张作霖当政时被杀害的李大钊的儿子李葆华，清党时的一位刘姓女士等等。

到八道湾参观的人，都很关心鲁迅住哪个房间。事实上，鲁迅住过的地方至少有前罩房、中院的老虎尾巴和西厢房三处。四合院的后院是整个宅子中最安静最隐蔽的地方，应为最重要成员所居。但在八道湾十一号周宅，老母亲和长子都没有住后院，原因如前所述，可以用“儿童本位”理念来解释。房屋分配，应该是在鲁迅主持下进行的吧。被人们指为鲁迅写作《阿Q正传》的那几间房屋，即前罩房挨着大门的三间，窗外有两株丁香，现在通过照片还能想象当年丁香花开的景象。隔壁三间曾被用作会客室。清华大学的梁实秋来访，就在这里见到了鲁迅：

> 临街一排房子算是客厅，地上铺着凉席，陈设简陋。我进入客厅，正值鲁迅先生和一位写新诗的何植三君谈话，鲁迅问明我的来意便把岂明先生请出见我。[2]

---

1 周之荻（丰一）《我的舅舅》。

2 梁实秋《忆岂明老人》，载台湾《传记文学》1967 年 9 月第 11 卷第 3 期。

前罩房鲁迅住室，鲁迅在此创作了《阿Q正传》

这几间会客室，有时候也可以供客人留宿。因此，鲁迅住在这里容易受到打扰。又因为临着前公用库胡同，可以想见，杂音不少。

而且鲁迅住前院，给人一种当“看门人”的感觉。

母亲喜欢安静，住中院，既离大门较远，又不和孩子们在一起。此中可能还有一个原因，老太太不愿与两个日本媳妇住在一起，而需要大儿媳在身边照顾。中院北房三间，西边一间为老太太的卧室，东边一间为鲁迅妻子朱安的卧室，中间堂屋兼作洗漱和吃饭的地方。堂屋后接出的一间，称为“老虎尾巴”，为便于采光，安装很大的玻璃窗，窗下摆一个长木炕。冬天，为了节省炉具和煤炭，鲁迅就睡在这木炕上。2012年大杂院开始拆迁，临时搭建的房屋拆掉后，“老虎尾巴”的本来面貌清楚地呈现出来。这种安排正合鲁迅之意，除解决取暖、采光问题外，还有一层意思，就是如此一来，他和妻子就可以不住在一起了。鲁迅夫妇琴瑟不调，即便同在一个屋檐下，也处于分居状态。鲁迅后来搬到阜成门内宫门口西三条二十一号，也将北屋三间改造成同样的格局。

中院西屋三间，鲁迅也住过。这一带地势低凹，每逢下雨，即成水坑。鲁迅迁走之后，周作人将此室改作书房，取名“苦雨斋”。

周建人在绍兴女子师范教书时的学生许羡苏，是作家许钦文的妹妹，1920年报考北大，因学校公寓不收未入学的学生，她找到周建人，在周家借住了一段时间。许羡苏考入北京女子高等学校之后，周末或假期还常和另一位同乡俞芳一起来八道湾看望鲁老太太。她后来一直与周家保持良好关系，还曾到阜成门内鲁迅家借住。

院子西北的小跨院，曾为鲁迅的同乡章川岛一家所住，后来成为民俗学家江绍原一家的住宅。

周家的长子、周宅的当家人鲁迅，在这个大院子里虽然不能说是真正的“看门人”，但也给人一种处于漂泊状态的印象，似乎预示着他不能在这里久居。

一家人关系亲密的时候，这些当然都不在话下。

二 全家福

前排左起：羽太芳子、鲁瑞、羽太信子母子
后排左起：建人、方凤岐、作人
1912年摄于绍兴

鲁迅

朱安

三代同堂的大家庭是很温馨的。但细想起来，却似乎有些什么缺憾：周宅十几口人，竟没有留下一张全家福——至少笔者未曾见过。

现在所能见到的周家家庭成员出现得最多的一张“全家福”，是在绍兴拍摄的。说“全家”，并不准确，因为缺了长子和长媳——鲁迅与朱安。照片上有母亲、两兄弟，两妯娌（也是亲姊妹），还有第三代的长孙，以及周家的一位亲戚。

假设八道湾十一号曾经照过一张全家福，那会是什么样态呢？不妨参照绍兴那张合影，做如下安排。

女性前排就座。老母亲位居中央。她姓鲁名瑞，绍兴乡下安桥头人，父亲是一位举人。因为那个时代女子不能读书，鲁瑞小时候没有受过教育。她嫁到城里的书香门第，自学到了能看书的程度。婚后不久，丈夫就进了秀才。鲁瑞生了五个孩子，第四个儿子和一个女儿夭折，留下来三个兄弟。随着祖母病逝、公公从北京丁忧回乡，家里便开始不得安宁。后来公公因科场贿赂案入狱，丈夫被斥革秀才身份，郁愤成疾，英年早逝。青年守寡的鲁瑞抚养三子，备历艰辛，因此养成坚强自立的品格。

老太太有三个儿媳妇。长媳朱安应该坐在她的左手，二儿媳羽太信子坐她右手，三儿媳羽太芳子紧挨着她的姐姐。

拍摄绍兴这张合影时，鲁迅可能远在北京，但朱安应该在绍兴，可是，照片上并没有朱安。两人的婚姻系家长包办，徒具形式。鲁迅即便在绍兴，恐怕也不大愿意携带妻子去参加这样的集体活动。

鲁迅和朱安订婚，就周家这一面而言，是有一些现实考量的。周家遭到科场案的重击，卖田地，当物品，生活日趋窘迫；而本城的朱家，家道殷实。周家一位本家就来牵线，大讲朱家家境富足、朱姑娘人品很好之类的话，鲁迅的母亲听信此言，就同意了这门婚事。鲁迅知道女方是小脚，又没有读过书，内心很不情愿，但怕惹母亲不高兴，不忍拒绝。鲁迅18岁外出求学，南京而又东京，一晃七、八年过去，比他大三岁的未婚妻早过了宜婚年龄。鲁迅从仙台医专退学，到东京从事文艺运动期间，家乡就有传言，说他在日本已经结婚生子。母亲很忧急，以自己生病为由，把儿子“骗”回国，要他与朱安完婚。

鲁迅头天赶到家，不由分说，第二天便是成礼日子。族中人来帮忙者如临大敌，因为他们早就听说，周家大少爷剪辫子，学洋文，穿洋服，是个新派人物，生怕他看不惯旧俗而大发脾气，破坏喜庆气氛。然而，从姑娘下轿，到仪式结束，司仪让鲁迅干什么，鲁迅就干什么，就连母亲也很感诧异。

鲁迅的学生孙伏园解释说：“鲁迅先生一生对事奋斗勇猛，待人则非常厚道。他始终不忍对自己最亲切的人予以残酷的待遇，所以他屈服了。”[1]

迎亲那天，发生了一个小插曲。新娘的轿子抬过来了，从轿

1　孙伏园《关于鲁迅——于昆明文协纪念鲁迅逝世三周年大会席上》，见《鲁迅先生二三事》，重庆作家书屋1942年版。

帘的下方先伸出一只脚，试探着踩向地面。可是，由于轿车高，脚不能着地，新娘在努力中，竟把绣花鞋蹬掉，露出一只裹得很小的脚。原来，姑娘听说新郎喜欢大脚，就穿了双大鞋，在里面塞了很多棉花。一阵忙乱之后，重新穿了鞋，姑娘从轿子里走了出来。她矮小瘦弱，一套新装穿在身上显得有些不合身。在族人的簇拥下和司仪的叫喊声中，新娘的头盖被揭开，只见她是尖下颏，薄嘴唇，黄白脸色，宽宽的前额显得微秃。

新婚夜，鲁迅像木偶一样任人摆布。本家周冠五回忆说："结婚那天晚上，是我扶新郎上楼。楼上是两间低矮的房子，用木板隔开，新房就设在靠东首的一间，房内放置着一张红漆的木床和新媳妇的嫁妆。当时，鲁迅一句话也没有讲，见了新媳妇，照样一声不响，脸上有些阴郁，很沉闷。"[1]

王鹤照从13岁起在周家当佣工，鲁迅结婚那年他18岁。他看到，周家大少爷根本不理睬新娘，表现得很决绝。婚后第二天早上，王鹤照看到印花被的靛青染青了鲁迅的脸——感觉自己受骗的新郎晚上把头埋在被子里哭了。

接下来是一系列繁琐的程序，如拜宗祠、拜家中男女老少、新郎新娘并肩而拜、拜族中长辈、与平辈彼此行礼、接受小辈拜礼、"回门"，等等。鲁迅虽然极不情愿，但也只能随俗。

"回门"是婚后第三天，新婚夫妇坐轿子来到女方家，先在大厅拜祖先，随后参拜岳父岳母。之后，新郎进入内房，坐在岳母身旁聆听训示后，新夫妇辞别上轿。当时朱家邻居后来回忆

1　观鱼（周冠五）《回忆鲁迅房族和社会环境35年间（1902—1936）的演变》，人民文学出版社1959年版。

说，朱家姑爷没有辫子，吸引不少好奇的人跑去看热闹。

鲁迅拒绝与新娘子同房。

周作人对新娘的印象是“极为矮小，颇有发育不全的样子”。[1]但鲁迅不喜欢她，可能还有其他原因。鲁迅既然迫于母亲的压力，不能推掉婚约，因而就寄希望于新娘能不断进步。他在外学习期间，曾写信回来，对未婚妻提出识字、放脚等要求。三弟建人说：“结婚以后，我大哥发现新娘子既不识字，也没有放足，他以前写来的信，统统都是白写，新娘名叫朱安，是玉田叔祖母的内侄女，媒人又是谦婶，她们婆媳俩和我母亲都是极要好的，总认为媒妁之言靠不住，自己人总是靠得住的，既然答应这样一个最起码的要求，也一定会去做的，而且也不难做到的，谁知会全盘落空呢？”[2]

鲁迅默默承受母亲给他安排的婚事，把不满和痛苦藏在心里。他曾对很要好的朋友许寿裳说过这样沉痛的话：“这是母亲给我的一件礼物，我只能好好供养它，爱情是我所不知道的。”[3]后来，他在《随感录四十》中，借“读者来信”里的一段话，喊出了自己的心声：

> 我是一个可怜的中国人。爱情！我不知道你是什么。我有父母，教我育我，待我很好；我待他们，也还不差。我有兄弟姊妹，幼时共我玩耍，长来同我切

---

1 周作人《知堂回想录 · 家里的改变》。

2 周建人《鲁迅故家的败落》，湖南人民出版社 1984 年版。

3 许寿裳《亡友鲁迅印象记 · 西三条胡同住屋》。

> 磋，待我很好；我待他们，也还不差。但是没有人曾经“爱”过我，我也不曾“爱”过他。我年十九，父母给我讨老婆。于今数年，我们两个，也还和睦。可是这婚姻，是全凭别人主张，别人撮合：把他们一日戏言，当我们百年的盟约。仿佛两个牲口听着主人的命令：“咄，你们好好的住在一块儿罢！”爱情！可怜我不知道你是什么！

鲁迅接着评论道：“这是血的蒸气，醒过来的人的真声音。爱情是什么东西？我也不知道。中国的男女大抵一对或一群——一男多女——的住着，不知道有谁知道。但从前没有听到苦闷的叫声。即使苦闷，一叫便错；少的老的，一齐摇头，一齐痛骂。然而无爱情结婚的恶结果，却连续不断的进行。形式上的夫妇，既然都全不相关，少的另去姘人宿娼，老的再来买妾：麻痹了良心，各有妙法。……但在女性一方面，本来也没有罪，现在是做了旧习惯的牺牲。我们既然自觉着人类的道德，良心上不肯犯他们少的老的的罪，又不能责备异性，也只好陪着做一世牺牲，完结了四千年的旧账。”[1]

1909年8月，鲁迅从日本回国，先在杭州一所师范学堂任教。翌年7月，回到绍兴，任浙江省立第五中学教务长，后任学监（校长）。辛亥革命后被军政府任命为绍兴师范学校校长。期间，鲁迅住在学校，很少回家。星期日白天回去，主要是为了看望母亲。偶尔星期六晚上回家，也是通宵批改学生的作业或读

---

1 鲁迅《热风·随感录四十》，见《鲁迅全集》第一卷。

书、抄书、整理古籍，有意不或者少与朱安接触。

鲁迅因为心情沉郁，缺少生活情趣，常常不修边幅。不过三十岁，就显得苍老。他在给许寿裳的信中说自己“荒落殆尽”，公务之余“翻类书，荟集古逸书数种，此非求学，以代醇酒妇人者也”。[1]《古小说钩沉》，就是这个时期的成果，是他后来从事中国小说史研究的准备工作。历史上，很多像“醇酒妇人”一样优美的学术文艺成果，正是在这种孤寂状态下完成的。

1912年，鲁迅到北京，任职于中华民国教育部。经济上有了一些积蓄，完全有能力把朱安从家乡接来，但他却没有这么做。他宁愿孤寂地坐守青灯黄卷，用烟酒打发时光，消耗生命。

1919年，夫妻同住八道湾时，结婚十三年、年过四十的朱安，竟还没有享受过婚姻生活的幸福。鲁迅心里没有容纳她的地方。朱安做的饭菜，鲁迅不愿吃；朱安缝的衣服，鲁迅不想穿。夜晚，鲁迅拒绝与朱安住在一个房间。

朱安想讨好鲁迅，结果往往适得其反。见识学养上，两人相差太多，实在无法交流。有一天，鲁迅称赞一种食品很好吃，朱安在旁边附和，说她吃过，确是很好吃。鲁迅听了很不高兴，因为这种食品是他在日本时吃过的，中国并没有。[2]

二儿媳羽太信子，1888年出生于日本东京，父亲石之助是一个染房工匠，曾在太仓组（建筑公司）工作，入赘于羽太家。母亲羽太近，士人出身。夫妇生育五个儿女，信子为长女，二妹千

1　鲁迅 1910 年 11 月 15 日致许寿裳信，见《鲁迅全集》第十一卷。

2　俞芳《封建婚姻的牺牲者——鲁迅先生和朱夫人》，见《我记忆中的鲁迅先生》，浙江人民出版社 1981 年版。

代和五弟福均夭折，三弟重久和四妹芳子。由于家境贫寒，羽太信子很小就被送到东京一个酒馆当酌妇，没有读过多少书。1908年4月8日，周作人和羽太信子结识于东京“中越馆”。当时，羽太信子在这里当女佣。1909年3月，周作人和羽太信子在日本登记结婚。1911年夏秋间，夫妇回到绍兴。

刚来中国，羽太信子生活上不习惯，婆媳之间因为语言不通也感到别扭。鲁瑞曾对人说：“对于这桩婚事，亲戚本家中，有说好的，也有不赞成的。因为这在绍兴是新鲜事，免不了人家议论。我想只要孩子自己喜欢，我就安心了——就是一件事，使我感到不便——就是信子初到绍兴时，不懂我们的话，事事都得老二翻译，可是老二每天都要到学校去教书。每当老二不在家时，看到信子一个人孤孤单单，怪可怜的，也没有办法解决她的困难。”[1]

羽太信子来绍兴时，周家经济境况已见好转。鲁迅从北京按时给家里寄钱，作人、建人在当地学校教书，也有收入。

1912年5月，羽太信子分娩，产一男孩。远在北京的鲁迅得到喜讯，十分高兴。他1912年5月23日的日记写道：“下午得二弟信，十四日发，云望日往申迎羽太兄弟。又得三弟信，云二弟妇于十六日下午七时二十分娩一男子，大小均极安好，可喜。其信十七日发。”

羽太信子月子中需人照顾，就把妹妹芳子接到中国来。芳子在绍兴家里居住期间，与建人相恋了。

信子觉得有妹妹在身边，自己有了可说知心话的人，很高

1　俞芳《我所知道的芳子》，载《鲁迅研究动态》1987 年 7 月 30 日。

兴。不久，她又有了身孕，就想让妹妹长期留在中国。所以，信子对建人和芳子的婚事较为热心。

建人和芳子于1914年2月结婚。鲁迅日记1914年3月17日记有："下午得二弟函，附芳子笺，十三日发。芳子于旧历二月四日与三弟结婚，即新历二月二十八日。"第二天又记有："下午得三弟与芳子照相一枚。"两兄弟娶了两姐妹，亲上加亲。

1915年2月，周建人和芳子的第一个孩子诞生。鲁迅日记1915年3月1日记有："得二弟及三弟信。言三弟妇于二月二十五日丑时生男，旧历为正月十二日也，信二十六日发。"鲁迅将此事记得如此详细，表明他对三弟夫妇及其孩子的关心。孩子取名冲，不幸于一岁多时夭折。他们的第二个孩子是女孩，于1917年11月诞生，取名鞠子，又名马理。1919年5月，他们有了第三个孩子，男孩，取名沛，又名丰二，绰号"土步"（一种黑色鲈鱼）。这孩子在全家迁居北京时，才几个月大，只能抱在怀里。

建人到北京，一时找不到适当的工作，在北京大学旁听，帮助两个哥哥做些翻译校对的工作，写一些生物学和民俗学方面的文章。这样过了一年多，经二哥作人请胡适帮忙，在上海商务印书馆找到了工作——这是后话。

后排正中应该站着鲁迅，鲁迅的左右，分别站着周作人和周建人两兄弟。

二弟作人比鲁迅小五岁。他和鲁迅走过相似的道路：在私塾三味书屋读书，试图参加科举考试，获取功名，但没有成功；于是受新式教育，先在南京水师学堂学习，后来到日本留学。周作人本来要学建筑专业，但他喜欢文艺，就跟已经从仙台回到东京的鲁迅一起从事翻译，在学校的学习等于挂名，正如鲁迅在德语

朱安和侄女们

鲁瑞和同乡，左起：俞藻、俞芳、鲁瑞、许羡苏

学校注册学籍而不去上课一样。两兄弟联合几个朋友办杂志，失败了；学俄语，也不成；听章太炎讲《说文解字》，时间不长，也没有坚持下去而成为古文字学家。他们搞文艺的成果，是为杂志写了一些文章。此外，翻译了一些外国短篇小说，结集出版为《域外小说集》两卷。鲁迅在《域外小说集》序言里写道，“异域文术新宗，自此始入华土”，自许甚高，可是结果却是一个大大的失败，销量甚少。不过，这个尝试为他们带来一些经验和启示，为他们后来从事文艺工作播下了一个种子。

拍摄绍兴那张照片的时候，家里还只有一个孩子，是作人的大儿子丰一。入住八道湾时，周家最幼的一辈人数增加到五个，两男：丰一，丰二；三女：静子、鞠子和若子。孩子们的名字也显示了三兄弟之间的亲密关系。周作人儿子的名字是由鲁迅取的，本来是一个字“丰”。建人的儿子原名是一个“沛”字，但从小就被叫惯了诨名“土步”。作人孩子上学的时候，在“丰”字后面加上了一个数目字，成为“丰一”。后来“土步公”该上学了，周作人想，反正孩子将来长大了自己要改换名字的，就为省事起见，顺序叫作“丰二”了，接下去是“丰三”（19岁时死去）。这中日合璧的名字，孩子们用了一辈子，并没有改换。

通过拼贴，八道湾十一号的居民都出现在这张全家福上了。

没有拍摄全家福照片固然遗憾，然而更令人不解的是，鲁迅与母亲居然也没有一张合影，至少我们迄今还没有发现。家庭生活不和谐和长期的独居，对鲁迅的性格产生了一定影响。

母爱诚然是崇高伟大的，但有时，却会带来可怕的后果。鲁迅后来对此有所反思：

凡有富于感激的人，即容易受别人的牵连，不能超然独往。感激，那不待言，无论从那一方面说起来，大概总算是美德罢。但我总觉得这是束缚人的。譬如，我有时很想冒险，破坏，几乎忍不住，而我有一个母亲，还有些爱我，愿我平安，我因为感激他的爱，只能不照自己所愿意做的做，而在北京寻一点糊口的小生计，度灰色的生涯。因为感激别人，就不能不慰安别人，也往往牺牲了自己，——至少是一部分。[1]

1　鲁迅 1925 年 4 月 11 日致赵其文信，见《鲁迅全集》第十一卷。

三　文学合作社

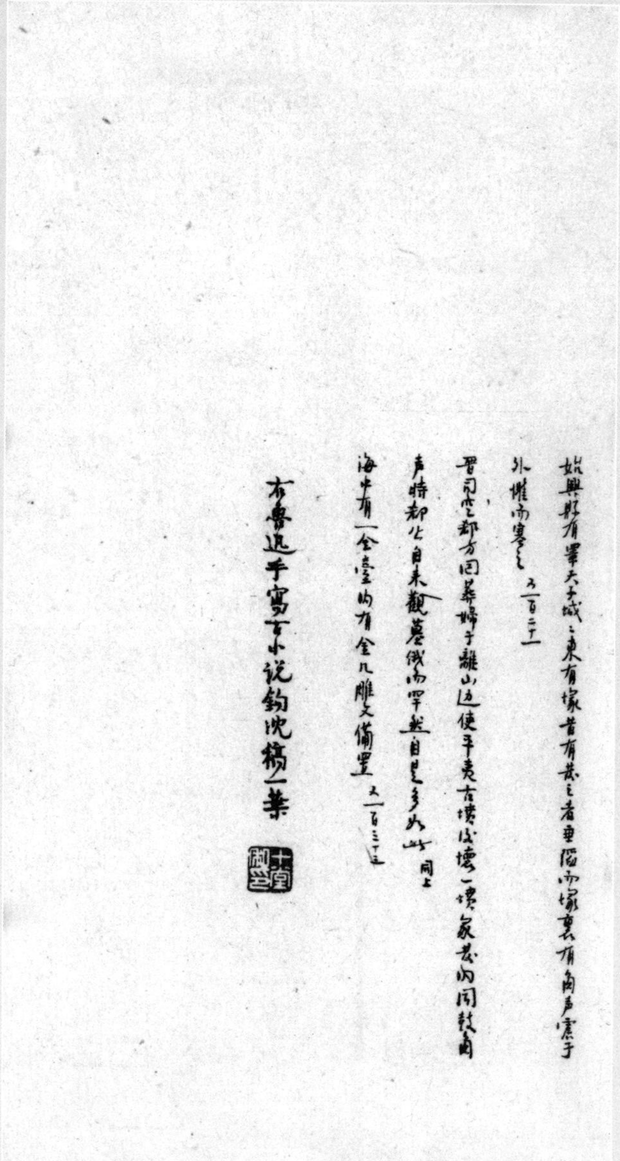

始興郡有罼天子城，城之東有塚，昔有發之者，垂陷而塚裏有角聲震于外，懼而塞之。又一百二十一

晉司空郗方回葬婦于離山邊，使平夷古墳，墳壞一墳，家器內聞鼓角聲。時郗公自來觀墓，俄而罷然，自是多如此。同上

海中有一金臺，臺內有金几，雕文備置。又一百三十五

右魯迅手寫古小說鉤沈稿一葉

鲁迅手抄《古小说钩沉》资料，周作人跋

周家1919年年底搬进八道湾十一号新宅。第二年伊始，日本新村北京支部就在这里成立了。《新青年》第7卷第4号发表了《新村北京支部启事》：“本支部已于本年二月成立，由周作人君主持一切，凡有关于新村的各种事务，均请直接通信接洽。又有欲往日向，实地考察村中情形者，本支部极愿介绍，并代办旅行的手续。支部地址及面会日期如下：北京西直门内八道湾十一号周宅，每星期五及星期日下午一时至五时。”1920年3月27日，周作人收到了沈士远刻的新村北京支部印章，可以对外“营业”了。

在这个三代同堂、三兄弟合居的院子里建立新村支部的办事机构，颇具象征意义。

新村是一种空想社会主义的试验单位，法国思想家傅立叶在美国创造过类似的组织，名叫“法朗基”。武者小路实笃（1885—1976）是日本小说家，剧作家，生于东京贵族家庭，父亲武者小路实世是子爵，祖父实藏为著名歌人。实笃从幼年即入贵族子弟学校学习，青年时对文学发生兴趣，思想上受托尔斯泰影响颇深，又接近禅学和阳明学派。他是一个乐天的理想家，倾慕托尔斯泰的“躬耕”生活，于1918年创办《新村》杂志，先后发表三篇《关于新村的对话》，提出创立新村的计划，要以此实践其人道主义理想。随后，实笃在日本九州日向创设了“新村”。

鲁迅和周作人在日本期间曾热心订阅武者小路实笃主编的

《白桦》杂志。新村运动一兴起，周作人马上向中国读者做了报道，这就是刊登在《新青年》第6卷第3号上的《日本的新村》一文，是中国最早介绍新村的文章。周作人还热情地介绍过武者小路实笃的戏剧作品《一个青年的梦》。该剧的主旨是呼吁人们真诚相待，破除国家、民族之间的隔阂，为世界和平做出努力。周作人赞同这种世界主义思想，发表评论说，这种想法虽“现在无用，也可播个将来的种子，即使播在石头上，种子不出时，也可聊破当时的沉闷，使人在冰冷的孤独生活中，感到一丝温味，鼓舞鼓舞他的生意”。[1]周作人的热情感动了鲁迅。鲁迅看了剧本，也觉得“思想很透彻，信心很强固，声音也很真”，遂决意将其译成中文发表。[2]

新村观念和实践，虽然来自西洋的社会主义、人道主义思想，但与中国传统思想也有相通之处。中国的宗族大家庭是建立在血缘关系上的共同体，由家庭扩展开去，成为社会上的团体、教派、国家等等。这些组织，往往会打着“四海之内皆兄弟”的旗帜。大同世界的高远理想，需要从身边做起，所谓“老吾老以及人之老，幼吾幼以及人之幼”。可以说，周宅就是有血缘关系的周氏一家组成的“新村”。

周作人热心于新村运动，不是一时冲动，更不是赶时髦，在他自己的生活和思想状态上，早已有较为坚实的接受基础了。他的心底里正在形成或者说已经有了一个美丽图景：三兄弟组成大家庭，过上相爱互助的生活。同样的憧憬，鲁迅也有。三兄弟

1　周作人《读武者小路君〈一个青年的梦〉》，载《新青年》1918 年第 4 卷第 5 号。

2　鲁迅《〈一个青年的梦〉序》，见《鲁迅全集》第十卷。

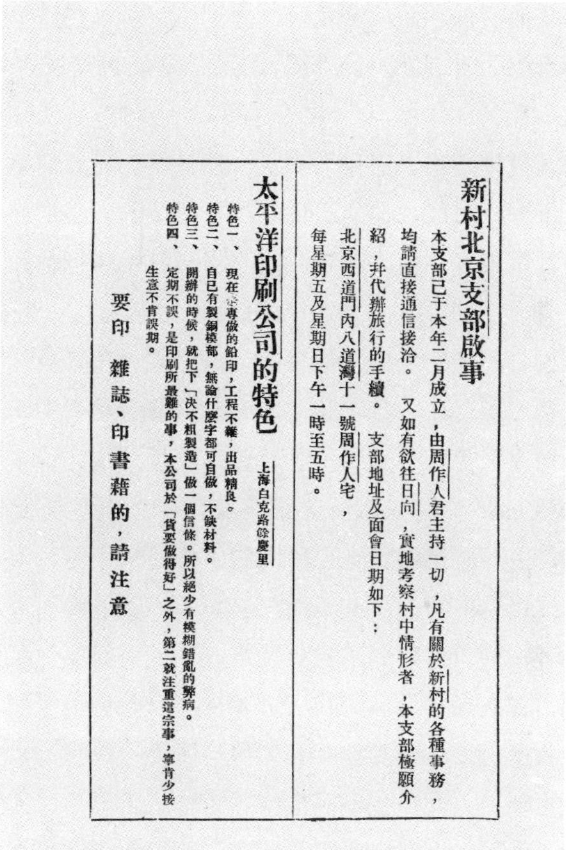

新村北京支部啟事

本支部已于本年二月成立，由周作人君主持一切，凡有關於新村的各種事務，均請直接通信接洽。又如有欲往日向，實地考察村中情形者，本支部極願介紹，并代辦旅行的手續。支部地址及面會日期如下：

北京西道門內八道灣十一號周作人宅，

每星期五及星期日下午一時至五時。

太平洋印刷公司的特色

上海白克路徐慶里

特色一、現在[illegible]專做的鉛印，工程不雜，出品精良。

特色二、自已有製銅模部，無論什麼字都可自做，不缺材料。

特色三、開辦的時候，就把下「決不粗製造」做一個信條。所以絕少有模糊錯亂的弊病。

特色四、定期不誤，是印刷所最難的事，本公司於「貨要做得好」之外，第二就注重這宗事，寧肯少接生意不肯誤期。

要印　雜誌、印書藉的，請注意

新村北京支部启事，载《新青年》第7卷第4号

较少参与政治活动，而从事教育文化工作，所以在这个院子里以“文学合作社”来实践“新村”理想，是颇为切实也容易措手的。

搬入八道湾之前，周作人去了一趟日本。兄弟们事业有成，周家迎来了中兴时代，他的心情自然是畅快的。心情好的时候，人就看得世事美好，他人亲切，这与当时日本风行的社会主义思潮合拍。周作人此时的文字中每每表现出对劳动人民的亲近之意。在《游日本杂感》中，他写道，自己乘火车，虽然觉得三等车有些拥挤，但却比一等车强，因为在一般劳动者中间感觉比较舒服，不像在上等人中感到一种轻蔑和疏远。他还谈了自己在国内旅行的观感：“我在江浙走路，从车窗里望见男女耕耘的情形，时常产生一种感触，觉得中国的生机还未灭尽，就只在这一班‘四等贫民’中间。”[1]知识分子应该深入到朴实可爱、可亲可敬的劳动者中间，体现和培养仁爱之心，从而焕发生机和力量。周氏兄弟，尤其是鲁迅和周作人，青少年时代因为家庭变故——从小康坠入困顿——很受挫折，如鲁迅所说，认识了世人的真面目，因而可能对人间产生不满情绪。而坠入困顿后，他们就不得不放下少爷架子，有时免不了要与劳动人民为伍。鲁迅频繁出入当铺和药铺，受了不少白眼和讥讽；周作人小时候被祖父逼着上街买菜，穿长衫的少爷挤进人群中与小商贩讨价还价，正与孔乙己穿长衫却与普通劳动者一起站着喝酒一样难为情。[2]这种经历，事后回想，却正好同社会主义思潮相合，可以算是周作人新村理

1　周作人《艺术与生活 · 游日本杂感》，载《新青年》1919 年 11 月第 6 卷第 6 号。

2　《知堂回想录 · 脱逃》。

想的一点宿因。

周作人一回到北京，就立刻兴致勃勃地做报告，写文章，鼓吹新村运动。他在《新村的理想与实际》一文中介绍，新村的理想，简单地说就是要人过真正人的生活。怎样才是人的生活呢？就是既独立又互助，既自由又团结，既强调个体又强调全人类——也就是，既要对人类尽义务，又要充分发挥人的个性；既要物质丰富，又要精神充实，达到体力劳动和脑力劳动的平衡。

新村理论在中国引起了强烈反响。正处在幻想发达期的青年学生，对此特别感兴趣。与此相关，由周作人和李大钊等人发起的旨在实行半工半读、达成教育与职业合一的“工读互助团”，吸引了急于寻求救国道路、向往健康生活的青年人。工读互助团在各地青年中很有号召力，陆续组织不少学生出国学习。应该说，在这场运动中，新村支部功不可没。

1920年4月7日，湖南青年毛泽东来到八道湾十一号拜访周作人。周作人的日记里只记下“毛泽东君来访”几个字，至于谈话内容则只字未提。毛泽东看了《新青年》上有关新村的文章，立即热烈响应，和几个志同道合的青年人共同起草了建设新村计划书，并在《湖南教育》杂志上发表了计划书中关于学生工作的一章。后来他是否一直受着这种理想的诱惑，在掌握了国家政权后，把中国社会逐步推向人民公社、“大跃进”、文化大革命的道路，值得深入探究。

三兄弟的合作主要在文学方面。合作项目之一，是翻译外国短篇小说。这可以视为鲁迅和周作人在日本时期翻译《域外小说集》的继续。1922年，他们的合作成果《现代小说译丛》第一辑出版，收入小说30篇，其中鲁迅译了9篇，作人译了18篇，建人译了3篇。封面上署的是周作人的名字。周作人在序言中解释道：

> 这一部《现代小说译丛》，是我出了《点滴》以后这两年（1920—1921）里所译小说的结集，一总三十篇，其中三篇（《微笑》、《白母亲》与《犹太人》）是我的兄弟建人译的，而安特来夫、契里珂夫、阿尔志跋绥夫各二篇，跋佐夫、亢德与亚勒吉阿各一篇，却是鲁迅君的翻译，现在得了他的赞同，也收在这集子里了。[1]

序言讲到周建人时，并不特别说明得到他的允许；提到鲁迅的时候，却说“得了他的赞同”，这样区别对待的原因，大约是周建人的名字，读者一看便知是他的弟弟；而鲁迅是一个笔名，一般读者可能不知道是他的长兄。

在三兄弟合作中，常见的情景是两位哥哥提携弟弟。

1921年7月12日，周作人在日记中写道：“下午寄家信，流通处函。为乔风校译稿，至晚了。”乔风就是周建人，译稿是周建人根据英译本《波兰小说集》译出的波兰作家式曼斯奇的小说《犹太人》。7月13日鲁迅写信给周作人，说：“我想汪公之诗，汝可略一动笔，由我寄还，以了一件事。由世界语译之波兰小说四篇，是否我收全而看过，便寄雁冰乎？信并什曼斯キ小说已收到，与德文本略一校，则三种互有增损，而德译与世界语译相同之处较多，则某姑娘之不甚可靠确矣。德译者S.Lopuszánski，名字如此难拼，为作者之同乡无疑，其对于原语必不至于误解也。惜

1 《现代小说译丛》，商务印书馆1959年版。

该书无序，所以关于作者之事，只在《斯拉夫文学史》中有五六行，稍缓译寄。”鲁迅1921年7月16日夜又给正在西山养病的周作人写了一封信，说：

《犹太人》略抄好了，今带上，只不过带上，你大约无拜读之必要，可以原车带回的。作者的事实，只有《斯拉夫文学史》中的几行（且无诞生年代），别纸抄上；其小说集中无序。

这篇跋语，我想只能由你出名去做了。因为如此三四校，老三似乎尚无此大作为。请你校世界语译，是狠近理的。请我校德译，未免太巧。如你出名，则可云用信托我，我造了一段假回信，录在别纸，或录入或摘用就好了。

鲁迅还把自己从约瑟夫·凯拉绥克《斯拉夫文学史》中翻译的关于《犹太人》作者的一段介绍文字附在后面：

Dr.Josef Karásek《斯拉夫文学史》Ⅱ.§17.最新的波兰的散文。

Adam Szymanski也经历过送往西伯利亚的流人的运命，是一个身在异地而向祖国竭尽渴仰的，抒情的精灵（人物）。从他那描写流人和严酷的极北的自然相抗争的物语（叙事，小说）中，每飘出深沉的哀痛。他并非多作的文人，但是每一个他的著作事业的果实，在波兰却用了多大的同情而领受的。

鲁迅所造的一段“假回信”是：

> 所寄译稿，已用S.Lopuszánski之德译本对比一过，似各本皆略有删节，今互相补凑，或较近于足本矣。……德译本在Deva Roman-Sammlung中，亦以消闲为目的，而非注重研究之书，惟因译者亦波兰人，知原文较深，故胜于英译及世界语译本处颇不少，今皆据以改正；此外单字之不同者尚多，既以英译为主，则不复一一改易也。

周作人根据以上两段文字为译稿写了附记，他首先引了阿勒温斯奇《波兰文学史略》第五章中介绍《犹太人》作者式曼斯奇的一句话，随后引述鲁迅翻译的作者简介。不过，周作人并没有直接使用鲁迅的译文，而是做了修改，使文字读起来更顺畅：

> 式曼斯奇也经历过送往西伯利亚的流人的命运，是一个身在异地而向祖国竭尽渴仰的，抒情的人物，从他那描写流人与严酷的极北的自然相抗争的小说中，每飘出深沉的哀痛。他并非多作的文人，但每一篇出现时，在波兰却以多大的同情而被容纳。

接下来，周作人写道：“这篇依据英文本译出之后，因为巴音博士的世界语《波兰文选》里也有这一篇，所以由我校对一过，发见好几处繁简不同的地方，决不定是哪一本对的。我知道鲁迅先生有德译式曼斯奇的小说集，所以便请他再校，当作第三者的评定。他的答信里说……”周作人对鲁迅所造“假回信”也做了改动：“所寄译稿，已经用洛普商斯奇（S. Lopuszánski）的德译本校对一过，似乎各本皆略有删节，现在互相补凑，或者可以较近于足本了。……德译本在‘Deva Roman-Sammlung’中，也以消闲为目的，并非注重研究的书，只是译者亦波兰人，通原文自然较深，所以胜于英译及世界语译本处也颇不少，现在即据以改正；此外单字之不同者还很多，既以英译为主，便也不一一改易了。……”

一个短篇小说，先由周建人从英文译出，经周作人用世界语和鲁迅用德语校阅，加上附记，与译文一起，发表于1921年9月10日《小说月报》第12卷第9号。八道湾十一号“文学合作社”运作情形，由此可见一斑。

兄弟们的计划很庞大，要出版《现代小说译丛》第一集，第二集、第三集，第×集。然而，因为兄弟的离散，这第一集便也是最后一集了。此外，兄弟还合作编译了《现代日本小说集》。

周作人在北京大学讲授《欧洲文学史》，属于拓荒事业，须得现编讲义。周作人在编写和出版讲义过程中得到鲁迅的不少帮助。他后来回忆说：“课程上规定，我所担任的欧洲文学史是三单位，希腊罗马文学史三单位，计一星期只要上六小时的课，可是事先却须得预备六小时用的讲义，这大约需要写稿纸至少二十张，再加上看参考书的时间，实在是够忙的了。于是在白天里把草稿起好，到晚上等鲁迅修正字句之后，第二天再来誊正并起草，如是继续下去，在六天里总可以完成所需要的稿件，交到学校里油印备用。这样经过一年的光阴，计草成希腊文学要略一卷，罗马一卷，欧洲中古至十八世纪一卷，合成一册《欧洲文

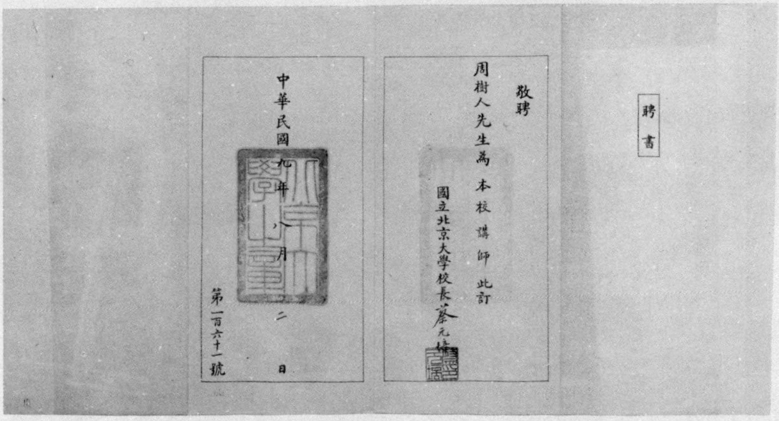
聘書

敬聘
周樹人先生為本校講師此訂
國立北京大學校長蔡元培
中華民國九年八月二日
第一百六十一號

聘任鲁迅为北大讲师的聘书，由蔡元培签发

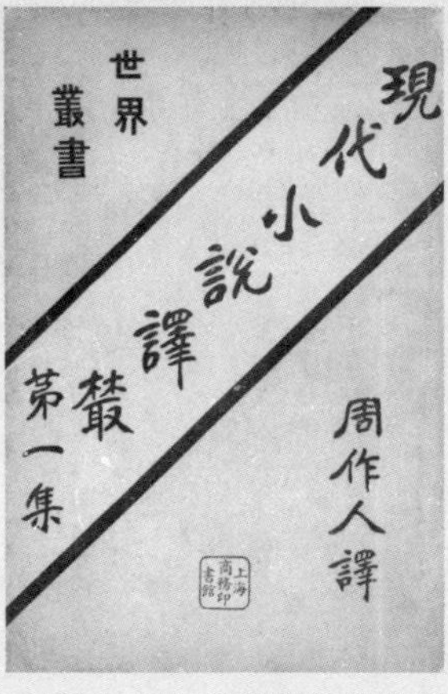

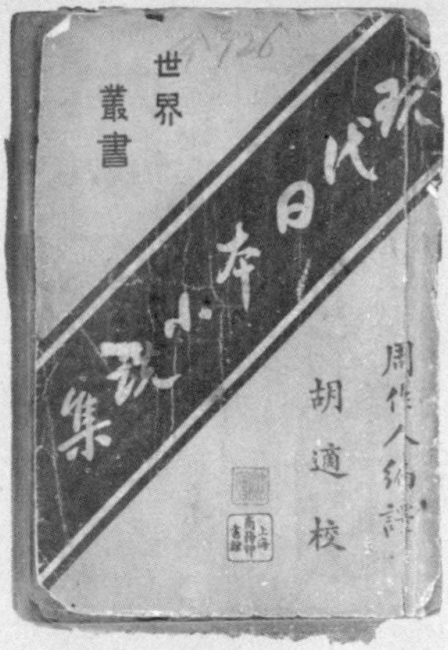

三兄弟合译的外国小说集

学史》，作为《北京大学丛书》之三，由商务印书馆出版。”[1]鲁迅日记1921年7月7日载有“寄大学编辑部印花一千枚，代二弟发。”这是把版税印花寄北大编译处，让编译处转给商务印书馆。当时出书，作者除获得一笔稿酬外，还按书籍定价一定比例抽成，在版权页上贴上作者自制的印花，是为防止出版社多印而侵犯著译者权益。周作人这本书的版权页上就有“启明版权”篆文红色印章。这是周作人到北京后出版的第一本著作，作为教材，后来多次再版。

从1920年8月起，鲁迅先后到北京的8所学校讲课，时间最长的是北京大学、北京高等师范学校和北京女子高等师范学校。其中较为重要的一份工作，由在北大担任国文教授的周作人介绍。这份工作促成鲁迅写出《中国小说史略》。

事情的经过是：1920年，北大国文系要开“小说史”课，系主任马幼渔请周作人担任，周作人觉得自己虽然没有专门研究过小说史，但以前翻译过一些外国小说，对日本小说尤其熟悉；至于中国小说，大哥辑有一部《古小说钩沉》，在家里放着，可以拿来参考，于是就答应下来。回到家冷静一想，又觉得不妥。既然大哥在这方面积累更多，学养更深，何不请他担任呢?

鲁迅答应了，马幼渔也很赞成。8月初，鲁迅收到蔡元培签发的聘书，上写：“敬聘周树人先生为本校讲师，此订。国立北京大学校长蔡元培。”

蔡元培聘鲁迅为讲师，而周作人和其他几位新文学健将却是教授，也许会给人一种印象，鲁迅的学问不如周作人等人。实际

1　周作人《知堂回想录·五四之前》。

情况是，北大规定，凡兼职者只能聘为讲师，不能聘为教授。

除了北大，鲁迅还接受了北京高等师范学校讲授中国小说史的聘请。

中国文论一向视小说为不登大雅之堂的下等文学体裁，因此，小说研究得不到重视。新文学兴起后，小说渐渐取得显著的地位。鲁迅青年时代就爱好搜集笔记小说之类材料，对小说的社会作用有充分的认识，正如他在《小说旧闻钞》中所说："况乃录自里巷，为国人所白心；出于造作，则思士之结想。心行曼衍，自生此品，其在文林，有如舜华，足以丽尔文明，点缀幽独，盖不第为广视听之具而止。"编写小说史，就需要全面系统，必须查阅大量资料，工作的繁难可想而知。鲁迅从《太平广记》、《文苑英华》、《资治通鉴考异》和《说郛》等古籍中寻找许多有用的材料，有时工作太忙，就请三弟协助抄写。《中国小说史略》写成后，他将这过程中搜集的资料编成《唐宋传奇集》和《小说旧闻钞》。

鲁迅的小说史谱叙了中国小说从神话传说时代到明清时代的发展过程，其体例及很多观点为后世的中国小说史研究者沿用和借鉴。胡适在《白话文学史》的序言中对其评价甚高："在小说的史料方面，我自己也颇有一点贡献。但最大的成绩自然是鲁迅先生的《中国小说史略》，这是一部开山的创作，搜集甚勤，取材甚精，断制也甚谨严，可以替我们研究文学史的人节省无数精力。"[1]

《中国小说史略》先是由北京大学印成讲义发给学生，后来

1 《胡适全集》第11集，安徽教育出版社2003年版。

补充内容，由新潮社分上、下册出版。1925年又增写两篇，合成一册出版。鲁迅在这部著作上倾注了极大精力，直到1934年还在修改，1935年第10版面世时，离他逝世只有一年了。

周作人在《新青年》上发表了很多文艺批评文字，成为文学革命运动中文艺理论建设的顶梁柱。此时，他的文名要比鲁迅煊赫。不过，有一点应该注意，鲁迅常常是周作人文章的第一个读者和批评者，鲁迅有时还为二弟修改文章。例如，周作人1919年2月作长诗《小河》，发表在《新青年》六卷二期上，获得好评。胡适称之为“新诗中的第一首杰作”，并说“我所知道的‘新诗人’，除了会稽周氏兄弟之外，大都是从旧式诗、词、曲里脱胎出来的”。[1]周作人自己也引为自豪，后来写回想录，特地列《小河与新村》一节，叙述创作经过及其产生的反响。

这首诗的原稿保存至今，上有八十多处鲁迅修改笔迹。诗的开篇是：

> 一条小河，平静的向前流。
> 流过的地方，两边都是乌黑的土，
> 生满了红的花绿的叶，黄的果实。

鲁迅将“平静的向前流”改为“稳稳的向前流动”。另一处，原句是：

> 我生在小河的旁边，

1 《胡适日记全编》第3册，安徽教育出版社2001年版。

夏天不能晒干我的枝，
冬天不能冻伤我的根，
如今我只怕我的好朋友
将我带倒在沙滩上，和水草在一处。

鲁迅把“不能晒干”改为“晒不干”，把“不能冻伤”改为“冻不坏”，把“和水草在一处”改为“伴着他卷来的水草”，似更顺口易诵，也更有诗意了。

最近几年，收藏市场颇为热闹，近现代名人手稿渐渐成了追捧对象。2012年嘉德春拍，有一份周作人《日本近三十年小说之发达》的手稿面世。上有周作人的题记，说明该文经过“家兄”修改。这些兄弟互助合作的见证，今后可能还会出现。因为周作人保存的一些鲁迅手稿，晚年因生活艰难，拿出来与人交换物品。许广平曾谈及周作人手中的鲁迅手稿：“周作人自动交出如整理《古小说钩沉》的片段抄录外，解放前曾有前燕大外籍学生专研究鲁迅著作的，曾到上海来见我有所探询，并谓在北京见过周作人，案头有鲁迅手稿一堆，并随手送了他五、六页以作纪念云。其他朋友到周处，亦常赠与鲁迅手稿。是知早期鲁迅未搬出八道湾前，必有不少手迹留在彼处，……”[1]

兄弟两人有时候对外发声，因为大多经过商议，具体意见或有异同，但大方向是一致的。《新青年》同人曾因为办刊方针——是否谈政治——发生争论。陈独秀因参加游行示威被捕，

1 许广平《鲁迅手迹和藏书的经过》，见《鲁迅手迹与藏书目录》，北京鲁迅博物馆编（内部发行）。

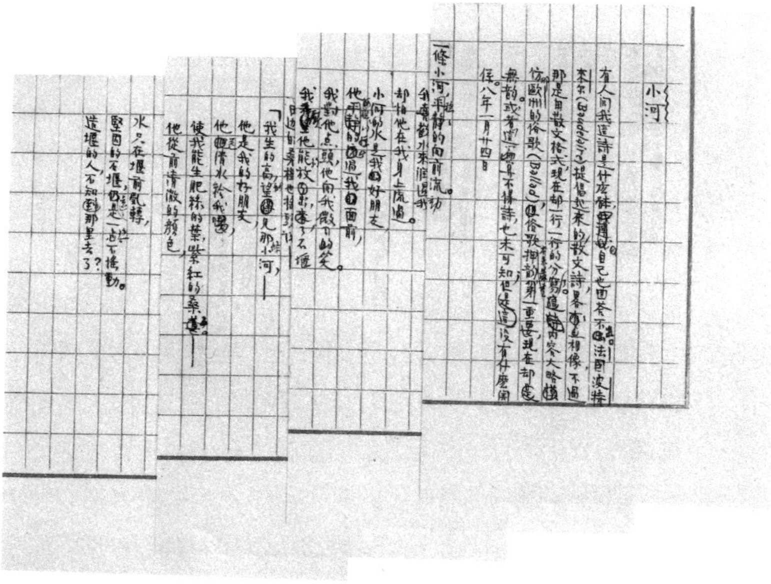

《小河》手稿

杂志停刊5个月。他获释后，到上海，继续编辑出版。但杂志的政治倾向越来越明显，多宣传俄国革命和社会主义思想的内容，在京的部分同人认为《新青年》应该保持思想文艺性杂志的性质，因此撰稿越来越少。陈独秀不断来信催稿，效果不佳。胡适提出三个解决办法：第一，让《新青年》成为一种特别色彩的杂志，而另办一种哲学文学的杂志；第二，从第9卷第1期起，编辑部移回北京，由北京同人发表一个新的宣言，声明不谈政治，注重学术思想艺文的改造；第三，将《新青年》停办。陈独秀和胡适为此发生了争论。胡适写信给在京同人征求意见。1921年1月3日，鲁迅回复胡适，转达周作人的意见，同时也谈了自己的想法：

> 寄给独秀的信，启孟以为照第二个办法最好，他现在生病，医生不许他写字，所以由我代为声明。我的意思是以为三个都可以的，但如北京同人一定要办，便可以用上两法而第二个办法更为顺当。至于发表新宣言说明不谈政治，我却以为不必，这固然小半在“不愿示人以弱”，其实则凡《新青年》同人所作的作品，无论如何宣言，官场总是头痛，不会优容的。此后只要学术思想艺文的气息浓厚起来——我所知道的几个读者，极希望《新青年》如此，——就好了。

1921年4月，《新青年》编辑部随陈独秀迁往广州，胡适后来另办了杂志。

1922年，胡适因《尝试集》要出第四版，写信给一班朋友，征求修改意见。鲁迅写了自己的想法，并转述周作人的意见道：

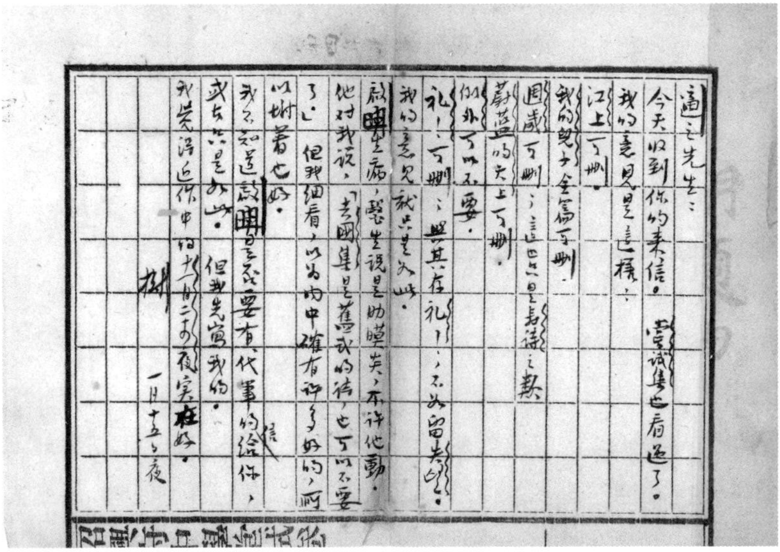
适之先生：
今天收到你的来信。尝试集也看过了。
我的意见是这样：
江上可删。
我的儿子全篇可删。
周岁可删；这也只是寿诗之类。
蔚蓝的天上可删。
例外可以不要。
礼！可删；与其存礼！，不如留失望。
我的意见就只是如此。
启明生病，医生说是肋膜炎，不许他动。
他对我说，「去国集」是旧式的诗，也可以不要
了。但我细看，以为内中确有许多好的，所
以删着也好。
我不知道启明是否要有代笔的信给你，
或者只是如此。但我先写我的。
我觉得近作中的十一月二十四夜实在好。
树
一月十五夜

鲁迅致胡适信

“我的意见是这样：《江上》可删。《我的儿子》全篇可删。《周岁》可删；这也只是《寿诗》之类。《蔚蓝的天上》可删。《例外》可以不要。《礼！》可删；与其存《礼！》，不如留《失（希）望》。我的意见就只是如此。启明生病，医生说是肋膜炎，不许他动。他对我说，‘《去国集》是旧式的诗，也可以不要了。’但我细看，以为内中确有许多好的，所以附着也好。我不知道启明是否要有代笔的信给你，或者只是如此。但我先写我的。我觉得近作中的《十一月二十四夜》实在好。”

病中的周作人也表达了自己的意见，并请哥哥代笔：“我当初以为这册诗集既纯是白话诗，《去国集》似可不必附在一起，然而豫才的意思，则以为《去国集》也很可留，大可不必删去。集中的《鸽子》与《蔚蓝的天上》等叙景的各一篇，我以为却可留存，只有说理似乎与诗不大相宜，所以如《我的儿子》等删去了也好。”[1]

1 见陈平原《经典是怎样形成的——周氏兄弟等为胡适删诗考》，《鲁迅研究月刊》2001年第4、5期。

四　宾客

1929年元旦苦雨斋聚会照

前排左起：张凤举、俞平伯、小孩、马季明、钱玄同；
第二排：沈尹默、徐耀辰、周作人、沈士远、马幼渔；
后排：刘半农（最高处）、黎子鹤、沈兼士、谌亚达。

周家搬进新居后第三天，就迎来一批祝贺乔迁之喜的客人。鲁迅日记记载：“二十三日晴，风。星期休息。下午陈百年、朱逷先、沈尹默、钱稻孙、刘半农、马幼渔来。”周作人在日记里写道：“尹默、逷先、幼渔、半农及稻孙来。”

从此，两兄弟日记里不断有友人来访的记载。除了上面提到的几位，还有蔡元培、胡适、郑振铎、耿济之、沈雁冰、郁达夫、许地山、陈大悲、钱玄同、熊佛西、许寿裳、章廷谦、齐寿山、孙伏园、张凤举、萧友梅，等等。

北大教授沈尹默回忆道：

> “五四”前后，有一个相当长的时期，每逢元日，八道湾周宅必定有一封信来，邀我去宴集，座中大部分是北大同人，每年必到的是：马二、马四、马九弟兄，以及玄同、柏年、逷先、半农诸人。……从清晨直到傍晚，边吃边谈，作竟日之乐。谈话涉及范围，极其广泛，有时也不免臧否当代人物，鲁迅每每冷不防地、要言不烦地刺中了所谈对象的要害，大家哄堂不已，附和一阵。当时大家觉得最为畅快的，即在于此。[1]

1　沈尹默《鲁迅生活中的一节》，原载 1956 年 10 月《文艺杂志》，见《鲁迅回忆录 · 散篇（上）》，鲁迅博物馆等编，北京出版社 1999 年版。

因为女主人是日本人，八道湾在生活习惯上就不免有日本风味。年节的宴会上，会有屠苏酒，粢饼烤鱼等日本新年食物也是必备品。平时，如果有重要的客人，丰盛的家宴中也少不了日本料理。例如1932年5月15日，周作人的老师章太炎先生来访，周家做了充分准备："下午天行来，共磨墨以待，托幼渔以汽车迓太炎先生来，玄同、逖先、兼士、平伯亦来，在院中照一相，又乞书条幅一纸，系陶渊明《饮酒》之十八，'子云性嗜酒'云云也。晚饭用日本料理生鱼片等五品，绍兴菜三品，外加常馔，十时半，仍以汽车由玄同送太炎先生回去。"[1]

因为厨房在后院，周宅的宴会在后院举办，由主妇羽太信子操持。因此，宴集常常由周作人出面邀请，拜年的明信片也以周作人的名义寄送。对比两兄弟的日记，读者或可体会到，周作人比鲁迅更多主人的感觉。如，1923年元旦请客，鲁迅日记："邀徐耀辰、张凤举、沈士远、尹默、孙伏园午餐。"周作人日记："上午招士远、耀辰、尹默、凤举、伏园杂吃煮汁粉，下午三时去。"来客是兄弟两人的共同朋友，但兄弟两人的日记里都没有写成两人"共邀"，好像事先并没有商量，各请了各的朋友。用词上，一个是"邀"，一个是"招"，也略有差别。1923年农历正月初二请客，周作人日记："上午在家，约友人茶话，到者达夫、凤举、耀辰、士远、尹默、兼士、幼渔、逖先等八人，下午四时散去。"鲁迅日记写的是："晴。休假。午二弟邀郁达夫、张凤举、徐耀辰、沈士远、尹默、臤士饭、马幼渔、朱逷先亦至。谈至下午。"周作人用"约"字，而鲁迅日记竟写成"二

1　周作人《知堂回想录 · 章太炎的北游》。

弟邀”。鲁迅至少是宴会的主人之一，但写得好像与自己无关似的。

这些朋友之所以更亲近周作人，把周作人视为周宅的主人，恐怕与住房格局有关，也显示了女主人的关键作用。

毛泽东为了新村运动来拜访周作人，在现今看来，是八道湾十一号的一件大事，因为毛泽东日后成为影响中国历史进程的人物，在所有访客中顶有名。实际上，那时的毛泽东还是一个籍籍无名的外地青年。当天，周作人活动很多，可能没有多少时间与毛泽东长谈。不巧的是，这天鲁迅不在家，所以，毛泽东、鲁迅两人没有见面。1934年1月，毛泽东在瑞金对冯雪峰说：“五四时期在北京，弄新文学的人我见过李大钊、陈独秀、胡适、周作人，就是没有见过鲁迅。”毛泽东的秘书胡乔木回忆，1954年他审阅《鲁迅全集》注释时，曾问过毛泽东，是否同鲁迅见过面，毛泽东也做了类似的回答：早年在北京，是会过不少名人的，见过陈独秀，见过胡适，见过周作人，但没有见过鲁迅。

周作人是名教授，他的访客里学界人士较多。梁实秋曾到八道湾邀请周作人去清华大学讲学：

> ……八道湾在西城，是名符其实的一条弯曲小巷。进门去，一个冷冷落落的院子，多半个院子积存着雨水，我想这就是“苦雨斋”命名的由来了。……这是我第一次会见岂明老人。
>
> 我没想到，他是这样清癯的一个人，戴着高度近视眼镜，头顶上的毛发稀稀的，除了上唇一小撮髭须之外好像还有半脸的胡子茬儿，脸色是苍白的，说起话来有

气无力的，而且是绍兴官话。

梁实秋还说：“从北平城里到清华，路相当远，人力车要一个多小时，但是他准时来了，高等科礼堂有两三百人听他讲演。讲题是《日本的小诗》。……由于周先生语声过低，乡音太重，听众不易了解，讲演不算成功。幸而他有讲稿随即发表。”[1]梁实秋还评论说，一个人只要有真实学问，不善言辞也不妨事，依然受人敬仰。[2]

美子笔下的周作人的教师形象，跟梁实秋所写差不多：

> 周作人好似一个考八股文的（老学士），眼上架着金丝眼镜，嘴上留着清秀的人丹小胡，一望而知是鲁迅的弟兄。只是周作人讲的完全是绍兴话，声音很低，谈话时似乎没有乃兄起劲，可是也并没有一丝师爷气，待任何人都是客气的。
>
> …………
>
> 他一生差不多始终做着教师，讲书时喜欢一手摸着前额，一手持讲义遮着脸，一句一句地念下去，高兴时，头与身躯也许不由得就会摇一摇，下面的学生可以任意地写情书打盹，与讲者是“风马牛不相及”，但是他给学生的分数倒是很宽的。[3]

1　梁实秋《忆周作人先生》，收入《知堂先生》，河南大学出版社 2004 年版。

2　梁实秋《忆岂明老人》，载 1967 年 9 月《传记文学》（台湾）第 11 卷第 3 期。

3　美子《作家素描——周作人》，载 1933 年 2 月 16 日《出版消息》第 5、6 期合刊。

《新青年》同人们与周氏兄弟关系亲密，自不待言。《新青年》主编陈独秀很看重鲁迅和周作人的文章。1920年8月13日，陈独秀在给兄弟俩的信中说：

> 两先生的文章今天都收到了。《风波》在这号报上印出，启明先生译的那篇，打算印在二号报上；一是因印刷来不及；二是因为节省一点，免得暑天要启明先生多作文章。倘两位先生高兴要再做一篇在二号报上发表，不用说更是好极了。玄同兄总无信来，他何以如此无兴致？“无兴致”是我们不应该取的态度；我无论如何挫折，总觉得很有兴致。[1]

陈独秀十分欣赏鲁迅的小说，他在给周作人的信中说：“鲁迅兄做的小说，我实在五体投地的佩服。”陈独秀写这句话时，还只看到鲁迅的《孔乙己》和《药》两篇作品，可见他的眼力很不一般。鲁迅发表若干篇小说后，陈独秀就催促鲁迅赶快结集出版，于是就有了鲁迅的第一本小说集《呐喊》。

胡适对周氏兄弟也尊敬而且有好感。胡适曾到八道湾，与鲁迅和周作人做长时间的交谈。有一次交谈中，鲁迅劝胡适多搞一些文学创作。胡适在日记中写道：“豫才深感现在创作文学的人太少，劝我多作文学，我没有文学的野心，只有偶然的文学冲动。我这几年太忙了，往往把许多文学的冲动错过了，很是可惜。将来必要在这一方面努一点力，不要把我自己的事业丢了来

1　陈独秀致周作人信，见《陈独秀书信集》新华出版社 1987 年版。

替人家做不相干的事。”又有一天，胡适到周宅拜访，适值鲁迅不在家，他就与周作人谈天，一直等到午饭后鲁迅回来，又同鲁迅长谈。胡适在当天的日记中记下他对兄弟俩的印象：“周氏兄弟最可爱，他们的天才都很高，豫才兼有赏鉴力与创造力，而启明的赏鉴力虽佳，创作较少。”[1]

胡适高度评价周氏兄弟的著译成就。他在为教育部起草的“高级中学国文课程标准第二次草案”中，“选读名著举例”部分，除《儒林外史》、《红楼梦》等古典文学作品外，现代作家中，只列“鲁迅的小说集”。在给一个大学的国文系开列的参考书目中，胡适特意推荐了《域外小说集》，视之为新文学的先声。

钱玄同、刘半农自周氏兄弟在绍兴会馆居住时期就是亲密的朋友。他们来周宅，次数更多，也更为随便。

钱玄同，因为治古文字学，一般读者可能不大熟悉，但如果提“金心异”这个名字——鲁迅《呐喊》序言中有一大段写到他——人们就明了他们之间的关系了。他就是到绍兴会馆催促鲁迅为《新青年》写稿的那位朋友，也是八道湾周宅的常客。他经常跟两位兄弟聚会畅谈，他们的书札往还，讥评时事，取笑逗乐，充满文人之间的温情和趣味。例如鲁迅给钱玄同的信：

心异兄：

“鄙见”狠对，据我的“卓识”，极以为然。

仲密来信说，于夷歪五月初三四便走，写信来不及。

---

1 1922年8月胡适日记，见《胡适日记全编》第3册。

速斋班辈最大，并无老兄，所以遯庐当然不是“令兄”。

近来收到“杂志轮读会”的一卷书，大约是仲密的。我想：这书恐怕不能等他回来再送，所以要打听送给何人，以便照办；曾经信问尹默，尚无回信，大约我信到否不可知。兄知道该怎么送吗？请告诉我。

迅　夏正初一而夷歪三十足

见夷狄之不及我天朝矣[1]

还有一封信，是鲁迅以游戏笔墨向钱玄同借书：

玄同兄：

久闻大名，如雷贯耳……

“恭维”就此为止。所以如此“恭维”者，倒也并非因为想谩骂，乃是想有所图也。“所图”维何？且夫窃闻你是和《孔德学校周刊》大有关系的，于这《周刊》有多余么？而我则缺少第五六七期者也，你如有余，请送我耳，除此以外，则不要矣，倘并此而无之，则并此而不要者也。

这一期《国语周刊》上的沈从文，就是休芸芸，他现在用了各种名字，玩各种玩意儿。欧阳兰也常如此。

孔　顿首　七月十二日[2]

1　鲁迅致钱玄同信，见《鲁迅全集》第十一卷。“夷歪”指西历。

2　同上。

此类信件，多不胜举。

鲁迅离开八道湾后，钱玄同与周作人更加亲近。相比之下去阜成门西三条鲁迅宅的次数极少，对周作人而言，每月不与钱玄同这样的老朋友见面聚谈几次，生活就失了很多趣味，“好像没有了他就不热闹”。1928年7月31日周作人在给俞平伯的信中说：“星期四苦雨斋夜谈，我提议可以邀疑古公来，因为否则酒菜未免多余，而且缺少健谈的人，亦稍稍冷静也。”同年11月5日写道：“盖谈天而无老爹终未免不甚热闹也。”1930年6月11日又有：“明日下午六时在苦雨斋招适之和几个熟人吃便饭，乞光临，如能早来谈天更佳，希望疑古老爹亦能早到也。”[1]

刘半农也是周氏兄弟的好友。周氏兄弟在绍兴会馆居住期间，刘半农也常去访问。刘半农后来与周作人的友情更深一些，因为他们曾共患难。刘半农称周作人为“砚兄”：

> 余与知堂老人每以砚兄相称，不知者或以为儿时同窗友也。其实余二人相识，余已二十六，岂明已三十三。时余穿鱼皮鞋，犹存上海少年滑头气，岂明则蓄浓髯，戴大绒帽，披马夫式大衣，俨然一俄国英雄也。越十年，红胡入关主政，北新封，语丝停，李丹忱捕，余与岂明同避菜厂胡同一友人家。小厢三楹，中为膳食所，左为寝室，席地而卧，右为书室，室仅一桌，桌仅一砚。寝，食，相对枯坐而外，低头共砚写文而已，砚兄之称自此始。居停主人不许多友来视，能来者

1　孙玉蓉编注《周作人俞平伯往来通信集》，上海译文出版社 2013 年版。

余妻岂明妻而外，仅有徐耀辰兄传递外间消息，日或三四至也。时民国十六，以十月二十四日去，越一星期归，今日思之，亦如梦中矣。[1]

刘半农因为在西北考察期间得了回归热，不治身亡。鲁迅和周作人都写了悼念文章。鲁迅谈及刘半农在新文化阵营中一开始被人瞧不起，有时候投稿给《新青年》遭到排斥，因为有人认为他“浅”。但鲁迅有自己的看法：“不错，半农确是浅。但他的浅，却如一条清溪，澄澈见底，纵有多少沉渣和腐草，也不掩其大体的清。倘使装的是烂泥，一时就看不出它的深浅来了；如果是烂泥的深渊呢，那就更不如浅一点的好。”[2]周作人在悼文中赞赏刘半农的“两种好处”：其一是真，不装假，肯说话，不投机，不怕骂，天真烂漫，对什么人都无恶意；其二是其杂学。他的专门是语音学，但他的兴趣很广博，文学美术他都喜欢，作诗，写字，照相、搜书，讲文法，谈音乐。有人或者嫌他杂，但周作人觉得这正是他的好处，方面广，理解多，于处世和治学都有用。[3]

周作人的学生辈中，废名和俞平伯是八道湾的常客。俞平伯后来写的组诗《忆录京师坊巷诗》中有一首写他到八道湾十一号拜访时的经行路线：“转角龙头井，朱门半里长。南枝霜外减，西庙佛前荒。曲巷经过熟，微言引兴狂。流尘缁客袂，几日未登

1　刘半农《记砚兄之称》，载《人间世》第十六期。

2　鲁迅《且介亭杂文·忆刘半农君》，见《鲁迅全集》第六卷。

3　周作人《半农纪念》，载 1934 年 12 月 20 日《人间世》第十八期，署名知堂。

陈独秀

胡　适

钱玄同

废　名

刘半农

毛泽东

堂。”[1]俞平伯住在东城南小街老君堂，他拜访八道湾所经之路有一部分与周作人去北大上课的路交集：由东黄城根、北海后门进什刹海西的龙头井，经定阜大街辅仁大学和旧庆王府，到护国寺，出西口转弯就到了新街口南。诗中“朱门”指庆王府，“西庙”就是护国寺。

周氏兄弟还有一个朋友，不大为人熟悉，却很值得一说。他就是张定璜（1895—1986），又名张凤举。他早年留学日本京都帝国大学，回国后任北京大学、北京女子师范大学教授。他是创造社的发起人之一，有不少作品发表在《创造》、《语丝》、《现代评论》等刊物上，与郭沫若、郁达夫、张资平、成仿吾、鲁迅、周作人、徐祖正、沈尹默、陈源、徐志摩等人交往密切。

张定璜到八道湾，本来是拜访周作人的，因周作人在西山疗养，未能见面，却见到了鲁迅。鲁迅随即写信给周作人说：“前天沈尹默绍介张黄，即做《浮世绘》的，此人非常之好，神经分明，听说他要上山来，不知来过否？”[2]

张定璜很快成了周氏兄弟的好朋友。他曾与鲁迅轮流主编《国民新报副刊》。他第一个提出鲁迅小说是“乡土文学”的概念。他写的《鲁迅先生》，是一篇较早评论鲁迅的文章，其中把鲁迅的小说与旧小说作了比较：

> 我若把《双枰记》和《狂人日记》摆在一块儿了，那是因为第一，我觉得前者是亲切而有味的一点小东

1　俞平伯《忆录京师坊巷诗——八道湾》，见《俞平伯诗全编》，浙江文艺出版社 1992 年版。

2　鲁迅 1921 年 8 月 25 日致周作人信，见《鲁迅全集》第十一卷。

> 西；第二，这样可以使我更加了解《呐喊》的地位。《双枰记》等载在《甲寅》上是一九一四年的事情，《新青年》发表《狂人日记》在一九一八年，中间不过四年的光阴，然而他们彼此相去多么远。两种的语言，两样的感情，两个不同的世界！在《双枰记》、《绛纱记》和《焚剑记》里面我们保存着我们最后的旧体的作风，最后的文言小说，最后的才子佳人的幻影，最后的浪漫的情波，最后的中国人祖先传来的人生观。读了他们再读《狂人日记》时，我们就譬如从薄暗的古庙的灯明底下骤然间走到夏日的炎光里来，我们由中世纪跨进了现代。

张定璜对曾在日本学过医的鲁迅的总体印象是，“冷静、冷静，第三个冷静”，他笔墨酣畅地写道：

> 鲁迅先生站在路旁边，看见我们男男女女在大街上来去，高的矮的，老的小的，肥的瘦的，笑的哭的，一大群在那里蠢动。从我们的眼睛，面貌，举动上，从我们全身上，他看出我们的冥顽，卑劣，丑恶和饥饿。……鲁迅先生的医究竟学到了怎样一个境地，曾经进过解剖室没有，我们不得而知，但我们知道他有三个特色，那也是老于手术富于经验的医生的特色，第一个，冷静，第二个，还是冷静，第三个，还是冷静。你别想去恐吓他，蒙蔽他。不等到你开嘴说话，他的尖锐的眼光已经教你明白了他知道你也许比你自己知道的

还要清楚。他知道怎么样去抹杀那表面的微细的，怎么样去检查那根本的扼要的，你穿的是什么衣服，摆的是哪一种架子，说的是什么口腔，这些他都管不着，他只要看你这个赤裸裸的人，他要看，他于是乎看了，虽然你会打扮得漂亮时新的，包扎得紧紧贴贴的，虽然你主张绅士的体面或女性的尊严，这样，用这种大胆的强硬的甚而至于残忍的态度，他在我们里面看见赵家的狗，赵贵翁的眼色，看见说“咬你几口”的女人，看见青面獠牙的笑，看见孔乙己的偷窃，看见老栓买红馒头给小栓治病，看见红鼻子老拱和蓝皮阿五，看见九斤老太，七斤，七斤嫂，六斤等的一家，看见阿Q的枪毙——一句话，看见一群在饥饿里逃生的中国人。曾经有过这样老实不客气的剥脱么？曾经存在过这样沉默的旁观者么？《水浒》若教你笑，《红楼梦》若教你哭，《儒林外史》之流若教你打呵欠，我说《呐喊》便教你哭笑不得，身子不能动弹。平常爱读美满的团圆，或惊奇的冒险，或英雄的伟绩的谁也不会愿意读《呐喊》。那里面有的只是极其普通极其平凡的人，你天天在屋子里在街上遇见的人，你的亲戚，你的朋友，你自己。《呐喊》里面没有像电影里面似的使你焦躁，使你亢奋的光景，因为你的日常生活里面就没有那样的光景。鲁镇只是中国乡间，随便我们走到哪里去都遇得见的一个镇，镇上的生活也是我们从乡间来的人儿时所习见的生活。在这个习见的世界里，在这些熟识的人们里，要找出惊天动地的事情来是很难的，找来找去不过是孔乙己偷东西给人家打断了腿，单四嫂子死了儿子，七斤后悔自己的辫子没有了一类的话罢了，至多也不过是阿Q的枪毙罢了。然而鲁迅先生告诉我们，偏是这些极其普通，极其平凡的人事里含有一切永久的悲哀。鲁迅先生并没有把这个明明白白地写出来告诉我们，他不是那种人。但这个悲哀毕竟在那里，我们都感觉到它。我们无法拒绝它。它已经不是那可歌可泣的青年时代的感伤的奔放，乃是舟子在人生的航海里饱尝了忧患之后的叹息，发出来非常之微，同时发出来的地方非常之深。[1]

从张定璜的讲述中，我们约略可以看出鲁迅的生活和思想状态。鲁迅并不是声嘶力竭地呐喊，而是常常在冷静地观察剖析，默默地怜悯关爱。

鲁迅对张凤举的评论有何反应，不得而知，但推测起来，他应该是赞同而且感激的。后来他与张凤举保持交往。1926年5月1日鲁迅在给韦素园的信中说："昨看见张凤举，他说Dostojewski的《穷人》，不如译作'可怜人'之确切。未知原文中是否也含'穷'与'可怜'二义。倘也如英文一样，则似乎可改，请与霁野一商，改定为荷。"鲁迅定居上海后，在1929年5月回京省亲期间，还与张凤举见面并畅谈了两个小时。

八道湾的外国客人中，住得较为长久的是俄国作家爱罗先珂。他应邀到北京大学讲课，因为眼睛看不见，又不通汉语，北大校长蔡元培就托周家来照顾。鲁迅和周作人能讲日语，周作人

1 张定璜《鲁迅先生（下）》，载1925年1月30日《现代评论》第1卷第8期。

周氏兄弟等与爱罗先珂合影

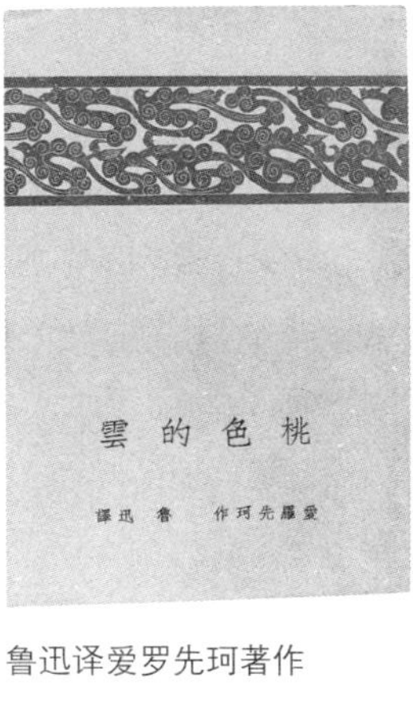

鲁迅译爱罗先珂著作

则不但通英文，还在西山养病期间学会了世界语。而且，八道湾除住房宽敞外，还通用着日语，即使鲁迅和周作人不在家，他讲话也有人能懂，并不寂寞。

1922年2月24日，爱罗先珂由郑振铎、耿济之陪同来到八道湾周宅，住在后院东头三间客房里。次日，周作人陪同他去拜见蔡元培。此后，他到各处演讲，大多由周作人陪同翻译。只有在北京大学三院演讲《世界语及其文学》时，由胡适担任翻译，但鲁迅、周作人都到场听讲。

爱罗先珂的到来给周宅带来不少乐趣。他会弹琴、唱歌，孩子们都乐意跟他玩。周作人后来回忆道：

> 爱罗君寄住在我们家里，两方面都很随便，觉得没有什么窒碍的地方了。我们既不把他做宾客看待，他也很自然与我们相处，过了几时不知怎的学会侄儿们的称呼，差不多自居于小孩子的辈分了。我的兄弟的四岁的男孩该是一个很顽皮的孩子，他时常和爱罗君玩耍。爱罗君叫他的诨名道："土步公呀！"他也回叫道："爱罗金哥君呀！"但爱罗君极不喜欢这个名字，每每叹气道："唉，唉，真窘极了！"[1]

爱罗先珂来中国，是教授世界语的。世界语的目的是简化

---

1 《知堂回想录·爱罗先珂（下）》。其中还说："至于爱罗君为什么不喜欢爱罗金哥这个名字的呢，因为在日本语里这字有种种说法，小儿语则云钦科，与金哥音相近似。"金哥与日语"欠陷"谐音，或为爱罗先珂不喜此称呼的原因。

语言，便于学习。它取英文文法的简单而去除其读音的繁杂，多用拉丁语词根。这对欧洲人来说，固然简单方便，但对没有一点西文基础的中国人来说，却仍是完全陌生而艰难的。当时中国许多青年人梦想世界大同，希望消除民族隔阂，很注意学习这种语言。所以，爱罗先珂所到之处，鼓吹世界语，得到热烈响应。他在政法大学等校开设了世界语班，还发起组织一个世界语学会，在西城兵马司胡同租了房子做会所。鲁迅和周作人一起陪爱罗先珂出席成立大会，并合影留念。这是两兄弟在一起照的为数不多的相片之一。

爱罗先珂喜欢热闹，在北京住了没多久，就抱怨这个城市太沉闷："寂寞呀，寂寞呀，在沙漠上似的寂寞呀！"作为盲人，他喜欢各种声音。他告诉鲁迅，他很喜欢缅甸，因为那里遍地都是音乐，房里、草间、树上，都有昆虫吟叫，其间时时夹着"嘶嘶！"的蛇鸣，很是神奇。可是，北京连蛙鸣也没有。鲁迅听了，为北京辩护说，夏天大雨之后，能听到许多虾蟆叫，虾蟆都在沟里面，而北京到处都有沟。

于是，爱罗先珂买了十几个蝌蚪，放在他窗外的院子中央的小池里。那池长三尺，宽二尺，是周家掘来种荷花的。蝌蚪成群结队地在水里游泳；爱罗先珂常常踱过来访它们。孩子们在一旁向他报告蝌蚪生长的情况："爱罗先珂先生，他们生了脚了。"

但爱罗先珂不满足于养蝌蚪。他希望周家多养小动物。于是，先养了很多小鸡，但效果不佳。因为小鸡容易积食，发痧，难得活命。爱罗先珂写了一篇小说《小鸡的悲剧》，就是描写这经历的。有一天，乡下人带了小鸭子来卖，爱罗先珂闻知，又主张买鸭子。于是，买了四只。那四只小鸭子被放进荷池里，洗澡，翻筋斗，吃东西。等鸭子上了岸，全池已经是浑水。池水澄清，只见泥里露出几条细藕来，而已经生了脚的蝌蚪却一个也没有了——被小鸭吃掉了。鲁迅写了《鸭的喜剧》——当然这也是“蝌蚪的悲剧”——欣欣生意与寂寞孤独在这篇作品里交融：

> 待到小鸭褪了黄毛，爱罗先珂君却忽而渴念着他的“俄罗斯母亲”了，便匆匆的向赤塔去。待到四处蛙鸣的时候，小鸭也已经长成，两个白的，两个花的，而且不复咻咻的叫，都是“鸭鸭”的叫了。荷花池也早已容不下他们盘桓，幸而仲密的住家的地势是很低的，夏雨一降，院子里满积了水，他们便欣欣然，游水，钻水，拍翅子，“鸭鸭”的叫。

爱罗先珂到周家，也给鲁迅带来很多乐趣。有访客回忆道：“有一年夏天，在周宅午饭，鲁迅陪着苏联盲诗人爱罗先珂，娓娓清谈，平易近人，若使当年北半截胡同会馆中同住的老乡们遇见，会疑心这不是他们所接触过的那位周大先生。那时这位盲诗人就住在周家，我记得盲诗人吃过饭后，休息了一会，鲁迅便把他没有做完的手工，递到他手中，那是一个用粗线织的袋子，盲诗人接了过去，一面讲着话，一面继续不停地编织，他们仿佛是用日语交谈的。”[1]

为尽居停主人的情谊，鲁迅大力颂扬这位异国诗人，竭力为他的观点辩护——尽管其观点有时相当偏激。爱罗先珂来中国后，鲁

1　沈尹默《鲁迅生活中的一节》。

迅更起劲地翻译他的著作。

但其实，爱罗先珂带来的一阵热度，不久就消退了——他本人感觉寂寞也为此。

爱罗先珂也殷勤地报答主人对他的盛意。日本记者清水安三认为，爱罗先珂在北京期间的一个重大贡献，是发出“鲁迅在日本和中国，是第一流的作家”这样的呐喊，“使得不及周作人著作稿费一半的鲁迅的稿费，遽然上涨两三倍”。他的意思是，外来的和尚好念经，往往外国人一承认其价值，本国人也就开始承认其价值，鲁迅的作品大受欢迎一定程度上归功于爱罗先珂的推崇。这位日本记者还说，他经常受电话之邀，走访爱罗先珂，为他读鲁迅的小说，一边读一边译，爱罗先珂全神贯注地听着，对鲁迅作品中出现的许多人物，特别是对阿Q，很感兴趣。[1]

共同社社长和《读者文摘》社社长福冈诚一，也是一位世界语学者。1922年，他到北京看望爱罗先珂时，访问了八道湾十一号周宅。后来，福冈诚一写有《在北京的爱罗先珂》一文，记述道：

> ……正阳门车站下车后，并没有人来接我，没办法，只好乘洋车来到了事先被告知的西城公用库八道湾十一号，这里是鲁迅兄弟的私宅，当时的八道湾与其用寂寞来形容，更不如说是安静、悠闲的住宅区。
>
> ……走进周家的大门，眼前是宽敞的前院，正对着前院的正房是鲁迅夫妇和母亲的房间，左厢房里既有

1　清水安三《回忆鲁迅先生》，原载1976年10月19日《日本经济新闻》，吕元明译，收入《鲁迅回忆录·散篇（下）》，鲁迅博物馆等编，北京出版社1999年版。

> 会客厅，也有鲁迅和周作人的书房。正房的后面是后院，后院的房子里住着周作人一家和小弟周建人一家。周建人（现为湖南省省长——原注有误，应为浙江省省长——引者注）当时在上海商务印书馆任职，他的夫人（系作人夫人的妹妹，同为日本人）和一男一女两个幼小的孩子住在这里。他们住房旁边的两间房是爱罗先珂的临时住所，正位于鲁迅正房的后面。夜已很深，房间里还透出灯火的光亮，我被安顿在爱罗先珂旁边的房间里，开始了和他三个星期的共同生活（据说这个房间后由吴克刚居住）。……[1]

另一位日本记者丸山昏迷也曾在日文报纸上宣扬周氏兄弟。丸山昏迷，又名丸山幸一郎，曾在北京大学听过鲁迅讲授《中国小说史略》，1922年担任日文《北京周报》记者。这一年的中秋节，丸山到八道湾周宅，与鲁迅、周作人聚谈。丸山还介绍了不少日本友人与鲁迅相识。鲁迅的《中国小说史略》出版后，即赠送给丸山一本。丸山在12月23日出版的《北京周报》第94期上，刊出报道《鲁迅氏的中国小说史略》，并预告日文翻译的《史略》将于翌年年初出版。1924年1月13日，《北京周报》第96期开始发表《史略》，连载38期，至11月16日发表第15篇《元明传来之讲史（下）》为止。署名为“北京大学教授鲁迅氏著”。正文前有说明，署名“一记者”，介绍了《史略》及其著者，称为第一本中国人所著中国小说史。1月20日，丸山昏迷去鲁迅寓所拜

---

1 《爱罗先珂全集》月报二，昭和三十四年十月。

访。同年8月，丸山因病回日本，9月去世。《北京周报》发表的日译《史略》（上卷），是《史略》最早的日译稿，也是鲁迅最早译为日文的作品之一。

20世纪20年代初，日本文艺理论批评家、早稻田大学文学部教授片上伸两次到访中国，与当时活跃在北京文坛的很多知识界人士有来往，也曾访问八道湾周宅。片上伸访问北京，也是《北京周报》记者丸山昏迷邀请的。片上伸随同丸山昏迷第一次去造访八道湾十一号那天，恰好周作人不在家。他见到了鲁迅。多年后，鲁迅将这位教授1922年在北京的演讲稿翻译成中文，并在后记中介绍道："这是六年以前，片上先生赴俄国游学，路过北京，在北京大学所讲的一场演讲，当时译者也曾往听……"[1]

那时代，日本知识分子左倾，蔚成风气，鲁迅也多少受了他们的影响。可是，有些左倾知识分子后来变成激进的战争分子，支持军国主义政府侵略亚洲各国，片上伸即其一。鲁迅早逝，未及看到片上伸的"转向"。

1　鲁迅《〈北欧文学的原理〉译者附记》，收入《壁下译丛》，1929年4月上海北新书局出版。

五 《阿Q正传》

刊登《阿Q正传》第一章的
《晨报副刊》

刊登《阿Q正传》法文译本的
《欧罗巴》杂志

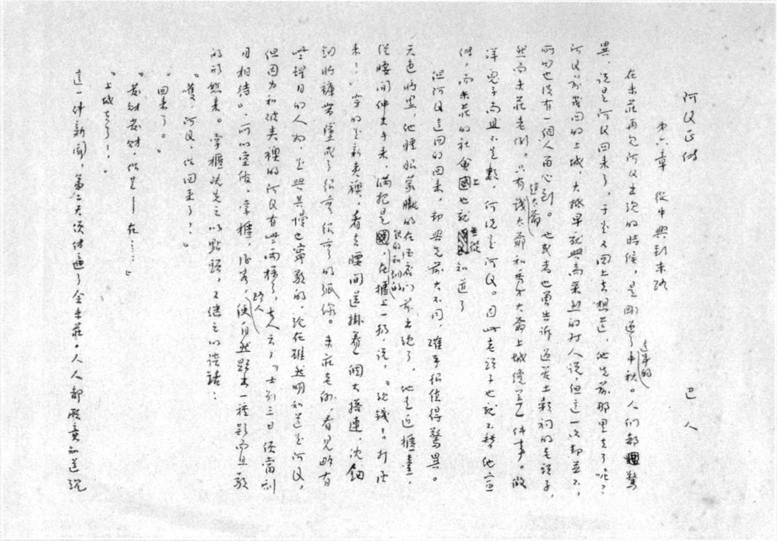

《阿Q正传》手稿一页

八道湾十一号周宅在地产经济蓬勃发展的当代中国，能幸存下来，很大程度上得力于鲁迅的杰作《阿Q正传》。人们在陈述这个院落应该得到保护的理由时，排在最前面的一项，是这里诞生过一部中国现代文学经典。参观者一进院子，最先提出的问题可能就是：鲁迅是在哪间屋里写的《阿Q正传》？

这部名著为各种中国现代文学作品选本所必选，还曾被选入中学语文教科书，其主人公的名字已经成为字典条目。截至目前，它已经有几十种外文译本。阿Q这个形象，像西方的堂吉诃德、哈姆莱特一样成为一种人物性格的代称。人们说，阿Q是中国人性格的结晶，只要中国人存在，阿Q也就存在。尽管自这部作品发表不久，就有批评家嫌它太多负能量，丑化了中国人，大声疾呼“阿Q时代死去了”。批评者愿中国不再有阿Q，心愿是好的，但不幸的是，阿Q的幽灵至今仍然在这个院子里、在中国大地上游荡。

鲁迅写小说，人物固然有原型，但他往往综合多人的特点，塑造出一个典型来。他善于用白描的手法，将人物形象生动地勾画出来，达到强烈的艺术效果和巨大的震撼力。

《阿Q正传》是从1921年12月4日至翌年2月12日，每周或隔周在《晨报副镌》上发表的。关于这篇小说的写作起因及过程，鲁迅后来用幽默的笔调叙述出来，似乎很偶然，很轻松随便，实则酝酿已久，准备充分：

> （孙伏园）正在晨报馆编副刊。不知是谁的主意，忽然要添一栏称为“开心话”的了，每周一次。他就来要我写一点东西。阿Q的影像，在我心目中似乎确已有了好几年，但我一向毫无写他出来的意思。经这一提，忽然想起来了，晚上便写了一点，就是第一章：序。因为要切“开心话”这题目，就胡乱加上些不必有的滑稽，其实在全篇里也是不相称的。署名是“巴人”，取“下里巴人”，并不高雅的意思。谁料这署名又闯了祸了，但我却一向不知道，今年在《现代评论》上看见涵庐（即高一涵）的《闲话》才知道的。那大略是——“……我记得当《阿Q正传》一段一段陆续发表的时候，有许多人都栗栗危惧，恐怕以后要骂到他的头上。并且有一位朋友，当我面说，昨日《阿Q正传》上某一段仿佛就是骂他自己。因此便猜疑《阿Q正传》是某人作的，何以呢？因为只有某人知道他这一段私事。……从此疑神疑鬼，凡是《阿Q正传》中所骂的，都以为就是他的阴私；凡是与登载《阿Q正传》的报纸有关系的投稿人，都不免做了他所认为《阿Q正传》的作者的嫌疑犯了！等到他打听出来《阿Q正传》的作者名姓的时候，他才知道他和作者素不相识，因此，才恍然自悟，又逢人声明说不是骂他。”（第四卷第八十九期）我对于这位“某人”先生很抱歉，竟因我而做了许多天嫌疑犯。可惜不知是谁，“巴人”两字很容易疑心到四川人

身上去，或者是四川人罢。直到这一篇收在《呐喊》里，也还有人问我：你实在是在骂谁和谁呢？我只能悲愤，自恨不能使人看得我不至于如此下劣。

第一章登出之后，便“苦”字临头了，每七天必须做一篇。我那时虽然并不忙，然而正在做流民，夜晚睡在做通路的屋子里，这屋子只有一个后窗，连好好的写字地方也没有，那里能够静坐一会，想一下。伏园虽然还没有现在这样胖，但已经笑嬉嬉，善于催稿了。每星期来一回，一有机会，就是：“先生，《阿Q正传》……明天要付排了。”于是只得做，心里想着，“俗语说：‘讨饭怕狗咬，秀才怕岁考。’我既非秀才，又要周考，真是为难……”然而终于又一章。但是，似乎渐渐认真起来了；伏园也觉得不很“开心”，所以从第二章起，便移在“新文艺”栏里。这样地一周一周挨下去，于是乎就不免发生阿Q可要做革命党的问题了。据我的意思，中国倘不革命，阿Q便不做，既然革命，就会做的。我的阿Q的运命，也只能如此，人格也恐怕并不是两个。……《阿Q正传》大约做了两个月，我实在很想收束了，但我已经记不大清楚，似乎伏园不赞成，或者是我疑心倘一收束，他会来抗议，所以将“大团圆”藏在心里，而阿Q却已经渐渐向死路上走。到最末的一章，伏园倘在，也许会压下，而要求放阿Q多活几星期的罢。但是“会逢其适”，他回去了，代庖的是何作霖君，于阿Q素无爱憎，我便将“大团圆”送去，他便登出来。待到伏园回京，阿Q已经枪毙了一个多月了。纵令伏园怎样善于催稿，如何笑嬉嬉，也无法再说“先生，《阿Q正传》……”从此我总算收束了一件事，可以另干别的去。[1]

小说所写的人物和民情风俗以作者的家乡绍兴为背景。但在小说的开篇，鲁迅介绍阿Q的籍贯时，却绕来绕去，终于不能确定主人公到底是何方人士。天水，绍兴？都不是，然而，又都可以是。其实，也可以说是北京，最好笼统地说，就是中国。

鲁迅想写出一个贫苦的农民在日常生活以及在革命大潮中的表现，由此揭示中国国民的劣根性和中国革命的不彻底性或投机性。

阿Q没有家，也没有土地，靠给别人打短工过活，村上的人都瞧不起他，利用一切机会来欺侮他。阿Q虽然愚蠢，可也沾染上游手好闲之徒的狡猾习性，喜欢赌博、骂人和斗殴，见了比自己弱小的人，就忍不住要显威风、占上风、占便宜。实在走投无路时，就去偷窃。

他虽然不识字，没有读过圣贤书，但他脑子里却充斥着不少传统观念，有些堪称道德家的理论。例如对待女人，他在非常想得到而不能如愿的时候，就自然而然地想起“女人是祸水”的“常理”，并且对街面上男女同行等“伤风败俗”的行为恨之入骨，必欲惩罚之而后快。他向吴妈盲目求婚，在他看来也是很“合乎圣贤经传”的，古圣贤不云乎，“不孝有三而无后为大”！从这一点看，阿Q虽然卑微，但毕竟受了道德教育和精神文

1 鲁迅《华盖续编·〈阿Q正传〉的成因》，见《鲁迅全集》第三卷。

明的熏陶，可以无愧于文明古国国民的称号了。

阿Q最得意的东西就是他的“精神”——人总是要有一点精神的——他赖以生存的战无不胜的“精神胜利法”。鲁迅用两个章节的“优胜记略”来介绍阿Q这个法宝。阿Q最爱夸耀过去——也就是他的和他的家族的历史：“我们先前——比你阔得多啦，你算是什么东西！”这话往往在与人争斗失败时说出来，仿佛为自己的无能和卑贱找到了补偿，找回了尊严。

至于自轻自贱，阿Q也不觉得有什么难为情。因为，他是这样想的，自己要算天下第一自轻自贱人了，除了“自轻自贱”，就剩下了“第一个”，状元不也是“第一个”么？因此，无论受了怎样的欺侮，他都立刻“拔了头筹”、“高居榜首”，找到安慰，顷刻之间将屈辱忘得一干二净。

小说的更精彩之处在最后三章。鲁迅在这几章中，集中描写了阿Q在革命中的表现及其悲惨命运。对于革命，他开始不知道是怎么一回事，并不觉得好，后来看到城里的阔人家很慌乱地把财产往乡下搬运，就觉得革命也不错的，对阔人不好，不就是对自己有利吗？他本能地向往起革命来了。

然而，他找不到革命的门路，只好躺在土谷祠里做白日梦，幻想革命给他带来的好处。他的革命狂想曲将传统思想和现实需求紧密结合起来，高奏着历史上一切农民革命的主旋律——革命成功后子女玉帛、作威作福——当然也回响着他本人“精神胜利”的独特声部：他翻身得解放后，以前欺侮过他的人都要遭殃，小D——那个跟他打过架、对他不够恭敬的小东西——被罚去将阔人家的家具什物搬进阿Q所居住的土谷祠里：“要搬得快，搬得不快打嘴巴。”

然而，阔人们消息灵通，行动迅捷，得知革命党要来，早就摇身一变，“咸与革命”了。阿Q做完美梦，赶去参加革命时，被人家告知已经“革”过，自己插不上手了。而且一般舆论中，像他这样一个卑怯的人，有什么资格参加革命呢？“不准革命！”是革命果实的占有者对他的断喝。新政权为维护秩序，捕拿不法之徒，阿Q被逮捕枪毙——于是小说有了“大团圆”的结局：阿Q得到应有的惩罚，群众跟着行刑的囚车，有滋有味地看他临终前的种种样态。

鲁迅准确地把握了历史上所谓“革命”的共性，捕捉到了中国国民性的本质。十几年后，当外国记者问鲁迅：中国已经进行了国民革命，难道您认为现在仍然有过去那么多阿Q吗？鲁迅答道：“更糟了，他们现在还在管理国家哩。”[1]他认为，如果中国以后再进行革命，也还会有阿Q这样的“革命者”。

鲁迅具有高超的小说创作艺术，他往往用三言两语就活画出人物的形态，他称这种方法叫“白描”。他善于塑造典型形象，将许多人的特点巧妙和谐地集中在一个人身上，达到了“描画出中国国民的魂灵”的目的，使阿Q这个人物成为不朽的典型。茅盾评论说：“我们不断的在社会的各方面遇见‘阿Q相’的人物，我们有时自己反省，常常疑惑自己身上也免不了带着一些‘阿Q相’的分子。……我又觉得‘阿Q相’未必全然是中国民族的独具，似乎这也是人类普遍弱点的一种。”[2]

---

1 埃德加·斯诺《斯诺文集》第一卷，新华出版社 1984 年版。

2 雁冰（茅盾）《读〈呐喊〉》，原载 1923 年 10 月 8 日《时事新报》副刊《学灯》和《文学旬刊》第 91 期。

而在国内，较早发表评论、给这篇小说高度评价并提供不少背景材料的还有周作人。他以仲密之名在《晨报副镌》上发表了《〈阿Q正传〉》一文，指出“阿Q这人是中国一切的‘谱’——新名词称作‘传统’的结晶”，“是一个民族的类型”。关于作品的特点，他认为这是一篇讽刺小说，其主旨是“憎”，其精神是“负”的，但“这憎并不变成厌世，负的也不尽是破坏”。周作人还说，这篇小说的笔法“是从外国短篇小说而来的，其中以俄国的果戈理与波兰的显克微支最为显著，日本的夏目漱石、森鸥外两人的著作也留下不少的影响。”作者所使用的讽刺在中国历代文学中很少见，用的是反语，冷的讽刺——也就是“冷嘲”。[1]

也许是为了免得大家在那里瞎猜吧，周作人在这篇文章中透露，《阿Q正传》的作者巴人就是鲁迅。

当时鲁迅虽然做了不少小说，但因为多用笔名发表，一般文学爱好者不了解鲁迅就是教育部的周树人。鲁迅后来在《阿Q正传的成因》一文中说，那时他住在西城边，知道他就是鲁迅的大概只有《新青年》、《新潮》社里的人们。当然还有催促他写《阿Q正传》的孙伏园。

有一次，青年作家宫竹心在向他借书的信中顺便打听鲁迅的真实身份。他假装不知，回信道：

> 鲁迅就是姓鲁名迅，不算甚奇。唐俟大约也是假名，和鲁迅相仿。然而《新青年》中别的单名还有，却

---

1 周作人《〈阿Q正传〉》，载1922年3月19日《晨报副镌》，署名仲密。

> 大抵实有其人。《狂人日记》也是鲁迅作，此外还有《药》《孔乙己》等都在《新青年》中，这种杂志大抵看后随手散失，所以无从奉借，很抱歉。别的单行本也没有出版过。《妇女杂志》和《小说月报》也寻不到以前的，因为我家中人数甚多，所以容易拖散。昨天问商务印书馆，除上月份之外，也没有一册，我日内去问上海本店去，倘有便教他寄来。[1]

《阿Q正传》发表后不久就获得了国际声誉。这篇小说的法文译者敬隐渔曾写信给鲁迅说，法国著名作家罗曼·罗兰看了作品后，有这样的感受："《阿Q正传》是高超的艺术底作品，其证据是在读第二次比第一次更觉得好。这可怜的阿Q底惨象遂留在记忆里了。"他把译稿推荐给《欧罗巴》杂志，在该刊1926年5月和6月出版的第41、42期上登载。罗曼·罗兰在给《欧罗巴》月刊编者巴查尔什特的荐稿信中说：

> 这是乡村中的一个穷极无聊的家伙的故事。这个人一半是流浪汉，困苦潦倒，被人瞧不起，而且他确实也有被人瞧不起的地方，可是他却自得其乐，并且十分自豪（因为一个人既然扎根于生活之中，就不得不有点值得自豪的理由！）最后，他被枪毙了，在革命时期被枪毙，不知道为什么。使他郁郁不乐的却只有一件事，那就是当人们叫他在供词下边画一个圆圈时（因为他不会

1　鲁迅1921年9月5日致宫竹心信，见《鲁迅全集》第十一卷。

> 写自己的名字），他的圈圈画不圆。这篇故事的现实主义乍一看好似平淡无奇。可是，接着你就发现其中含有辛辣的幽默。读完之后，你会很惊异地觉察，这个可悲可笑的家伙再也离不开你，你已经对他依依不舍了。[1]

至于阿Q这个人物的原型，鲁迅的两个弟弟作人和建人都是熟悉的。在绍兴周家台门附近，有一个叫阿桂的人，以打短工为生，游手好闲，平时总想干些不出或少出力而得钱的营生，如有时当掮客。破落的大户人家等钱用，随手拿东西去卖，又不好意思，就委托掮客去办理。周作人在绍兴教书时，为鲁迅收集古代砖石，阿桂听说他要有字的砖头，也找过几块来给他选购。其中有一块永和十年的砖，相当名贵，六面都有图文。[2]

阿桂既当掮客，也做小偷。周作人还提供一则他的轶事：

> 阿桂有一个胞兄，名叫阿有，住在我们一族的大门内西边的大书房里，专门给人舂米，勤苦度日，人很诚实，大家多喜欢用他，主妇们也不叫他阿有，却呼为有老官，以表示客气之意。阿桂穷极无聊，常去找他老兄借钱，有一回老兄不肯再给，他央求着说，这几天实在运气不好，偷不着东西，务必请给一点，得手时即可奉还。他哥哥喝道，这叫作什么话，你如不快走，我就

---

1 罗曼·罗兰致巴查尔什特信，见罗大冈《罗曼·罗兰评〈阿Q正传〉》，载1982年2月24日《人民日报》。

2 周遐寿（周作人）《鲁迅的故家》，人民文学出版社1957年版。

要大声告诉人家了。他这才急忙逃去，这件事却传扬出来，地方上都知道他是做这一行勾当了。[1]

周建人在一本叙述鲁迅青少年时代生活的书中描绘革命来临时人们的种种表现，也写到阿桂：

（他）在街上掉臂走着，兴奋地高声嚷道：“我们的时候来了，到了明天，我们钱也有了，老婆也有了。”

衡廷叔在街上探听消息，听阿桂这么说，小心翼翼地上前问道：“像我这样，可以不要怕吧？”

阿桂说：“你们总比我有。”[2]

类似的情节在《阿Q正传》中也出现过。

小说中很多地名，人名，风俗习惯等，都有绍兴风味。在这个多是绍兴人的大宅院里，鲁迅日常感受的自然是家乡气氛——虽然外面的大环境是北京。家族同居形成的小气候，恐怕也是激发鲁迅创作冲动的一个因素。

蒋梦麟在《谈中国的新文学运动》中认为《阿Q正传》与绍兴的师爷文化关系不浅：

“刑名钱谷酒，会稽之美。”这是越谚所称道的。刑名讲刑法，钱谷讲民法，统称为绍兴师爷。宋室南渡

1　周遐寿（周作人）《鲁迅小说里的人物 · 小偷》，人民文学出版社 1957 年版。

2　周建人《鲁迅故家的败落》。

> 时把中央的图书律令搬到了绍兴。前清末造，我们在绍兴的大宅子门前常见有“南渡世家”匾额，大概与宋室南渡有关系。绍兴人就把南渡的文物当成了吃饭家伙，享受了七百多年的专利，使全国官署没有一处无绍兴人，所谓“无绍不成衙”。因为熟谙法令律例故知追求事实，辨别是非；亦善于歪曲事实，使是非混淆。因此养成了一种尖锐锋利的目光，精密深刻的头脑，舞文弄墨的习惯。相沿而成一种锋利、深刻、含幽默、好挖苦的士风，便产生了一部《阿Q正传》。[1]

鲁迅将自己的经历和体验，上升到更高的层面。他写的不只是绍兴的一个人的特性，而是中国人共有的品格。

作品发表后没几年，就有人尝试将其改编成舞台剧作品。鲁迅对这部作品的改编不大热心。有一次，在谈到阿Q的籍贯和剧中阿Q是否说绍兴话的问题时，他发表了这样的意见：

> 现在我自己想说几句的，有两点——
>
> 一，未庄在那里？《阿Q》的编者已经决定：在绍兴。我是绍兴人，所写的背景又是绍兴的居多，对于这决定，大概是谁都同意的。但是，我的一切小说中，指明着某处的却少得很。中国人几乎都是爱护故乡，奚落别处的大英雄，阿Q也很有这脾气。那时我想，假如写

1 蒋梦麟《谈中国的新文艺运动——为纪念“五四”与文艺节而作》，见《西潮 · 新潮：蒋梦麟回忆录》，东方出版社，2006 年版。

一篇暴露小说，指定事情是出在某处的罢，那么，某处人恨得不共戴天，非某处人却无异隔岸观火，彼此都不反省，一班人咬牙切齿，一班人却飘飘然，不但作品的意义和作用完全失掉了，还要由此生出无聊的枝节来，大家争一通闲气。……为免除这些才子学者们的白费心思，另生枝节起见，我就用“赵太爷”，“钱太爷”，是《百家姓》上最初的两个字；至于阿Q的姓呢，谁也不十分了然。但是，那时还是发生了谣言。还有排行，因为我是长男，下有两个兄弟，为豫防谣言家的毒舌起见，我的作品中的坏脚色，是没有一个不是老大，或老四，老五的。

上面所说那样的苦心，并非我怕得罪人，目的是在消灭各种无聊的副作用，使作品的力量较能集中，发挥得更强烈。果戈理作《巡按使》，使演员直接对看客道：“你们笑自己！”（奇怪的是中国的译本，却将这极要紧的一句删去了。）我的方法是在使读者摸不着在写自己以外的谁，一下子就推诿掉，变成旁观者，而疑心到像是写自己，又像是写一切人，由此开出反省的道路。但我看历来的批评家，是没有一个注意到这一点的。这回编者的对于主角阿Q所说的绍兴话，取了这样随手胡调的态度，我看他的眼睛也是为俗尘所蔽的。

但是，指定了绍兴也好。于是跟着起来的是第二个问题——

二，阿Q该说什么话？这似乎无须问，阿Q一生的事情既然出在绍兴，他当然该说绍兴话。但是第三个疑

> 问接着又来了——
>
> 三，《阿Q》是演给那里的人们看的？倘是演给绍兴人看的，他得说绍兴话无疑，绍兴戏文中，一向是官员秀才用官话，堂倌狱卒用土话的，也就是生，旦，净大抵用官话，丑用土话。
>
> 我想，这也并非全为了用这来区别人的上下，雅俗，好坏，还有一个大原因，是警句或炼话，讥刺和滑稽，十之九是出于下等人之口的，所以他必用土话，使本地的看客们能够彻底的了解。那么，这关系之重大，也就可想而知了。其实，倘使演给绍兴的人们看，别的脚色也大可以用绍兴话，因为同是绍兴话，所谓上等人和下等人说的也并不同，大抵前者句子简，语助词和感叹词少，后者句子长，语助词和感叹词多，同一意思的一句话，可以冗长到一倍。但如演给别处的人们看，这剧本的作用却减弱，或者简直完全消失了。据我所留心观察，凡有自以为深通绍兴话的外县人，他大抵是像目前标点明人小品的名人一样，并不怎么懂得的；至于北方或闽粤人，我恐怕他听了之后，不会比听外国马戏里的打诨更有所得。[1]

阿Q是绍兴的，中国的，也是世界的。迄今为止，舞台上的阿Q，有说绍兴话的，有说中国各地方言的，有说普通话的，也有说外国话的。

---

1 鲁迅《且介亭杂文·答〈戏〉周刊编者信》，见《鲁迅全集》第六卷。

六　求学和就医

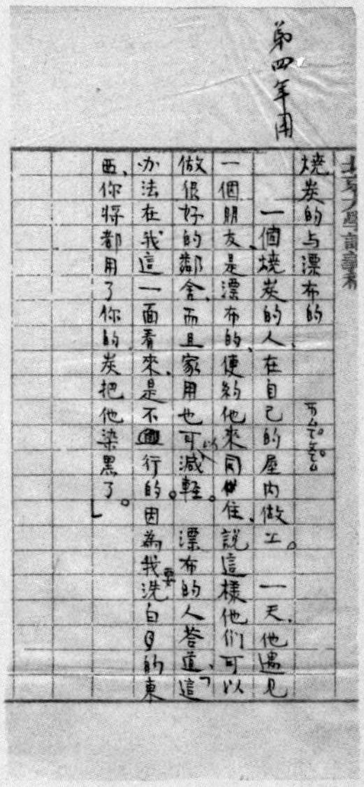

第四年用

土耳其寓言

烧炭的与漂布的

一個烧炭的人，在自己的屋内做工。一天，他遇见一個朋友，是漂布的，便約他來同住，說這樣他們可以做很好的鄰舍，而且家用也可以減輕。漂布的人答道，"這办法在我這一面看來是不可行的，因為我要洗白的東西，你将都用了你的炭把他染黑了。"

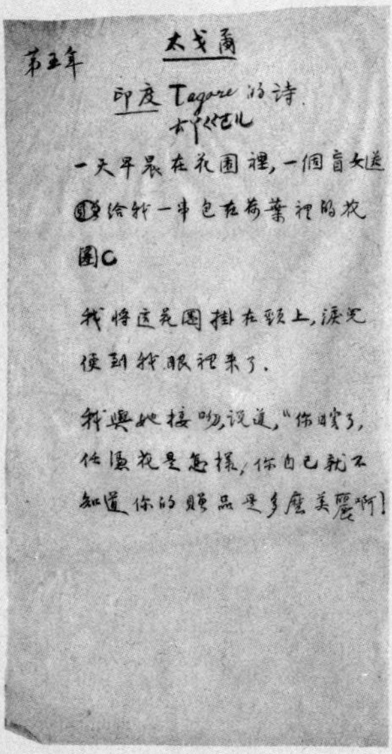

第五年　太戈爾

印度Tagore的詩

一天早晨在花園裡，一個盲女送給我一串包在荷葉裡的花圈。

我將這花圈掛在頸上，淚兒便到我眼裡來了。

我與她接吻，說道，"你瞎了，你像花是怎樣，你自己就不知道你的贈品是多麼美麗啊！"

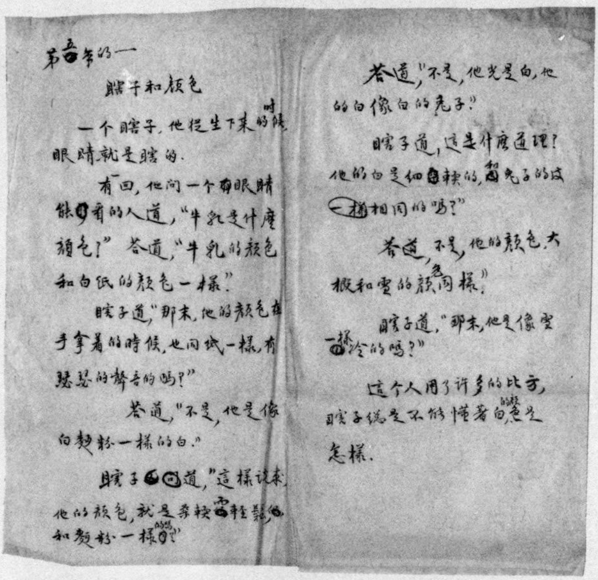

第五年的一

瞎子和顏色

一个瞎子，他從生下來的時候，眼睛就是瞎的。

有一回，他问一个有眼睛能看的人道，"牛乳是什麼顏色？"答道，"牛乳的顏色和白紙的顏色一樣。"

瞎子道，"那末，他的顏色在手拿着的時候，也同紙一樣，有瑟瑟的聲音的嗎？"

答道，"不是，他是像白麵粉一樣的白。"

瞎子道，"這樣說來，他的顏色，就是柔軟而極鬆的和麵粉一樣的嗎？"

答道，"不是，他光是白，他的白像白的兔子。"

瞎子道，"這是什麼道理？他的白是细而柔軟的，和兔子的皮一樣相同的嗎？"

答道，"不是，他的顏色，大概和雪的顏色同樣。"

瞎子道，"那末，他是像雪一樣冷的嗎？"

這个人用了許多的比方，瞎子總是不能懂得白色是怎樣。

周作人等编辑的孔德学校教材手稿

鲁迅的小说《弟兄》触及每个家庭必然遇到的两件大事：求学和就医。小说中，弟弟生了病，疑似流行的猩红热，哥哥很着急，四处求医，诊断结果是普通的疹子，并无危险，大家虚惊了一场。读者读完这篇小说，对“病”和“医”产生深刻印象，却容易忽略另一件大事：入学——也就是孩子们的教育。

小说里的哥哥张沛君在机关当职员，办事勤恳，日常对弟弟靖甫十分友爱，兄弟怡怡，深得同事们敬慕。他们的居所同兴公寓与八道湾十一号的格局相似，也是兄弟好几个聚居。只有一点不同，周家的长子——就是鲁迅——没有子嗣，而张家老大沛君则有三个孩子。

小说一开始就写兄弟们聚居的大家庭生活中的一个烦恼：经济上难以做到公均分配。当一位同事叙述自家兄弟们为金钱问题闹得不可开交，“从堂屋一直打到门口”时，沛君发话了：

> “你看，还是为钱，”张沛君就慷慨地从破的躺椅上站起来，两眼在深眼眶里慈爱地闪烁。“我真不解自家兄弟何必这样斤斤计较，岂不是横竖都一样？……”
>
> “像你们的弟兄，那里有呢。”益堂说。
>
> “我们就是不计较，彼此都一样。我们就将钱财两字不放在心上。这么一来，什么事也没有了。有谁家闹

着要分的，我总是将我们的情形告诉他，劝他们不要计较。……”

同事们一致高度赞扬张家兄弟俩没有自私自利之心，真是世上少有。就在这时，一个同事问及他弟弟的近况，他答说因为发烧，请假在家。那位同事就嘱咐他小心些，因为报纸上报道最近流行猩红热。

他立刻慌作一团，要听差打电话请一个有名气、诊费高的外国医生去同兴公寓为弟弟诊病，自己也立刻赶回家。在西医大夫到来之前，他急得像热锅上的蚂蚁一样。甚至顾不得曾当着院内同住的一位中医的面攻击过中医，硬着头皮将其请出来。中医诊断的结果正是猩红热。

他将信将疑，在惊恐中等待西医。小说详细描写了他焦急等待中思绪乱飞的过程。也就在这里，作品与孩子教育相关的另一条主线显现了——沛君脑子里泛起一些“凌乱的思绪”：他仿佛知道靖甫生的一定是猩红热，无可挽救了。那么，今后的家计怎么支持呢？靠自己一个？百物可是昂贵起来了……。自己三个孩子，弟弟两个孩子，吃饭尚且难，还能进学校读书么？只给一两个读书呢，那自然是自己的康儿最聪明。不过，只让康儿去读书，大家一定要批评，说他薄待弟弟的孩子……

外国大夫终于来了，经过诊断，确认弟弟的病是一般的疹子。沛君长舒一口气，放下心来。

然而，就在这天夜里，沛君做了一场和白天那些烦乱思绪相应的噩梦。醒来后，昏沉的头脑里只留下一些片断：

> 他忙着收殓，独自背了一口棺材，从大门外一径背到堂屋里去，许多熟人在旁边交口称赞……
>
> 自己的三个孩子都去上学了。还有两个孩子苦嚷着要跟去。他被缠得烦了，同时又觉得自己有着最高的威权和极大的力。他看见自己的手掌比平常大了三四倍，铁铸似的，向荷生的脸上一掌劈过去……

被打得满脸是血的荷生，是弟弟靖甫的孩子。值得一提的是，这孩子的名字和周作人在日本留学时的外号“鹤生”谐音。

第二天沛君去上班，就觉得办公室和同事们与昨天相比有些两样了。经过这场虚惊，他自己明白，平时自己言论中兄弟友爱的种种宣示，多少有些表演的成分。

他不再发高论，听着同事们钦佩有加的恭维话，也觉得刺耳。益堂家的五个孩子仍然处在剑拔弩张的状态，战况又有了新的进展：“到昨天，到晚上，也还是从堂屋一直打到大门口。老三多两个孩子上学，老五也说他多用了公众的钱，气不过……”这场面与他梦中的情境颇有些相合，更增加了他的窘迫。

那么，现实中，八道湾周宅孩子们的教育问题怎么解决呢？实际情况是，鲁迅那时并没有子嗣，所以，小说中的情节多为虚构假想之词。后代教育问题，主要与周作人和周建人有关。

周家搬进八道湾之前，1917年，北京大学几位教授已经遇到孩子入学的问题了。当时京城的学校不多，且教育方式陈旧。于是，他们决定自己办学。这年年底，蔡元培、李石曾、沈尹默、马叔平、陈大齐、钱玄同、马隅卿、马幼渔、马季明、沈士远、沈兼士、朱希祖等人，利用东城方巾巷的华法教育会会址，创办了孔德学校。学校在当时的京师学务局立了案，学务局每月补助100元，其他办学经费由创办人向社会募捐。1920年以后，学校办学经费由中法教育基金委员会直接拨款。

孔德学校的学制是十年：初小四年，高小二年，中学四年。1924年又增设大学预科两年，而且还成立了幼稚园，形成首尾贯通的一条龙。学生从小学五年级起学习法文，毕业后可赴法国深造。而当时一般的学校是初小四年，高小三年，中学四年，中学才开始学英文。[1]

这差不多可以称为北京大学的子弟学校。

北京大学教师的孩子，不管有一个、两个还是三个，都会送到这个学校就读。蔡元培的女儿，北京大学中文系主任马裕藻——人称马二先生——以及他的几个弟弟的孩子，沈士远、沈兼士、沈尹默三兄弟的孩子，钱玄同、钱稻孙的孩子，齐竺山、齐如山、齐寿山三兄弟的子女，都曾就读孔德学校。

看校名，人们可能会误以为这学校是宣扬“孔子的道德”，实际上是为了纪念法国哲学家奥古斯特·孔德（Auguste Comte）。校训标榜的是人类的自由、博爱。校歌中讲得明白：“孔德！孔德！他的主义是什么？是博爱，是研求人生的真理，是保守人类的秩序，是企图社会的进步。我们是什么学校的学生？顾名思义，莫忘了孔德！莫忘了孔德！”

学校的办学宗旨是造就“思想的人，情感的人，实际创造的人”，简单地说，是实行一种“以人为本”的教育。主办者不满当时通行的仿日本的注入式教育，要从中小学开始实行改革，

1　钱秉雄《我所见到的孔德学校》，《文史资料选编》第31辑，北京出版社1986年版。

因为这是教育的基础。他们的理念是：不仅把学校办成读书的场所，还要使其成为人格养成的地方。因此该校教育中是“教”与“育”并重。在训育方面，初办时并没有什么严密的校规，只是主张废除对学生的体罚。学校不给学生以教条式的约束，而是在适当范围内，让学生自由发展个性，以保持他们天真活泼的本性。主办者认为，“伪作的善”是学校教育最大的失败。这针对的是当时社会上有些人总要求孩子们少年老成，使孩子们学社会上那种虚伪的作风。孔德学校创办人坚持：宁可让学生们稚气横溢，也不要他们老气横秋。

蔡元培重视美育。他认为：“纯粹之美育，所以陶养吾人之感情，使有高尚纯洁之习惯，而使人我之见，利己损人之思念，以渐消沮者也。盖以美为普遍性，决无人我差别之见能参入其中。”孔德学校的美术教学设备很全。石膏模型有五十多件，小佛像和玩具模型有一百多种，写生台七座，画架四十个，图画教室两座。在当时中小学中，能有这样的美术教育设备的很少。七年级、八年级图画和手工隔周轮习，九年级、十年级仍然将图画作为选修科目。此外，手工和音乐也很受重视。有两个手工教室，从小学一年级到六年级手工都是必修科目，中学仍为选修或轮修科目。有音乐教室两座，钢琴四架，风琴五架，留声机三台，外国音乐欣赏唱片一百五十多张。蔡元培的女儿蔡威廉就是孔德中学第一届毕业生。她1924年赴法国学习美术，归国后曾任杭州艺术学院教授。

1919年12月25日，孔德学校两周年纪念，学校为学生们的作品举办了展览会，蔡元培出席纪念会，并发表演说：

> 我们这个学校用“孔德”的姓做校名，并不是说除他一个人的学问之外都不用注意，也并不是就用他的哲学来教小学生。我们是取他注重科学的精神，研究社会组织的主义来做我们的教育的宗旨。为注重科学的精神，所以各科教学偏重实地观察，不单靠书本同教师的讲授。要偏重图画、手工、音乐和体育运动等科，给学生练习视觉、听觉、筋觉。为研究社会组织的主义，给学生时时有共同操作的机会。今日用学生所制造的物品出售，作为图书馆建立的基金；而且各展览室招待、计算账目等事，都由学生若干人合力来办，也是起到了共同操作的作用。又如教授国文，注重白话文，且用注音字母来划一语音，不但使学生容易了解，也是为社会上互通情意便利起见。[1]

孔德的图书馆原是为办中法大学孔德学院准备的，起点很高，藏书丰富。自1924年起，由沈尹默、马隅卿等人负责挑选购买图书。共计买到经、史、子、集类图书2433种46512册；方志类478种7127册；日文书籍429种452册；词曲小说536种5456册；车王府曲本4620册；全馆有图书六万四千多册。马隅卿担任馆长时，雇了专人整理。鲁迅为研究中国小说史，曾到校查阅词曲小说。鲁迅到了上海，对北京各机构的丰富藏书念念不忘。1929年，他从上海回北京省亲期间，还到孔德学校拜访马隅卿，并查阅图书。在学校遇到老朋友钱玄同。这时，鲁迅与钱玄同已经

1 《蔡孑民先生言行录》，见《蔡元培全集》第3卷，浙江教育出版社1997年版。

疏远，有人说，是因为鲁迅最不喜欢顾颉刚，而钱玄同则是顾颉刚很要好的朋友。钱玄同看到鲁迅名片上印的“周树人”三字，还想跟鲁迅开开玩笑：“你的姓名不是已经改成两个字了吗？怎么还用这三字的名片？”鲁迅正色道：“我从来不用两个字的名片，也不用四个字的名片！”所谓“四个字”，是在讥讽钱玄同的笔名“疑古玄同”。钱玄同讨了个没趣。[1]鲁迅随后写信给许广平，报告了这次见面的经过：“往孔德学校，去看旧书，遇金立因，胖滑有加，唠叨如故，时光可惜，默不与谈，少顷，朱山根（即顾颉刚——本书作者注）叩门而入，见我即踌躇不前，目光如鼠，终即退去，状极可笑也。”[2]

国文教学是孔德学校的强项。学校的发起人中有好几位是北大国文系教授，如沈尹默、马幼渔、钱玄同。他们亲自选择篇目，编写教材。1918年，沈尹默、马幼渔、钱玄同、陈大齐等人以“新教育研究会”的名义编出孔德小学一年级学生用的国语课本。孔德学校从小学一年级起就教孩子们学习注音字母，能用注音字母拼读生字，读白话国语课本就不难了。课本的内容有短语，儿歌、故事等，还配有徐悲鸿画的插图。大学教授也到学校中为孩子们授课。周作人就为全校教师作了题为《儿童的文学》的讲演。

1920年10月，周作人向学校建议，让小学生读一些有文学趣味的白话作品。学校采纳了他的建议。从此以后，孔德学校的小学中学国文教材由周作人、钱玄同和沈尹默主持。他们从当时的

1　许寿裳《亡友鲁迅印象记》。

2　鲁迅 1929 年 5 月 26 日致许广平信，见《鲁迅全集》第十四卷。

书籍报刊中选择童话、故事、小说、散文、短剧、论述文等等，印成活页，发给学生。篇目每年有所变更。孔德学校自行编选国文教材的办法延续了将近二十年。

孔德学校的学生，因为国文训练扎实，小学一年级后，就能写出表达自己情意的短文，碰到不会写的字，就以注音字母替代。学生们自由发挥，怎么想就怎么写，想写什么就写什么。这样培养了学生敢写、能写，善于思考的能力。学校办的《孔德旬刊》和《孔德校刊》常刊载小学一、二年级学生写的短文、画的画。例如，周作人的小女儿周若子曾在旬刊上发表《晚上的月亮》：

> 晚上的月亮，很大又很明。我的两个弟弟说："我们把月亮请下来，叫月亮抱我们到天上去玩。月亮给我们东西，我们很高兴。我们拿到家里给母亲吃，母亲也一定高兴。"[1]

鲁迅虽然自己没有孩子，但对学校的开办也很关心。孔德学校送来课本校样，周作人因为忙着别的事，鲁迅曾代替他校改。

周家的长子周丰一到北京时，正好七岁，就进入孔德学校学习。他在这所学校完整地接受了小学六年、中学四年的教育。周丰一晚年对这所学校仍充满怀念和感激。他在《从一年级到十年级——忆孔德学校》一文中写道：

1 《北京孔德学校旬刊》，北京孔德学校旬刊社 1925 年版第二期。

我是一九一九年入校，……成为孔德学校的一年级学生。旁人很难想象，只会说绍兴话的我，如何在教室里听懂老师讲课的，又是如何和别人交谈的。尽管如此，后来我通过注音符号，竟也熟练掌握了北京话。

这所学校在当时很特别。“男女同校”这在以前没有，之后很久恐怕也只有孔德学校一家。之后女学生剪掉辫子，以短发出现在学校，也惊动了全社会。学校使用白话文教材，注重培养学生的个性。学校采用的是美国女教育家Helen Parkhurst在马萨诸塞州道尔顿中学所实验成功的教学法，中文译名为“道尔顿制”。也就是“自由、自学、启发个性、以集体协作为基础，重视实验和劳动，以培养创造力为目的的教育法”，被世人称作“Dalton-Plan”。

…………

这所学校的独一无二之处，是学校的教员，不管什么学科，任课教师都有着一流的学历。那种高中毕业的教员，自己都学得稀里糊涂就去给学生教课的情况，在这里绝不会出现。孔德学校非常重视教育，教员除了大学毕业的之外，还有留学归国人士。甚至还有大学的教授来学校教课。[1]

孔德学校其实是一个结合了西洋教学法的放大了的私塾。这种模式延续至今，就是很多大学都有的附属中小学——当然，学

1 周之荻《在记忆中——荻庐杂忆》，《飙风》1982年7月第14号，陈南译。

生不限于教职工子弟。

天有四季，月有阴晴，人吃五谷，生病难免。

北京雨少风多，冬春尘沙肆虐。南方人初到北京，难以适应。鲁迅在《求乞者》一文中这样描写北京的街道：

> 我顺着剥落的高墙走路，踏着松的灰土。……
>
> …………
>
> 微风起来，四面都是灰土。
>
> 灰土，灰土，………
>
> ………
>
> 灰土……

他用很长的省略号来表示灰土弥漫，好像在灰土的袭击下，张口说话都显得很困难似的。

但谋生无奈，必须忍受并适应环境。后来鲁迅回到南方，免除了这份苦楚。1926年他到厦门后，在给北京朋友的信中，比较两地的环境道："此时又在发风，几乎日日这样，好像北京，可是其中很少灰土。"[1]1929年5月，鲁迅从上海回北京省亲，写信给许广平说："这里天气很热，已穿纱衣，我于空气中的灰尘，已不习惯，大约就如鱼之在浑水里一般，此外却并无不舒服。"[2]直到晚年，他在给外国朋友的信中还不忘问一句："北平的带灰土

1　鲁迅《华盖集续编·厦门通信》，《鲁迅全集》第三卷。

2　鲁迅 1929 年 5 月致许广平信，《鲁迅全集》第十二卷。

的空气，呼吸得来吗？”[1]可见他对北京自然环境恶劣印象之深。

生病就需求医。鲁迅青年时代学过医，他学医的动机之一，是因为小时候父亲久病，他对求医问药的艰辛，有着许多痛切的经验。他认为，学医可以救死扶伤，而且可以改变中国人对科学的态度。他学西医虽然半途而废，但一种信念终生坚持：不信中医。在那个时代，生活在遍地中医的中国，坚持只看西医，是很需要定力的。孙中山去世后，鲁迅写纪念文章，盛赞孙中山坚持自己的主张，至死不看中医。[2]正所谓惺惺相惜。

鲁迅在《呐喊 · 自序》中说到他当年弃医从文的一个原因：“凡是愚弱的国民，即使体格如何健全，如何茁壮，也只能做毫无意义的示众的材料和看客，病死多少是不必以为不幸的。所以我们的第一要著，是在改变他们的精神，……”理想很高远，令人敬佩。但通常情况下，精神的疾病显得有点空泛，肉体上的病却是近在眼前而且是切身的威胁，必须立刻认真对待。解放全人类的理想固然说起来激昂慷慨，但切身之痛，例如牙疼，就不是优美的辞令所能治疗的。

一家人刚住进八道湾，病就接踵而至。尤其是小孩，水土不服，抵抗力弱，不是这个“发热”，就是那个“呕吐”，周作人每天从北大讲课回来，要照料孩子们求医吃药。鲁迅也常为两个弟弟的孩子求医问药而奔忙。

1920年1月10日，建人的儿子沛生病，上午送往池田医院就诊，下午，鲁迅又赶去池田医院为沛取药。12日午后，鲁迅到池

1 鲁迅 1934 年 8 月 22 日致伊罗生信，《鲁迅全集》第十三卷。

2 鲁迅《集外集拾遗 · 中山先生逝世后一周年》，《鲁迅全集》第七卷。

田医院“延医诊沛”，晚上“复往取药”。而这一天，鲁迅自己感觉背痛，也许是劳累过度所致。这次孩子的病可以看作是水土不服，尚是小病，1920年5月份的病更重。鲁迅日记载，5月19日“沛大病，夜延医，不眠”。20日“黎明送沛入同仁病院，芳子、重久同往，医云肺炎。午归，三弟往。下午作书问三弟以沛状，晚得答，言似佳”。此后一个多月，鲁迅几乎每天去医院，有时晚上住在医院里。22日，他让周作人找自己教育部的同事齐寿山借钱100元。24日，“沛病甚剧”，25日他一天都在病院，晚上才回家。但“夜半重久来，言沛病革，急复驰赴病院”。26日，沛转危为安。六月份鲁迅又几乎为此忙了一个月，不但自己常去医院，有时还要陪母亲和家中其他人去探视。至26日，“午后往同仁医院视沛，二弟亦至，因同至店饮冰加非。”兄弟俩能一起喝咖啡，大约沛的病快要痊愈了。

但七月初，母亲也病了。7月6日，鲁迅“夜延山本医士诊”。山本医生全名山本忠孝，在西单刑部街开设了一家医院，此前，离八道湾较近的地方还没有中国人开设的医院（白塔寺的福民医院，即今人民医院，还没有建设）。

鲁迅于是就在同仁医院和山本医院两地奔波。办理入院手续，接洽医生，筹措医药费等事务，多由鲁迅操持。鲁迅既要上班，又要去医院探视或取药，同时坚持创作，的确很辛苦。好在，这个时期，鲁迅身体不错，没有什么大病。

7月13日上午，鲁迅“往同仁病院。下午沛退院回家”。但15日“下午沛腹泻，延山本医生诊”。16日，又送沛住进同仁病院。这中间还发生了兵乱，鲁迅18日送母亲和其他家中妇孺到东城同仁医院暂避，第二天警报解除，大家才都回家。

后来，鲁迅与周作人兄弟失和。有人认为失和主要是经济上弟媳过于浪费，鲁迅提出批评所致。鲁迅的批评意见中有一条，就是医疗费太贵。他有一次从外面回来，看见一辆医院的汽车开出去了，就发出这样的感叹：自己用黄包车赚回来的钱，却被他们用汽车拉走了，长此以往，怎么能够维持呢！有人据此认为，鲁迅反对请医生到家里来。事实并非如此。那时，医生出诊，是惯例和常态，不像现在这样，大家都往医院聚集。当然，医生出诊，费用不赀。鲁迅反对的不是医生到家里诊病，而是，一有点小毛病就去请医生到家里来，付很高的诊费。

当鲁迅和周作人两兄弟住在绍兴会馆时，周作人得过一场大病，弄得鲁迅很紧张。在八道湾期间，周作人又生了一场大病，这次的病持续时间更长，让他本人和全家人倍受磨难。小说《弟兄》虽然主要记录绍兴会馆那些场景，但也融合了他们在八道湾居住期间的经历。

1920年年底，周作人的右肋患了肋膜炎，先是感到疲倦，接着发热咳嗽。在山本医院治疗数月，不见好转。次年3月初，病情有所减轻，周作人立刻投入工作，翻译了千家元麿的短篇小说《蔷薇花》，又写论文《欧洲古代文学上的妇女观》，刚写了一半，病情加重，只好搁笔。3月29日周作人又入住山本医院，5月31日出院。

长期患病不愈，周作人的情绪、思想受到很大冲击。他后来在回忆录中说："在医院里的时候，因为生的病是肋膜炎，是胸部的疾病，多少和肺病有点关系，到了午后就热度高了起来，晚间几乎是昏沉了。这种状态是十分不舒服的，但是说也奇怪，这种精神状态却似乎于做诗颇相宜，在疾苦呻吟之中，感情特别锐敏，容易发生诗思。我新诗本不多做，但在诗集里重要的几篇差不多是这时候所作。”[1]

这些诗流露出浓重的迷惘彷徨之意。其中《过去的生命》、《中国人的悲哀》、《歧路》、《苍蝇》和两首《小孩》，是鲁迅探望他时笔录下来的。

有一首诗《梦想者的悲哀》，其中写道：

> “我的梦太多了。”
> 外面敲门的声音，
> 恰将我从梦中叫醒了，
> 你这冷酷的声音，
> 叫我去黑夜里游行么？
> 阿，曙光在那里呢？
> 我的力量真太小了，
> 我怕要在黑夜里发了狂呢！
> 穿入室内的寒风，
> 不要吹动我的火罢。
> 灯火吹熄了，
> 心里的微焰却终是不灭，
> 只怕在风里发火，
> 要将我的心烧尽了。
> 阿，我心里的微焰，

---

1 周作人《知堂回想录 · 在病院中》。

我怎能长保你的安静呢？[1]

因为八道湾家中人多嘈杂，周作人出院后不久，于6月2日到西山碧云寺养病，9月21日返家，十月重回北京大学授课。总算起来，周作人这次生病达九个月之久。

周作人在《山中杂信》中表述，他疗养期间的思想状态是颇为纷乱的：

> 清早和黄昏时候的清澈的磬声，仿佛催促我们无所信仰，无所归依的人，拣定一条道路精进向前。我近来的思想动摇与混乱，可谓已至其极了，托尔斯泰的无我爱与尼采的超人，共产主义与善种学，耶佛孔老的教训与科学的例证，我都一样的喜欢尊重，却又不能调和统一起来，造成一条可以实行的大路。我只将这各种思想，凌乱的堆在头里，真是乡间的杂货一品店了。——或者世间本来没有思想上的“国道”，也未可知，这件事我常常想到，如今听他们做功课，更使我受了激刺，同他们比较起来，好像上海许多有国籍的西商中间，夹着一个“无领事管束”的西人。[2]

西山养病期间，周作人没有中断读书，对他来说，一日不读书，就感到难受。鲁迅担负了一部分给弟弟买书、送书的任务。小说《弟兄》中有一个送书场面：

1　收入《过去的生命》，上海北新书局1929年版。

2　周作人《山中杂信》载1921年6月《晨报》，署名仲密。

伙计送药进来，还拿着一包书。

“什么？”靖甫睁开了眼睛，问。

“药。”他也从惝恍中觉醒，回答说。

“不，那一包。”

“先不管它，吃药罢，”他给靖甫服了药，这才拿起那包书来看，道，“索士寄来的。一定是你向他去借的那一本：*Sesame and Lilies*。”

靖甫伸手要过书去，但只将书面一看，书脊上的金字一摩，便放在枕边，默默地合上眼睛了。过了一会儿，高兴地低声说：

“等我好起来，译一点寄到文化书馆去卖几个钱，不知道他们可要……”

周作人此次生病期间阅读的书，佛经占了不小的比重。有家中原有的，也有新购的。兄弟两个的日记都记得比较详细，周作人所记大概有：

6月6日：上午重久君来，携来《梵网经合注》一部。

6月8日：上午乔风来，携来《梵网经直解》一部。

6月12日：上午大哥来，携来《梵网经古迹记》一部。

6月15日：上午家中差福寿来，携来《诸经要集》等三部。

6月19日：上午大哥来，携来《弥陀疏钞》等书三部。

6月20日：得佛经流通处寄来《禅林宝训笔说》三本一部。

6月26日：上午大哥来，携来《观佛三昧》、《海经》等七部。

6月28日：得流通处寄来《大庄严经论》一部。

见于鲁迅日记的记载有：

4月2日：午后往山本医院视二弟，取回《佛本行经》二本。

4月12日：午后往山本医院视二弟，带回《出曜经》六本。

4月27日：下午往山本医院视二弟，持回《起世经》二本，《四阿含暮抄解》一本。

4月30日：午后往山本医院视二弟，持回《楼炭经》二本。

5月10日：午后往山本医院视二弟，持回《当来变经》等一册。

6月14日：下午往卧佛寺购佛书三种，二弟所要。

6月18日：下午往卧佛寺为二弟购佛经三种，又自购楞枷经论等四种共八册。

6月22日：上午往山本医院为潘企莘译。往卧佛寺为二弟购《梵网经疏》、《立世阿昆昙论》各一部。

6月27日：午后往山本医院。晚得二弟信并《大乘论》一部。

7月7日：往卧佛寺为二弟购佛书五种，又自购《大乘起信论海东疏》、《心胜宗十句义论》、《金七十论》各一部，共五本。

周作人后来写下读佛经的心得："我读《梵网经》菩萨戒本及其他，很受感动，特别是贤首戒疏，是我所最喜读的书。尝举食肉戒中语，一切众生肉不得食，夫食肉者断大慈悲佛性种子，一切众生见而舍去，是故一切菩萨不得食一切众生肉，食肉得无量罪。加以说明云，我读《旧约·利未记》，再看大小乘律，觉得其中所说的话要合理得多，而上边食肉戒的措辞我尤为喜欢，实在明智通达，古今莫及。又盗戒下注疏云：'善见云，盗空中鸟，左翅至右翅，尾至颠，上下亦尔，俱得重罪。准此戒，纵无主，鸟身自为主，盗皆重也。'鸟身自为主，这句话的精神何等博大深厚，我曾屡致其赞叹之意。"[1]

鲁迅对二弟的关心和爱护，也正是在这个时期达到了最高峰。这从两人的日记通信中分明体会得到。这一年的头两个月，因为周作人在家养病，鲁迅的日记里只出现过替二弟去邮局寄物等记载。3月29日周作人住进山本医院，第二天鲁迅就去探视。此后，有关记载逐渐加多，或者每天，或者隔一两天，鲁迅总要去医院看望，给周作人送需用物品。因为周作人的很多事需要鲁迅代办，鲁迅的工作量一下子大起来，收稿寄稿、收信回信、寻医问药、购物、西山探望、筹款等；期间，作人和建人的孩子生病

1　周作人《苦口甘口·我的杂学·佛经》。

了，鲁迅给予细心照料；羽太芳子生病，鲁迅又到医院看望，忙前忙后。鲁迅到西山看望周作人，有时还携带周作人的孩子。日记上虽只有只言片语，但每一件事办起来都很需要时间和精力。在这期间，鲁迅自己没有停止写作。4月11日鲁迅日记的“上午寄孙伏园信并稿二篇”，指的是鲁迅自己在繁忙的工作和繁杂的家事中挤时间译的《沉默之塔》和周作人在医院里写的诗《过去的生命》。

5月27日，鲁迅亲自带了工人去西山安排周作人的疗养处，当天的日记里留下了这样一条记载：“晴。清晨携工往西山碧云寺为二弟整理所租屋，午后回，经海甸停饮，大醉。”这种状态在鲁迅一生中是不多见的。可以想见他内心的悲苦烦躁。

鲁迅不去西山探望时，就写信给周作人报告家中的情况及学界消息。如1921年6月30日他在给周作人的信中说：“昨得来信了。所要的书，当于便中带上。母亲已愈。芳子殿今日上午已出院；土步君已断乳，竟亦不吵闹，此公亦一英雄也。ハゲ公昨请山本诊过，据云不像伤风（只是平常之咳），然念の为メ，明日再看一回便可，大约星期日当可复来山中矣。近见《时报》告白，有邹咹之《周金文存》卷五六皆出版，又《广仓砖录》中下卷亦出版，然则《艺术丛编》盖当赋《关睢》之次章矣，以上二书，当于便中得之。汝身体何如，为念，示及。我已译完《右衛门の最期》，但跋未作，蚊子乱咬，不易静落也。夏目物[語]决译《一夜》，《夢十夜》太长，其《永日物語》中或可选取，我以为《クレイグ先生》一篇尚可也。”

ハゲ公，指作人的儿子丰一，当时九岁。然念の为メ，意为“为慎重起见”。《右衛门の最期》，日本短篇小说《右卫门的

最后》；《クレイグ先生》，日本短篇小说《克莱喀先生》。这两篇小说由鲁迅译为中文，收入兄弟合作编译的《现代日本小说集》。

在同一封信中，鲁迅还向弟弟报告了另一个消息："电话已装好矣。其号为西局二八二六也。"那个时候，家里能装上电话，可不是一件小事。鲁迅在日记中也郑重地记上一笔。

周作人生病住院治疗，需要花钱。1920年，教育部开始欠薪，这对周家的经济无疑是雪上加霜。1920年，教育部拖欠鲁迅900元，1921年又拖欠半年多的薪水，同时，周作人所在的北京大学也欠薪了。鲁迅为了筹措药费，4月1日，向许寿裳借100元；4月5日向齐寿山借50元；4月7日卖了一部《六十种曲》，得40元；4月12日托齐寿山从义兴局贷款200元，利息为半分。

周作人这次生病，病情不稳，最怕复发，除了医药治疗，更关键在于安心休养。1921年7月13日，鲁迅写信给周作人，报告了他从日本医生那里打听来的健身之法："来信有做体操之说，而我当时未闻，故以电话问之，得长井答云：先生未言做伸伸开之体操，只须每日早昼晚散步三次（我想昼太热，两次也好了），而散步之程度，逐渐加深，而以不ツカレル[1]为度。又每日早晨，须行深呼吸，不限次数，以不ツカレル为度，此很要紧。至于对面有疑似肺病之人，则于此间无妨，但若神经ノセイ[2]，觉得可厌，则不近其窗下可也（此节我并不问，系彼自言）云云。汝之所谓体操，未知是否即长井之所谓深呼吸耶？写出备考。"

1 日语：疲劳。

2 日语：心理作用。

鲁迅自己很少锻炼身体，平时不大关心这类活动，但为了弟弟早日康复，他想尽了办法。

在家人的精心照料下，周作人的病终于痊愈。

遗憾的是，周家日常极为信任和依靠的山本医院，后来在医治周作人小女儿的病时，发生重大医疗事故，造成患者死亡。

1929年11月16日，半夜，若子腹部剧痛，羽太信子怀疑是盲肠炎，于是雇车去山本医院，希望把医生接到家里救治，但山本忠孝大夫却认为是胃病，不肯半夜出诊，只叫用怀炉去温。幸亏周家没有煤，未照办，否则溃烂更快。第二天晚上，山本大夫又给诊断，才说是盲肠炎，并笑着说："这倒给太太猜着了。"但没有采取措施，说等明天取血液检查了再看。11月18日上午取了血液，下午3时才给周家回电话，说病不是恶性，用药也可治愈；但也可以用割治方法除根，一劳永逸，并建议到德国医院开刀。当天下午5时，若子在德国医院做手术时，发现盲肠已溃穿，成了腹膜炎。一天后去世。

周作人从女儿患病诊疗的经过，认定山本大夫不负责任。11月30日，他在《世界日报》刊登《为山本大夫扬名》广告，揭露了山本大夫害死女儿的经过。第二天，又在《世界日报》刊登了题为《山本大夫误诊杀人》的启事。12月28日又在《世界日报》上发表了给北平特别市卫生局长的《日本医师误诊杀人请求处分的呈文》。

刘半农也认为是山本大夫行医庸劣所致。一年前，1928年9月18日，石评梅女士患脑膜炎，先进了山本医院，师大教授兼附中主任林砺儒和庐隐等在医院守护，不久开始昏迷。23日由山本医院转到协和医院，诊断为脑炎，9月30日逝世于协和医院。石评梅的死也与山本大夫的延误有关，并引起世论嚣然，周作人、刘半农等都曾为此奔走调解。

若子死后，山本大夫不问一声，还没有出七，竟遣人向死者家属索要医疗费，临终到场，还作价25元。

12月4日，周作人在《华北日报·副刊》里，发表了《若子的死》一文：

若子字霓荪，生于民国四年十月二十三日午后十时，以民国十八年十一月二十日午前二时死亡，年十五岁。

十六日若子自学校归，晚呕吐腹痛，自知是盲肠，而医生误诊为胃病，次日复诊始认为盲肠炎，十八日送往德国医院割治，已并发腹膜炎，遂以不起。用手术后痛苦少已，而热度不减，十九日午后益觉烦躁，至晚忽啼曰“我要死了”，继以昏呓，注射樟脑油，旋清醒如常，迭呼兄姊弟妹名，悉为招来，唯兄丰一留学东京不得相见，其友人亦有至者，若子一一招呼，唯痛恨医生不置，常以两腕力抱母颈低语曰，“姆妈，我不要死。”然而终于死了。吁！可伤已。

若子遗体于二十六日移放在西直门外广通寺内，拟于明春在西郊购地安葬。

我自己是早已过了不惑的人，我的妻是世奉禅宗之教者，也当可减少甚深的迷妄，但是睹物思人，人情所难免，况临终时神志清明，一切言动，历在心头，偶一念及，如触肿疡，有时深觉不可思议，如此景情，不

堪回首，诚不知当时之何以能担负过去也，如今才过七日，想执笔记若子的死之前后，乃属不可能的事，或者竟是永久不可能的事亦未可知。我以前写《若子的病》，今日乃不得不来写《若子的死》，而这又总写不出，此篇其终有目无文乎，只记若子生卒年月以为纪念云尔。十一月二十六日送殡回来之夜，岂明附记。

周作人钟爱小女儿，为其夭折悲伤至极。他对于山本大夫的无情打击，在外人看来已经有些过分了，但他不依不饶，穷追不舍，正折射出他对女儿的深爱。几年前，若子生病，他们夫妇奔忙了好一阵子，病好后，周作人写了一篇文章《若子的病》发表，并将其收入文集《雨天的书》。当时，若子11岁。病好后，周作人夫妻想起一件事："妻同我商量，若子的兄姊十岁的时候，都花过十来块钱，分给用人并吃点东西当作纪念，去年因为筹不出这笔款，所以没有这样办，这回病好之后须得设法来补做并以祝贺病愈，她听懂了这会话的意思，便反对说，'这样不好。倘若今年做了十岁，那么明年岂不还是十一岁么！'我们听了不禁破颜一笑。"周作人还描写了他十来天紧张过后看到的院子里的景色："紧张透了的心一时殊不容易松放开来。今日已是若子病后的第十一日，下午因为稍觉头痛告假在家，在院子里散步，这才见到白的紫的丁香都已盛开，山桃烂漫得开始憔悴了，东边路旁爱罗先珂君回俄国前手植作为纪念的一株杏花已经零落净尽，只剩有好些绿蒂隐藏在嫩叶的底下。"[1]

1　周作人《雨天的书 · 若子的病》。

若子去世后，周作人夫妇把每年元旦的友朋聚会也取消了。《雨天的书》初版，周作人选用了若子的一枚照相放在书前。若子死后，《雨天的书》再版，周作人特地换上了若子死前三个月的照片。周作人的书房里，悬挂着若子的遗像，他甚至还曾计划为女儿雕一尊铜像，后没有实现。[1]

回到鲁迅的论点：最难医治的病还是与精神有关的疾病。

八道湾十一号的主妇羽太信子患有癔症。癔症也称为歇斯底里症，是一种较为常见的神经病。病人具有情感丰富，富于幻想，易受暗示，自我中心等人格特点，常在某些心理和社会因素刺激或暗示下，突然出现短暂性精神异常或运动、感觉、植物神经、内脏方面的紊乱。癔症大多是在一定的精神刺激下发病的，成病后每遇类似刺激，或在病人回想起这种刺激的情况下，就会复发。其症状可由暗示产生，亦可通过暗示而使之消失。民间俗称的“老牛大憋气”，就是癔症的一种，多见于易激动、感情用事、自我中心的女子。她们一时感到委屈，或意愿得不到满足，就可能发病。其表现为，在有人注意的地点和场合突然倒下，四肢无规律乱动，或僵直不动，嘴里喊叫、骂人，或做出种种怪样，并伴屏气或深叹气、吸气，但并无意识障碍和呼吸停止，患者听得见、看得到周围人的反应和举动。发作时间一般为半小时到数小时，多在白天、安全及人多的地方发病，不会因发病而致伤或致命。发作后行为正常，对病中情况有完全或片断的记忆。

羽太信子的癔症，早在绍兴的时候就发过。

据鲁迅母亲说：“过了一段时间，我们发现信子患了一种很

1 俞芳《谈谈周作人》，载《鲁迅研究动态》1988 年第 6 期。

奇怪的病：每当她身体不适，情绪不好或遇到不顺的心事，就要发作，先是大哭，接着就昏厥过去……”[1]周建人也说，辛亥革命前后，周作人携带家眷回国居住绍兴时，夫妇间有过一次争吵，羽太信子歇斯底里症发作，周作人一时发懵，羽太重久和羽太芳子在一旁指着他破口大骂。[2]鲁迅也曾对许广平说：信子刚从日本回来的时候，住在绍兴，那里没有领事馆，她还处在中国人的圈子里，撒起泼来，顶多只是装死晕倒，没有别的花招。但有一次，也许是闹得太不像话了，一旁她的弟弟羽太重久说，不要理她，她自己会起来的。[3]

在鲁迅家前后做了二十多年用人的王鹤照这样评价羽太信子：“回想起我和鲁迅先生、鲁老太太在绍兴居住时，周作人夫妇没有回绍兴以前，我们一家每天小菜一、二角就够了，他们二人一回来，就不得了，小菜要一块洋钿一天了。鲁迅先生对鲁老太太说：‘二弟妇从日本刚到中国，不习惯，要好好待她，小菜也要好些！’过不了多少天，作人也到仓头桥的府中学堂去教书了，听说是教英文。从家里到学校，鲁迅先生总是步行的，而周作人则早就像老爷一样，坐二人抬的轿子了。周作人的老婆，人交关难弄，动不动就脸皮不要，困在地上装死装活癫。”[4]

信子的病让周作人很烦恼。据周建人回忆，全家到北京后，周作人“受到百般的欺凌虐待，甚至被拉着要他到日本使馆讲话。平

1　俞芳《和太师母相处的日子》，见《我记忆中的鲁迅先生》，浙江人民出版社 1981 年版。

2　周建人《鲁迅与周作人》。

3　许广平《所谓兄弟》，收入《周氏兄弟》。

4　王鹤照《回忆鲁迅先生》，收入《鲁迅回忆录·散篇（上）》。

日里，一讲起日本，（羽太信子）总是趾高气扬，盛气凌人；讲到支那，都是卑贱低劣。而周作人只求得有一席之地，可供他安稳读书写字，对一切都抱着息事宁人的态度，逆来顺受。”[1]

周作人日记中有关羽太信子发病的记载有不少，如1922年8月31日“晚池上来诊，信子发病，注射二次。夜睡不足”。1923年1月7日“信子发病，池上来诊”。1923年7月17日上午，也就是兄弟失和事发前一天，常来八道湾看病的日本医生池上来出诊。假如这天池上是来给癔症发作的信子看病，那么，周作人也就有可能把妻子病中谵语作为同兄长绝交的理由，第二天就写了绝交信——这是后话。

1934年，周作人到日本游历，信子疑心他此行有了外遇，“冷嘲热骂，几如狂易”。直到晚年，周作人日记里还不时有信子发病的记载。如1961年3、4月份，发病就比较集中。3月11日“上午略不快，似病又发作矣”。3月27日“上午又稍不快，所谓转喉触讳也”。3月30日“晚又不快，近日几乎无一日安静愉快过日者，如遭遇恶魔然”。4月2日“又复发作，甚感不快，深以无法摆脱为苦恼，工作不能，阅书亦苦不入”。4月3日“又复不快，每日如是，如恶梦昏呓，不堪入耳”。4月13日“晚又发作，独语一刻，不快殊甚”。第二天“又复不快，所谓不知话言者也”。[2]

信子这种疾病成了周作人一生的隐痛。

---

1 周建人《鲁迅与周作人》。

2 转引自《周作人与鲍耀明通信集》，河南大学出版社 2004 年版。

七　信仰

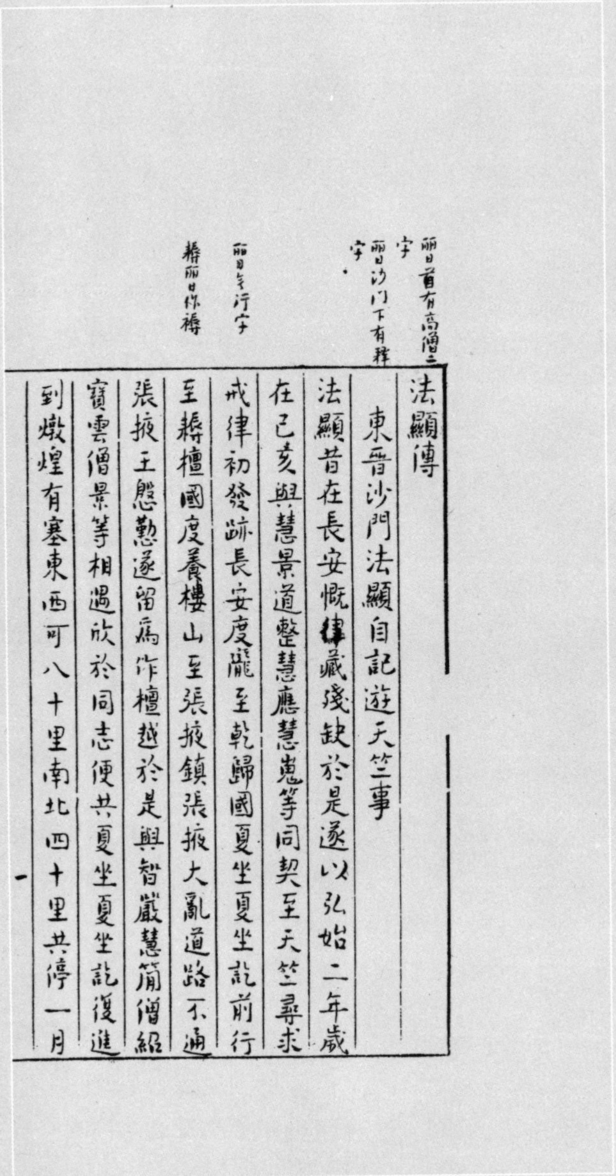

丽目首有高僧二字

丽目沙门下有释字

丽目无行字

耨丽目作耨

法顯傳

東晉沙門法顯自記遊天竺事

法顯昔在長安慨律藏殘缺於是遂以弘始二年歲在己亥與慧景道整慧應慧嵬等同契至天竺尋求戒律初發跡長安度隴至乾歸國夏坐夏坐訖前行至耨檀國度養樓山至張掖鎮張掖大亂道路不通張掖王慇懃遂留爲作檀越於是與智嚴慧簡僧紹寶雲僧景等相遇欣於同志便共夏坐夏坐訖復進到燉煌有塞東西可八十里南北四十里共停一月

一

鲁迅抄写《法显传》手迹

精神上的疾病种类繁多，而且一点儿也不比肉体的疾病好对付。常见的情形是，肉体的和精神的疾病交互产生，交相加剧。知识让人脱离蒙昧，然而，人生忧患也常常因为知识而产生和增多。美术艺文让人愉悦，但也让人沉溺颓唐。

宗教是心灵的药剂。当人肉体或者精神有病的时候，一方面想到医药，一方面可能想到宗教。周作人在病中读佛经，也涉猎基督教经典。而在绍兴会馆过了多年孤独生活的鲁迅，早就读佛经了。

鲁迅和佛教有缘。1936年4月，他写了《我的第一个师父》，讲他小时候拜长庆寺主持龙祖法师为师父的故事。当时，他的家乡有这样的习俗：大户人家为了孩子好养活，小时候送到寺院里拜师父。龙祖法师为鲁迅取法名“长庚”，赠他三件宝贝：一个银八卦，上刻“三宝弟子法号长庚”；一件“百衲衣”，遇喜庆大事才能穿；一条称为“牛绳”的东西，用来避邪。鲁迅对一件事印象很深：和尚是不能娶老婆的，但他的师父却有老婆,并且还生了好几个孩子。鲁迅和其中几个与自己年龄相当的师兄弟玩得很对劲儿。有一次，鲁迅问一位师兄：和尚可以娶老婆吗？得到的回答是：“和尚没有老婆，小菩萨哪里来！？”佛教在民间的状态由此可见一斑。

1914年，在孤寂中挣扎的鲁迅开始大量阅读佛经。这一年，他购买佛经七八十种，占全年购书数量的二分之一。其中有《释迦成道记》、《金刚般若经》、《发菩提心论》、《大乘起信论》、《瑜伽师地论》、《大唐西域记》、《玄奘法师传》、《高僧传》、《阅藏知津》等。他不但自己看，还不断给绍兴老家的二弟邮寄。如4月寄《释迦如来应化事迹》3册，6月寄《佛教初学课本》等，7月寄《起信论》和《续高僧传》等。1914年以后，鲁迅除了自己买佛教书籍外，还与好友许寿裳商量，各购不同佛书，交换阅读。[1]

鲁迅苦读佛经，目的之一是想从中得到启示，想从某种人生困境中解脱出来。他曾这样描述自己的生活状态："无日不处在忧患中。"鲁迅必须跟一个自己不爱的女子生活一辈子，包办婚姻的枷锁，禁锢在像鲁迅这样一个有责任感有同情心的人身上，称之为如磐重压，不为夸张。

人往往在灾难临头时想到佛，风烛残年时想到佛，疾病缠身时也会想到佛。日常生活中，佛教教义有助于培养勇猛精进的意志，无所畏惧、为救苍生不惜投身饲虎的精神，能忍耐人间极大痛苦，做他人不能、不敢或不愿做的事的勇气和信心。

据许寿裳回忆，有一次，鲁迅对他说："释迦牟尼真是大哲。我平常对人生有许多难以解决的问题，而他居然大部分早已明白启示了，真是大哲！"[2]

1915年7月，鲁迅仔细校对了高丽本《百喻经》，并出资六十元委托南京金陵刻经处刻印出版。《百喻经》，又名《百句譬

---

1 许寿裳《亡友鲁迅印象记·读佛经》。

2 同上。

如经》，古印度僧伽斯那著，是佛教寓言作品，南朝齐时，由印度僧人求那毗地带到中国，并译成中文。后来，一位青年学者王品青将《百喻经》译成白话，题名《痴华鬘》，鲁迅亲自校对，并作序言。其中说："尝闻天竺寓言之富，如大林深泉，他国艺文，往往蒙其影响。即翻为华言之佛经，亦随在可见。"他看重佛经的文学价值，自己的许多文章中使用了佛经典故、意象、用语。

鲁迅还曾用十三个晚上的时间工工整整地抄录了12900字的《法显传》。

鲁迅对民间佛教信仰也有所批判。例如，他批判小乘佛教的"地狱说"和"因果报应说"道："我常常感叹，印度小乘教的方法何等厉害：它立了地狱之说，借着和尚，尼姑，念佛老妪的嘴来宣扬，恐吓异端，使心意不坚定者害怕。那诀窍是在说报应并非眼前，却在将来百年之后，至少也须到锐气脱尽之时。这时候你已经不能动弹了，只好听别人摆布，流下鬼泪，深悔生前之妄出锋头；而且这时候，这才认识阎罗大王的尊严和伟大。"鲁迅指出："这些老玩意，也只好骗骗极端老实人。"[1]

周作人也颇有佛缘。他喜欢佛教中的"缘"字，认为这个字"能说明世间许多事情"，"缘"在某种孤寂状态中，给人带来温柔的弥合与缝补。他对"缘"的描述颇有诗意："人是喜群的，但他往往在人群中感到不可堪的寂寞，有如在庙会时挤在潮水般的人丛里，特别像一片树叶，与一切绝缘而孤立着。"[2]

---

1 鲁迅《华盖集续编 · 有趣的消息》，见《鲁迅全集》第三卷。

2 周作人《结缘豆》，载 1936 年 10 月 10 日《谈风》第 1 期。

周作人出生时，有传言说他是老和尚转世：“我的堂房阿叔，和我是共高祖的，那一天里出去夜游，到得半夜里回来，走进内堂的门时，仿佛看见一个白发老人站在那里，但转瞬却是不见了。这可能是他的眼花，所以有此错觉，可是他却信为实有，传扬出去，而我适值恰于这后半夜出生；因为那时大家都相信有投胎转世这一回事，也就听信了他，后来并且以讹传讹地说成是老和尚了。”[1]周作人颇得意于这个传说，后来反复提及这种“宿缘”。1905年，他在江南水师学堂读书期间，曾到南京延龄巷金陵刻经处寻求佛教界人士的开示，还购买了《投身饲恶虎经》与《经指示说》，后者是《起信论》的纂注，便于初学。他后来回忆说，自己是“少信”的人，无从起信，所以始终“不入”。倒是“投身饲饿虎”的故事，对他影响很大。他加入日伪政府后，还从这个故事里找寻自我安慰的材料。[2]

周作人为自己找到了一个评语是“在家的和尚”。他的《五十自寿诗》中有“前世出家今在家，不将袍子换袈裟”和“半是儒家半释家，光头更不着袈裟”的句子。

周作人对佛经的研究，主要偏重其文学方面。留日时期，他曾“想把《新约》或至少是《四福音书》译成佛经似的古雅”，就主要是怀着文学的野心。1937年，周作人在北京大学讲六朝散文，因六朝散文与佛经很有关系，就计划另开“佛经文学”课。他在讲义概要中写道：

1　周作人《知堂回忆录·老人转世》。

2　同上。

> 六朝时佛经翻译极盛，文亦多佳胜，汉末译文模仿诸子，别无新意味，唐代又以求信故，质胜于文。唯六朝所译能运用当时文调，加以变化，于普通骈散文外，造出一种新体制，其影响于后来文章者亦非浅鲜。今拟选取数种，稍稍讲读，注意于译经之文学的价值，亦并可作古代翻译文学看也。[1]

但不久卢沟桥事变爆发，这个计划未能实现。

总之，佛经只是周作人“杂学”的一小部分。他说：“我的杂学里边最普通的一部分，大概要算是佛经了吧。但是在这里正如在汉文方面一样，也不是正宗的，这样便与许多读佛经的人走的不是一条路了。……我只是把佛经当作书来看，而且是汉文的书，所得的自然也只在文章及思想这两点上而已。”[2]

周作人对世界上几大宗教的经典，都作如是观。1920年前后，他接连发表了《旧约与恋爱诗》、《圣书与中国文学》等文章，提倡认真研究宗教文学。周作人思想中没有文化本位主义的拘束。基督教固然是外来文化，佛教何尝不是外来文化。既然佛教给中国文化补充了很好的养分，那么，周作人认为，中国人对基督教文化也应采取包容的态度。

因此，当中国出现反基督教运动的时候，周作人起而为信教自由辩护，就不难理解了。

1922年1月，清华大学举行“世界基督教学生同盟”第十一

---

1 周作人《知堂回想录 · 东方文学系》。

2 周作人《我的杂学 · 佛经》。

次大会。会后发布消息，散发传单及宗教宣传品，造成一定的声势，因此引起反宗教的学生们的反感。反对者先在报刊上发表抨击的启事、声明、文章，接着筹备成立“非宗教学生同盟”，得到一些文化界知名人士的支持。3月间，“非宗教大同盟”在北京大学召开成立大会，到会五百余人，选举李大钊、蔡元培、陈独秀、汪精卫、邓中夏等三十余人为干事，并发表《非宗教者宣言》。国内几个大城市的一些知识界人士纷纷响应，成立分盟。

周作人、钱玄同等人对这场“非宗教”运动不以为然。钱玄同写信给周作人说：“近来有什么‘非基督教的大同盟’，其内容虽不可知，但观其通电（今日晨报），未免令人不寒而栗，我要联想及一千九百年的故事了。”[1]所谓“一千九百年的故事”是指1900年义和团的排外运动。3月29日，周作人用笔名“式芬”在《晨报副刊》上发表文章说：“我所害怕的，——虽然我不是基督教徒，一是声讨的口气的太旧——太威严了，我平常怕见诏檄露布等的口气，因为感到一种迫压与恐怖，虽然我并不被骂在里面。”[2]周作人与钱玄同、沈兼士、沈士远、马裕藻3月31日在《晨报》上发表《主张信教自由者的宣言》，称：“我们认为人们的信仰，应当有绝对的自由，不受任何人的干涉，除去法律的制裁以外。信教自由，载在约法，知识阶级的人应首先遵守，至少也不应首先破坏。我们因此对于现在非基督教同盟的运动表示反对。”

非宗教大同盟反击周作人等人的宣言。陈独秀致信周作人

1　钱玄同1922年3月24日致周作人信，见《致周作人》，河南大学出版社2004年版。

2　周作人《报应》，载1922年3月29日《晨报》。

说："无论何种主义学说皆应许人有赞成反对之自由；公等宣言颇尊重信教自由，但对于反对宗教者自由何以不加以容许？宗教果神圣不可侵犯么？青年人发的狂思想狂议论，似乎算不得什么；像这种指斥宗教的举动，在欧洲是常见的，在中国还在萌芽，或者是青年界去迷信而趋理性的好现象，似乎不劳公等作反对运动。"还说："此间非基督教学生开会已被禁止，我们的言论集会的自由在哪里？基督教有许多强有力的后盾，又何劳公等为之要求自由？公等真尊重自由么？请尊重弱者的自由，勿拿自由、人道主义许多礼物向强者献媚！"

周作人不能接受"向强者献媚"的大帽子。他在4月11日的《晨报》上发表《信教自由的讨论——致陈独秀》，又以"仲密"的笔名发表《思想压迫的黎明》，认为："对于宗教的声讨，即为日后取缔信仰以外的思想的第一步"；是"思想取缔的黎明"；而"思想自由的压迫不必一定要用政府的力，人民用了多数的力来干涉少数的异已者也即是压迫"。周作人声明，他们这几个教授是"少数之少数"，是真正的弱者。所以他呼吁："请尊重弱者的自由！"

陈独秀又发表《再致周作人先生信》，认为："倘先生们主张一切思想皆有不许别人反对之自由，若反对他便是侵犯了他的自由"，那么"先生们也曾经反对过旧思想、神鬼、礼教、军阀主义、复辟主义、古典主义及妇人守节等等"，是否也是反对别人的思想自由呢？是否也是"取缔信仰以外的思想的第一步"呢？"先生们五人固然是少数弱者，但先生们所拥护的基督教及他的后盾，是不是多数强者"呢？陈独秀再次呼吁："快来帮助我们少数弱者，勿向他们多数强者献媚！"

双方争辩得很激烈，但却都口口声声要当“弱者”。

其实，周作人在基督教的教义中并没有找到安慰。他在《歧路》一诗中写道：

我爱耶稣，
但我也爱摩西。
耶稣说：“有人打你的右脸，连左脸也转来由他打！”
摩西说：“以眼还眼，以牙还牙！”
吾师乎！吾师乎！
你们的言语怎样的确实呵！
我如果有力量，我必然跟耶稣背十字架去了，
我如果有较小的力量，我也跟摩西做士师去了。
但是懦弱的人，
你能做什么事呢？[1]

现实逃避不开，日常生活中尽多不如意事。周作人对当时中国思想界普遍存在的偏执一方、唯我独尊、宁过无不及的独断和狂信非常反感。他本人并非宗教信徒。1930年，他在一篇文章中表示：“我本来是无信仰的……这几年来却有了进步，知道自己的真相，由信仰而归于怀疑，这是我的‘转变方向’了”。[2]他还申明：“无论何种主义理想信仰以至迷信，我都想也大抵能领取

1 收入《过去的生命》。

2 周作人《苦雨斋序跋文·〈艺术与生活〉序二》，天马书店1934年3月初版。

其中若干部分，但难以全部接受。”[1]

普通中国人的家里，往往既摆放祖宗牌位，也供奉佛像，如果再置办一些《太上感应篇》之类书籍，真堪称“三教同堂”。这样实用主义功利主义的大杂烩，哪方神仙都不愿得罪的老好人思想，鲁迅和周作人都是不赞成的。

周作人自小有佛缘，妻子则笃信佛教。[2]那么，说八道湾周宅的宗教信仰——假如一定要说有信仰的话——偏于佛教，总是不太离谱的吧。

---

1 周作人《苦茶随笔·重刊〈袁中郎集〉序》。

2 周作人 1962 年 4 月 8 日向香港鲍耀明报告说：“内人不幸于四月八日病故于北大医院，享年七十五，平素信佛教，尤崇拜观音，今适于佛成道日化去，或者稍得安慰欤。”

八　离散

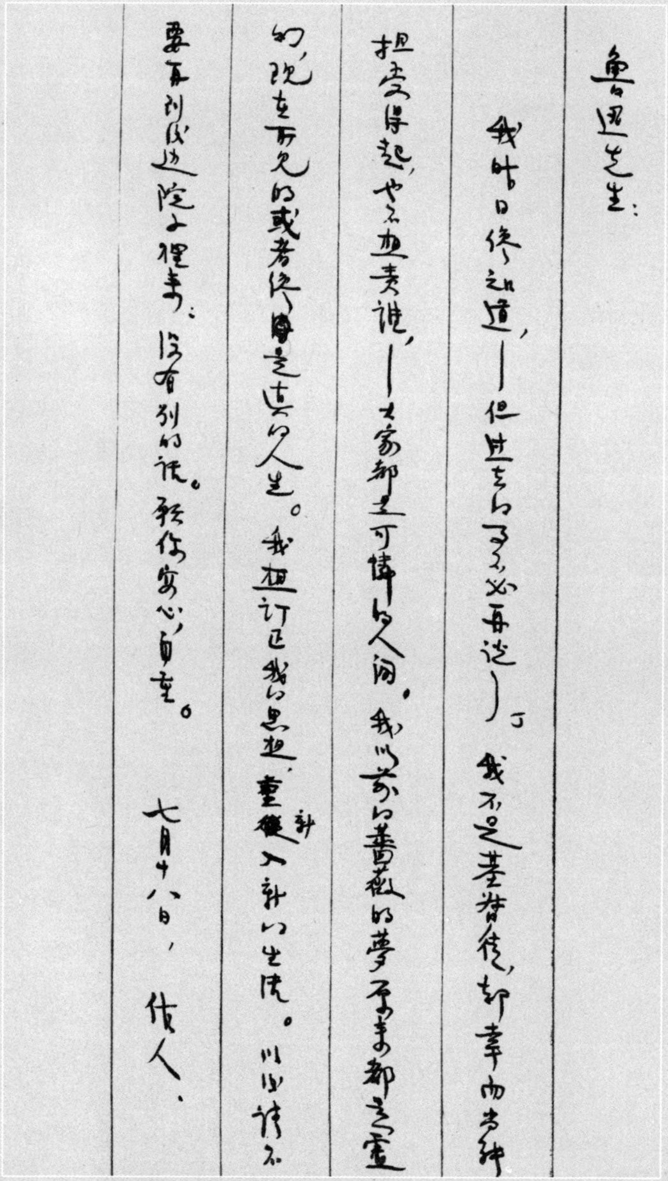

鲁迅先生：

我昨日才知道，——但过去的事不必再说了。我不是基督徒，却幸而尚能担受得起，也不想责谁，——大家都是可怜的人间。我以前的蔷薇的梦原来都是虚幻，现在所见的或者才是真的人生。我想订正我的思想，重新入新的生活。以后请不要再到后边院子里来，没有别的话。愿你安心，自重。

七月十八日，作人。

1923年7月18日，周作人给鲁迅的绝交信手迹

住进八道湾的第二个年头，三兄弟聚居的大家庭就开始离散了。最先离开的是小弟建人。

周建人从绍兴到北京，任职教育部的大哥和任教北京大学的二哥自然要帮他寻出路。一时找不到工作，就到北京大学旁听哲学、社会学等课程。这期间周作人日记中的“与乔风往北大”，当是两兄弟同车前去：一个教书，一个听讲。当时胡适是北大名师，所开《中国哲学史大纲》课，吸引很多学生。建人也报名听讲了。

上学，不但没有收入，反而还要两位哥哥资助。建人不久就感觉自己在这个大家庭里是个纯粹的消费者和多余者。如果只他一个人倒也罢了，而他却有一个四口之家。

羽太芳子与建人婚后感情不错。但第一个孩子的夭折给芳子造成精神上不小的刺激，使她患了类似疯癫的病症。在八道湾，管理家政的姐姐花钱阔绰，芳子自己手头却不宽裕，花销要向姐姐申请，当然不会那么惬意。因为是亲姐妹，这倒也罢了。问题是自己的丈夫缺少挣钱的本领。因此，她有时难免埋怨丈夫无能。

俞芳提供了这样一个情节：

在绍兴时期，芳子对三先生的感情尚好。之后全家搬到北京，她看到姐姐信子当家，大手大脚，挥霍无度。对她的尽情享受十分羡慕，对姐姐的话更是言听计从，逐渐她也效法信子，贪图享受，看不起三先生，怨他无能，不会挣钱，经常和三先生无故吵闹。据说，有一次周作人、信子、芳子带着孩子们租了车打算出去游玩，三先生认为自己是应该参加的，万万没有想到，当他走到车子门口时，芳子不齿地说：你也去吗？三先生听了这话，看着芳子冷冰冰的表情，十分伤感。这屈辱又能向谁去诉说呢？向哥哥们去诉说，他们太忙，不忍用这些小事去影响他们的精力和时间。唯一可以诉说衷肠的是母亲，但他又怕老母为他伤心，影响健康，左思右想，只好把委屈埋在心底。……在八道湾竟是如此处境，真是难过极了。他一再催促两个哥哥为他托人，好尽快找个工作，以摆脱这种处境。[1]

建人在八道湾只住了一年零八个月。

建人来京后，一面求学，一面找工作。两个哥哥都为此操心。鲁迅曾写信给蔡元培，请求帮助："舍弟建人，从去年来京在大学听讲，本系研究生物学，现在哲学系。日愿留学国外，而为经济牵连，无可设法。比闻里昂华法大学成立在迩，想来当用若干办事之人，因此不揣冒昧，拟请先生量予设法，俾得借此略求学问，副其素怀，实为至幸。"蔡元培可能在回信中问及建人的学历，鲁迅又写一信报告说："舍弟建人，未入学校。初治小

1　俞芳《周建人是怎样离开八道湾的？》，载《鲁迅研究动态》1987 年第 8 期。

学，后习英文，现在可看颇深之专门书籍。其所研究者为生物学，曾在绍兴为师范学校及女子师范学校博物学教员三年。此次志愿专在赴中法大学留学，以备继续研究。第以经费为难，故私愿即在该校任一教科以外之事务，足以自给也。”[1]这条路最后没有走通。

周作人则请胡适关照。1921年8月18日，胡适回信说：“你的兄弟建人的事，商务已答应请他来帮忙，但月薪只有六十元，不太少否？如他愿就此事，请他即来。”[2]这工作，是在上海商务印书馆做校对，工资不算高，而且在外地，并不理想。但此外没有别的出路了。几天后，建人离开妻儿，告别大家庭，启程赴上海。

两个哥哥为小弟弟饯行，叫来同乡孙伏园作陪。有一个外人在旁边倒是好事，免得三兄弟相对无言，或提起往日的快乐时光，徒增离别的伤感。

建人在上海安顿好后，就张罗着接妻儿过去。他多次写信，甚至亲自回北京劝说，都没有成功。芳子不愿离开八道湾大家庭生活，不愿离开姐姐。母亲鲁瑞对芳子这么做表示不满，说：“女人出了嫁，理应和丈夫一起过日子，哪有像三太太那样，不跟丈夫却跟着姐姐住在一起的道理呢？”[3]

校对工作很辛苦，报酬也不高。所幸，建人得到鲁迅早年在山会师范学堂的学生章锡琛的帮助，有时吃住在章家。每月，他

1　鲁迅1920年8月16日、8月21日致蔡元培信，见《鲁迅全集》第十一卷。

2　《胡适来往书信选》（上），中华书局1979年版。

3　俞芳《周建人是怎么离开八道湾的？》。

除了留下自己的生活费外，将大部分收入寄给八道湾补贴家用。

后来，周建人同曾经是绍兴女子师范学校学生的王蕴如结婚，事实上与留在八道湾的羽太芳子脱离了婚姻关系。

1923年7月18日，剩下的两个兄弟也决裂了。这天，周作人给鲁迅一封信，上写：

> 鲁迅先生：
>
> 我昨日才知道，——但过去的事情不必再说了。我不是基督徒，却幸而尚能担受得起，也不想责谁，——大家都是可怜的人间，我以前的蔷薇色的梦原来都是虚幻，现在所见的或者才是真的人生。我想订正我的思想，重新入新的生活。以后请不要再到后边院子里来，没有别的话。愿你安心，自重。七月十八日，作人。[1]

周作人后来解释说，他写字条给鲁迅，原是只请他不再进后院就是了。[2]言下之意，并非真的要与哥哥决裂。但信中的“基督徒”、“可怜的人间”、“蔷薇色的梦”、“真的人生”之类，用词大而且重。让鲁迅不要再到后边院子去，隐含的意义是，鲁迅以前在后院里，犯了重大错误。

鲁迅立即派人请弟弟来，要当面说清楚。但是，周作人拒绝与他见面。

---

1 见《鲁迅研究资料》第 5 辑，鲁迅博物馆鲁迅研究室编，人民出版社 1980 年版。

2 周作人 1964 年 10 月 17 日致鲍耀明信，见《周作人与鲍耀明通信集》，河南大学出版社 2004 年版。

关于这封信，周作人的儿子周丰一这样解释：

> （一）所谓“我昨天才知道”。住在北京八道湾内宅的日式房间（只是一间，另外一间是砖地）的我们的舅舅羽太重久，亲眼看见“哥哥”与弟妹在榻榻米上拥抱在一起之事，相当惊讶。因为第二天把那件事这样说出来，就是指发生的“我昨天才知道”这件事。其实兄弟二人留日之时，出生在穷人家的长女信子正于兄弟二人租房的时候，作为雇佣女工来工作，虽然与哥哥有了关系，但作为在老家婚后来日的哥哥，不能再婚，因此把信子推介给弟弟并让他们结婚。弟弟一直都被隐瞒着，因此不知道这件事。
>
> （二）“过去的事”这句话是指留学时代哥哥与现在已经成为弟弟妻子的女人之间的关系。[1]

这个说法从20世纪80年代末开始流传，但至今没有确证。周作人的妻弟羽太重久1919年陪同周家进驻八道湾十一号，在八道湾居住了三年左右，1922年7月回国。过了一年多，又来北京，逗留到1925年7月。羽太重久因为与八道湾周家有亲密关系，被周丰一拿来作为目击证人。实际上，兄弟反目前后一段时间，羽太重久并不在北京。日本研究者质疑道：他怎么能从东京看见八道湾

1　周丰一1989年2月20日致鲍耀明信。收入《鲁迅——海外中国人研究者讲述的人间》（明石书店2012年10月初版）第二部《某中国人的信件和俳句——北京通信一九八三—一九九七年》（第206页）。中译文见中岛长文《羽太重久看见了什么？》，白海君译，载《鲁迅研究月刊》2013年第5期。

内宅的客厅里发生的事？[1]

周丰一在为他父亲周作人辩护的同时，也对伯伯鲁迅表达了不满："现在'哥哥'被看作神，如果是神就不应该有过错，因此必定是'弟弟'受'弟妹'的挑拨与哥哥吵架，这成为现在一般的社会认识。虽然也有知道实情的人，就算说明情况也不会起什么作用的。"[2]

日本学者分析了出现这种传言的原因："周作人的后代被鲁迅的家人，特别是被许广平批评为日本军国主义的喽啰、奴隶，自己没有辩解的机会。解放后，虽然周作人本人的工作环境得到了保障，但其家人作为卖国贼的后代而受到严厉批判，结果当然会被社会所封杀，特别是在文革中受践踏之苦，于是置是否是制造的流言而不顾，将屈辱感、愤怒感、怨恨之心等都汇集在这个具有攻击性的流言里。"[3]

关于兄弟失和，还流传着一些说法，指向鲁迅对羽太信子的"失敬"，但大多不是目击，而经别人转述。如荆有麟在回忆录中披露的"拆信事件"："据先生（鲁迅）讲：他与周作人翻脸，是为了这样的事情——他们两个人，有好些共同朋友。……有时候朋友写信来，虽然信是写给两个人的，但封面收信人姓名却只写一个人，鲁迅，或者周作人，因为他们弟兄，本来住在一块，随便哪一个收信，两人都会看到的。有一次，一个日本朋友写信来，而且是快信，封面写的是周作人，鲁迅自然知道是谁写

1 转引自中岛长文《羽太重久看见了什么？》。

2 周丰一 1989 年 3 月 18 日致鲍耀明信，转引自中岛长文《羽太重久看见了什么？》。

3 同上。

来的。恰恰送信来时，已是晚上，周作人已经睡了。鲁迅先生看是他们共同朋友写的快信，怕有什么要事，便将信拆开看了，不料里面却是写的周作人一个，并没有与鲁迅有关的事情，于是第二天早上，鲁迅将信交与周作人——却不料周作人突然板起面孔，说：‘你怎么好干涉我的通信自由呢。’于是两人便大吵起来，鲁迅终于搬了家。”[1]这个情节如果属实，至少可以说明，兄弟之间曾发生过争吵，感情有些疏远了。

台静农提供了这样一个信息：“周作人在北京西山养病时，鲁迅忙于从各方面筹措医药费，有一次正是急需钱用的时候，鲁迅替周作人卖一部书稿，稿费收到了，鲁迅很高兴，想着羽太信子也正着急，就连夜到后院去通知羽太信子，不料后来羽太信子对周作人说鲁迅连夜进来，意图非礼，周作人居然信了。”[2]

还有鲁迅偷看弟媳洗澡的传说。当时与周氏兄弟交往密切的章川岛（廷谦）曾说：“鲁迅后来和周作人吵架了。事情的起因可能是，周作人老婆造谣说鲁迅调戏她。周作人老婆对我还说过：鲁迅在他们的卧室窗下听窗。这是根本不可能的事，因为窗前种满了鲜花。”[3]就这个问题，鲁迅的儿子周海婴为其父辩护道：

> 对于这段历史，某些鲁迅研究者的推测，是他看了一眼弟妇沐浴，才导致兄弟失和的。但是据当时住在八

1　荆有麟《回忆鲁迅》，上海杂志公司 1947 年版。

2　舒芜《忆台静农先生》，载《新文学史料》1991 年第 2 期。

3　川岛《弟与兄》，见《和鲁迅相处的日子》，四川人民出版社 1979 年版。

道湾客房的章川岛先生说，八道湾后院的房屋，窗户外有土沟，还种着花卉，人是无法靠近的。至于情况究竟如何，我这个小辈当然是没有发言权的。

不过，我以20世纪90年代的理念分析，却有自己的看法，这里不妨一谈。我以为，父亲与周作人在东京求学的那个年代，日本的习俗，一般家庭沐浴，男子女子进进出出，相互都不回避。即是说，我们中国传统道德观念中的所谓“男女大防”，在日本并不那么在乎。直到临近世纪末这风俗似乎还保持着，以致连我这样年龄的人也曾亲眼目睹过。那是70年代，我去日本访问，有一回上厕所，看见里面有女工在打扫，她对男士进来小解并不回避。我反倒不好意思，找到一间有门的马桶去方便。据上所述，再联系当时周氏兄弟同住一院，相互出入对方的住处原是寻常事，在这种情况之下，偶有所见什么还值得大惊小怪吗？退一步说，若父亲存心要窥视，也毋需踏在花草杂陈的“窗台外”吧？有读者也许会问，你怎可如此议论父辈的这种事？我是讲科学、讲唯物的，不想带着感情去谈论一件有关父亲名誉的事，我不为长者讳。但我倒认为据此可弄清楚他们兄弟之间“失和”的真实缘由。[1]

鲁迅与二弟周作人突然失和，真相如何，当事双方都没有提供详情，至今仍是一个让人猜不透的谜。迄今为止出现种种推

1 周海婴《鲁迅与我七十年》，上海文汇出版社 2006 年版。

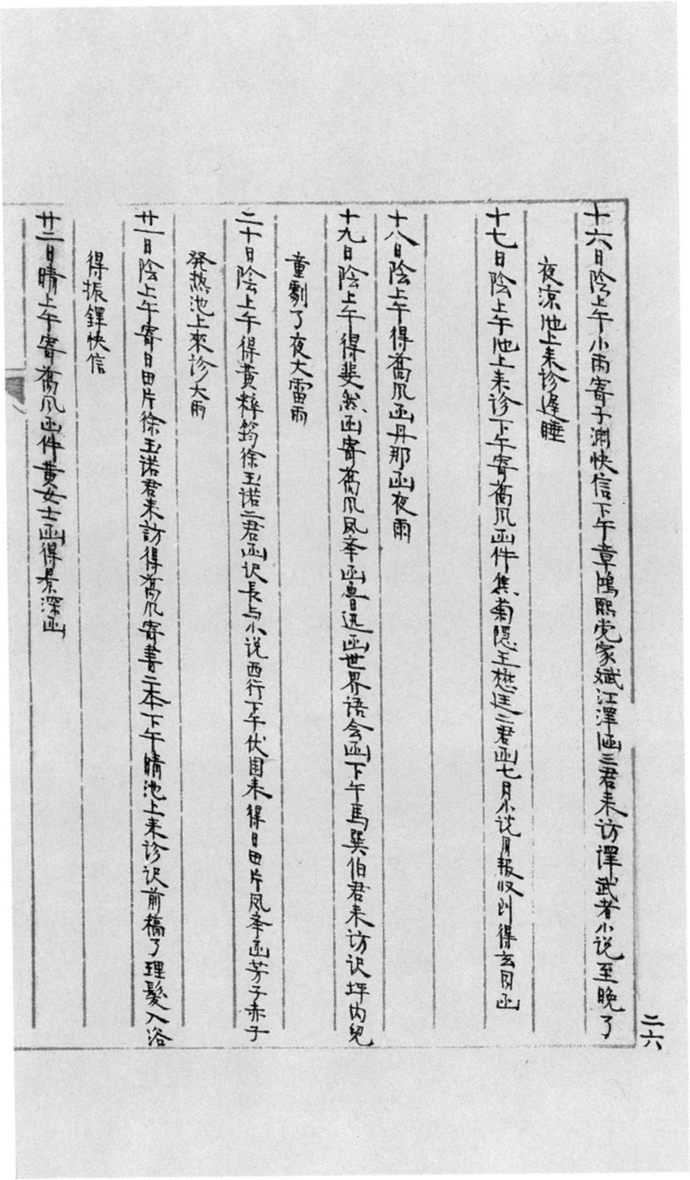

十六日　阴　上午小雨　寄子渊快信　下午章鸿熙、虎家斌、江泽涵三君来访　译武者小说至晚了
夜凉　池上来诊　迟睡
十七日　阴　上午池上来诊　下午寄乔风函件　焦菊隐、王懋廷二君函　七月小说月报收到　得玄同函
十八日　阴　上午得乔风函　丹那函　夜雨
十九日　阴　上午得斐然函　寄乔风、凤举函　鲁迅函　世界语会函　下午马巽伯君来访　识坪内儿
童剧了　夜大雷雨
二十日　阴　上午得黄粹铛、徐玉诺二君函　识长与小说西行　下午伏园来　得日田片　凤举函　芳子赤子
发热　池上来诊　大雨
廿一日　阴　上午寄日田片　徐玉诺君来访　得乔风寄书二本　下午晴　池上来诊　识前稿了　理发　入浴
得振铎快信
廿二日　晴　上午寄乔风函件　黄女士函　得景深函

二六

周作人日记

测，更添乱象。例如，有一个推测是：羽太信子原本就是鲁迅的妻子。千家驹提供的线索是鲁迅1912年7月10日的一则日记："午前赴东交民巷日本邮局寄东京羽太家信并日银十元。"千家驹解释说，"羽太"即羽太信子，鲁迅把寄羽太信子的信函称为"家信"，可知他们是夫妻关系。实际上，原文的意思是将信和款寄给了"羽太家"。千家驹还有更大胆的猜测："鲁迅"这个笔名中，"鲁"字取其母亲鲁瑞的姓，而"迅"与羽太信子名字中的"信"谐音，因此反映了鲁迅内心深处母爱与性爱的冲突，更是深文周纳了。[1]

一般人往往简单地把兄弟失和的责任推给周作人，特别是他的妻子羽太信子。许广平说，鲁迅曾经对她讲过："在卖掉绍兴祖屋的时候，周作人原来就想把这笔款分开来用，但被鲁迅坚持不肯，才又用来在北京买屋，以便他们家小至少有地方好住。"[2]如果这个说法属实，那就说明，周作人本来并不情愿三兄弟同住，而想分家单独过日子。因为那时，周作人已在北京工作了两年半，每月收入不菲，仅1918年一年他自己就给绍兴老家寄了720元。而他的妻子信子的分家愿望可能更强烈。因为她在绍兴过了几年大家庭生活，对大家庭生活的不便应该有所体会。鲁迅之所以力主维持大家庭，主要出于长兄的责任感，并信守兄弟永不分家的约定。分家，将使建人的小家庭失去了大家庭的庇护，生活变得艰难。

鲁迅、周作人的收入是维持大家庭生计的主要来源。家政

1　千家驹《鲁迅与羽太信子的关系及其它》，载《明报月刊》1991年第1期。

2　许广平《所谓兄弟》。

方面，鲁迅主外，羽太信子主内。本来管家的应该是长子夫妇，但周宅却是长兄和弟媳共管。两人日常授受不亲，诸事不便于细商，弊端因而产生：当家的鲁迅无法制约管家的信子。也就是说，周家赋予信子以管家的权力和地位，但却无法对她实施监督。信子怎么花钱基本上由她自己说了算。而从信子过去的经历和成长环境来看，这时还不具备大家庭家务管理的能力。她从原来家庭中的从属地位上升为支配者，内心的虚荣和任性渐渐膨胀起来。

从少年到青年时代，周作人一直在大哥鲁迅的引导下成长和生活。但从1917年4月到北京大学后，周作人逐渐壮大起来。随着个人收入的增加及在文坛地位的升高，周作人内心的独立欲望和要求也随之增长。1922年3月，经胡适介绍，周作人与燕京大学校长约定，从下学期起担任该校新文学系主任。这个职务使他每月可以得到200元薪水。此时，周作人主要有三个职务：一是北大教授，月薪240元；一是女高师兼职教师，月薪27元；一是燕大新文学系主任，月薪200元。鲁迅在教育部，每月薪金300元，兼课不多。至于稿费，周作人所得也比鲁迅多。所以，从1922年9月开始，周作人月收入在500元以上，超过了鲁迅。还有一个因素应该考虑：从1920年起，教育部开始欠薪，鲁迅的月收入实际减少。鲁迅为了家庭能正常运转，特别是为了给二弟治病，多次外出筹款。在这种情况下，如果他看到信子在家庭开支方面缺少计划，不注意节约，提出意见甚至有所指摘，就在情理之中了。

周建人曾说，日本妇女素有温顺节俭的美称，却不料二哥周作人碰到的却是个例外。羽太信子并非富家出身，可是气派极阔，架子很大，挥金如土。家中有管家齐坤，用人王鹤照、烧饭司务、东洋车夫、打杂采购的男仆，还有收拾房间、洗衣的李妈、小李妈，看孩子的女仆二三人。——更奇怪的是，她经常心血来潮，有时饭菜烧好了，忽然想起要吃饺子，就把一桌饭菜退回厨房，厨房赶紧另包饺子；被褥用了一两年，还是新的，却不要了，赏给男女用人，自己的全部换新。此类花样，层出不穷。鲁迅不仅把自己每月的全部收入交出，还把多年的积蓄赔了进去，有时还要四处借贷。[1]

因为鲁迅与弟媳有不正当关系或曾对其有非礼行为诸种说法，均属推测、猜测，证据不足。说经济问题导致了兄弟反目，是颇为现实的，值得考虑。因为与经济相关的，是人的自主权和人的尊严。周作人和他的妻子不能完全听命于鲁迅，他们不但有独立的欲望，而且有独立的可能。蒋梦麟认为，兄弟两个的个性都很强，所以不能相处。也不失为一个原因。[2]

周作人在这个事件中并不总是柔弱、温顺的一方。

推测起来，应该有这样一个过程：由于家庭经济状况不佳，鲁迅向羽太信子提出批评或者提了些意见。信子渐渐不满大伯指手画脚，想获得独立自主的权力。两人终于在1923年7月间发生了争吵。信子会说这样的话：现在家里这么困难，收入方面应该是两个兄弟的责任，而大哥的收入却不如弟弟高。鲁迅可能这样回答：那么我就让出家长的位子，另外起火。于是，1923年7月14日，鲁迅“改在自室吃饭”，并在日记上写下“此可记也”的话。这实际上把家庭矛盾公开了。周作人当然会注意到哥哥不到

1　周建人《鲁迅与周作人》。

2　蒋梦麟《谈中国新文艺运动——为纪念“五四”与文艺节而作》。

后院吃饭这一异常现象，向妻子询问原因。7月17日，周作人夫妇可能为此事发生了争吵，导致信子发病，请了医生。当周作人进一步质问事情真相时，信子在癔症状态下，将鲁迅对自己“不敬”的事告诉了周作人。

鲁迅1923年7月26日“下午收拾书籍入箱”；29日“终日收书册入箱，夜毕”；30日“上午以书籍、法帖等大小十二箱寄存教育部”；31日“下午收拾行李”；8月1日“午后收拾行李”；8月2日“下午携妇迁居砖塔胡同六十一号”。

这一天，周作人在日记上写道：“下午L夫妇移居砖塔胡同。”

鲁迅有不少物品留在八道湾。周作人托人捎话给哥哥，那些物品他会派人送去，不必来取。但鲁迅坚持亲自清点，结果导致一场冲突。

鲁迅日记记载，1924年6月11日，“下午往八道湾取书及什器，比进西厢，启孟及其妻突出骂詈殴打，又以电话招重久及张凤举、徐耀辰来，其妻向之述我罪状，多秽语，凡捏造未圆处，则启孟救正之，然终取书、器而出”。

当时住在八道湾十一号西跨院的川岛（章廷谦）回忆说：“就在那一日的午后我快要去上班的当儿，看见鲁迅先生来了，走进我家小院的厨房，拿起一个洋铁水勺，从水缸中舀起凉水来喝，我要请他进屋来喝茶，他就说：‘勿要惹祸，管自己！’喝了水就独自到里院去了。过了一会，从里院传来一声周作人的骂声来，我便走到里院西厢房去。屋内西北角的三角架上，原放着一个尺把高的狮形铜铁香炉，周作人正拿起来要砸去，我把它抢下了，劝周作人回到后院的住房后，我也回到外院自己的住所来，听得信子正在打电话，是打给张、徐二位的。是求援呢还是要他们来评理？我就说不清了。”[1]

许寿裳记述当时的情况道：“据说周作人和信子大起恐慌，信子急忙打电话，唤救兵，欲假借外力以抗拒；作人则用一本书远远地掷入，鲁迅置之不理，专心检书，一忽儿外宾来了，正欲开口说话，鲁迅从容辞却，说这是家里的事，无烦外宾费心。到者也无话可说，只好退了。这是在取回书籍的翌日，鲁迅说给我听的。”[2]

周作人在当天日记上写道：“下午，L来闹。”他随后写了一篇文章《“破脚骨”》，对流氓这个称谓作了一番考证：“破脚骨官话曰无赖曰光棍，古语曰泼皮曰破落户，上海曰流氓，南京曰流户曰青皮，日本曰歌罗支其，英国曰罗格……”实际上是在影射鲁迅。周作人写完，还特意拿给外院的川岛看。

鲁迅日记里“比进西厢”的“西厢”，就是八道湾中院西边他自己曾住过的三间房子。鲁迅迁走后，周作人即将其改作书房。因为中院地势低凹，每当下雨，即易积水，所以取名“苦雨斋”。鲁迅回来取物品时，房间里应该也有周作人的东西。因此，这一天发生争吵，可能有周作人和信子抗拒鲁迅“抢”或顺手拿走财物的因素。鲁迅日记中说信子向赶来的朋友们述说他的“罪状”，“多秽语”，这些“秽语”究竟是什么，现已无从知晓，可能包括对鲁迅“非礼”的指控。

争吵中，鲁迅当然也做了自我辩护。许广平记录了鲁迅对她

---

1 川岛《和鲁迅相处的日子》。

2 许寿裳《亡友鲁迅印象记 · 西三条胡同住屋》。

> 含着挣扎和战斗，但因为常常取法于英国的随笔（Essay），所以也带一点幽默和雍容；写法也有漂亮和缜密的，这是为了对于旧文学的示威，在表示旧文学之自以为特长者，白话文学也并非做不到。以后的路，本来明明是更分明的挣扎和战斗，因为这原是萌芽于“文学革命”以至“思想革命”的。[1]

既然说危机里包含着生机，就说明鲁迅对于周作人的人生态度和文字表达是有理解的。鲁迅在文末提出的主张：“生存的小品文，必须是匕首，是投枪，能和读者一同杀出一条生存的血路的东西；但自然，它也能给人愉快和休息，然而这并不是‘小摆设’，更不是抚慰和麻痹，它给人的愉快和休息是休养，是劳作和战斗之前的准备。”这或者可以看作鲁迅对周作人等人的期待吧。

实际上，鲁迅对周作人的散文评价很高。1936年5月美国记者斯诺请鲁迅对中国文坛的问题和人物做出评价，在问及最优秀的杂（散）文家有哪些时，鲁迅把周作人列在第一位。[2]

郁达夫编《中国新文学大系·散文二集》，将全书的十分之六七的篇幅给了周氏兄弟，并在序言中称赞周作人的文章“舒徐自在，信笔所至，初看似乎散漫支离，过于繁琐，但仔细一读，却觉得他的漫谈，句句含有分量，一篇之中，少一句就不对，一句之中，多一字也不可，读完之后，还想翻转来从头再读”。[3]

---

1 鲁迅《南腔北调集·小品文的危机》，见《鲁迅全集》第四卷。

2 《鲁迅与斯诺谈话整理稿》，载《新文学史料》1987 年第 3 期。

3 郁达夫《中国新文学大系·散文二集序言》，上海良友图书公司 1935 年版。

周作人得到的这类评价很多。

有一次，周作人到成舍我开办的新闻专科学校演讲，谈到自己几乎每天看报，有时候一整个上午就在看报中度过了。可见他对时事是关心的。从他对当时新闻报道中一些细节的看法，可以感知他对于人情物理的把握，他的生活态度——也是作文的态度——中的分寸感：

> 我记得有一件更没有道理的事，有一个卖白面的犯人，被枪毙的时候，那个人要求新闻记者，不要将他的像片登在报纸上，以免被家属或亲友见着伤心，这本是人情之常，但第二天那个报纸，不但将枪毙时的像片登出，并且还详细说明这些话，简直太无理了，太不人道，有害民俗，所以我觉得像这样消息同打仗惨酷的事情总以不登出来为好。两个国家的打仗，或一切惨酷的事，本来是不能避免的，不过我们当记者的人，可以把这类消息报告出就可以了，不必用文学笔调描写出来。还有在电影演映出来，这全是不合理的。固然有的说，如果是描写出来或是映演出来给大多数人民去看，会可以引起人类的同情心，引起人们的怜悯心，这固然是一个好的现象，结果，坏的效力会比好的大，总以不写为妙。[1]

他还谈到取缔街边浮摊的问题。管理者以有碍观瞻为理由取

---

1 刘涛《一篇访问记、一次演讲与一封书信——1935 年北平〈世界日报〉上有关周作人的三则史料》，载《鲁迅研究月刊》2010 年第 3 期。

缔浮摊，但整顿市容却应该从照顾人民生计着手，如果人民经济充裕，路上的人就不会囚首垢面，浮摊自然就会减少。在没有使人民经济充裕以前，单是严格地取缔，可以说是杀害人民，因为摆浮摊的人，牟点小利，供养全家大小，如今干脆不准摆或只准在小胡同里摆设，生意自然要减少，使这些人无法谋生，好些弱者自杀了，强者难免铤而走险，反而危害社会。因此，简单的取缔，没有益处。

周作人将苦雨斋改称“苦茶庵”，不难理解，“苦茶”是符合主人当前思想和生活状态的饮料。苦雨是外力的侵入，苦茶则是自我的选择。人的一生，口味是常在变化的。儿童喜欢甜食，略尝到一点苦味就揪紧了眉头。成年人则已尝尽人间苦味，不但不怕苦，且有些自虐似的偏爱苦的东西，正所谓苦中作乐。

将书斋命名为“苦茶庵”，还有一层意思。周作人出生时那个老和尚转世的传说，让他对人生有一种佛的达观和坚韧。书斋称“庵”，就仿佛说，这里住的是一个喝着苦茶的和尚。

1934年1月，周作人（进入）五十岁。回顾走过的道路，周作人不免生出许多感慨。他用两首“打油诗”表达自己“知天命”之年的心境：

前世出家今在家，不将袍子换袈裟。
街头终日听谈鬼，窗下通年学画蛇。
老去无端玩古董，闲来随分种胡麻。
旁人若问其中意，且到寒斋吃苦茶。

半是儒家半释家，光头更不着袈裟。

中年意趣窗前草，外道生涯洞里蛇。
徒羡低头咬大蒜，未妨拍桌拾芝麻。
谈狐说鬼寻常事，只欠工夫吃讲茶。

林语堂在上海办《人间世》杂志，将周作人列为主要撰稿人之一。周作人把两首“自寿诗”抄寄林语堂。林语堂在杂志创刊号上精心设计了一个专栏，不但刊登这两首诗及周作人朋友们（包括林语堂本人）的和诗，还配发了周作人的大幅照片。诗和照片发表后，引发文坛争论。

一位署名“巴人”的作者，对这些吹捧周作人的诗人大为不满，也写了和诗五首，讽刺他们自捧与互捧的丑态。“几个无聊的作家，洋服也要充袈裟。大家拍马吹牛屁，直教兔龟笑蟹蛇。……”有一首“刺周作人冒充儒释丑态”：“充了儒家充释家，乌纱未脱穿袈裟。既然非驴更非马，画虎不成又画蛇。……”[1]

上海的左翼作家对这种在他们看来是滑稽的颓废的诗作加以攻击。《申报·自由谈》上刊登了埜容的《人间何世？》一文，内中也有一首和诗：“先生何事爱僧家，把笔题诗韵押裟。不赶热场孤似鹤，自甘凉血懒如蛇。选将笑话供人笑，怕惹麻烦爱肉麻。误尽苍生欲谁责，清谈娓娓一杯茶。”[2]用“误尽苍生”四个字来批评周作人，措辞是够严厉的了。

胡风的《“过去的幽灵”》一文，锋芒也很尖锐。文章劈头就指出，周作人写这种诗，根本就是错误。他写道，想当年周

1　巴人《刺彼辈自捧或互捧也》，见《胡适来往书信选》（中册），中华书局1979年版。

2　埜容《人间何世？》，载1934年4月14日《申报·自由谈》。

周作人与胡适、林语堂、沈从文等，摄于中山公园

作人以长诗《小河》奠定了新诗在文坛上的地位，促进了诗歌从旧体式里解放出来，现在却无聊到写起旧诗来，而且“谈狐说鬼”。胡风发了这样的质问：“周先生现在自己所谈的鬼，听人家谈的鬼，是不是他当年翻译（《过去的幽灵》）的时候，叫我们防备的幽灵呢？昔日热烈地叫人防备，现在却促膝而谈之，不晓得是鬼们昔日虽然可恶而现在却可爱起来了呢，还是因为昔日虽然像现在的批评家似的‘浮躁’，而现在的八道湾居士却功满圆成，就是对于小鬼也一视同仁了？”[1]

朋友们为周作人鸣不平。刘大杰写了同情理解的信给周作人，让周作人很感动：“得刘大杰先生来信，谓读拙诗不禁凄然泪下，此种看法，吾甚佩服。”[2]林语堂发表了《周作人诗读法》，指出，周作人的自寿诗“寄沉痛于幽闲”，含有反抗社会的意思。他把周作人比作古代的长桀沮溺，认为他们虽然隐遁，实际上却是“世间热血人”。林语堂埋怨道：“后之论史者，每谓清谈亡国，不啻为逆阉洗刷，陋矣，且亦冤矣！”[3]

鲁迅对这些偏激言论也表示不满。他知道周作人曾经是战士，现在内心仍有“叛徒”在。因此，他在给朋友的信中对弟弟也表示了同情理解：

> 周作人自寿诗，诚有讽世之意，然此种微辞，已为今之青年所不憭，群公相和，则多近于肉麻，于是火

---

1 胡风《过去的幽灵》，载 1934 年 4 月 16 日、17 日《申报 · 自由谈》。

2 林语堂《周作人诗读法》，载 1934 年 4 月 26 日《申报 · 自由谈》。

3 同上。

上添油，遽成众矢之的，而不作此等攻击文字，此外近日亦无可言。此亦“古已有之”，文人美女，必负亡国之责，近似亦有人觉国之将亡，已在卸责于清流或舆论矣。[1]

1　鲁迅1934年4月30日致曹聚仁信，见《鲁迅全集》第十三卷。

十一　知堂

周作人照

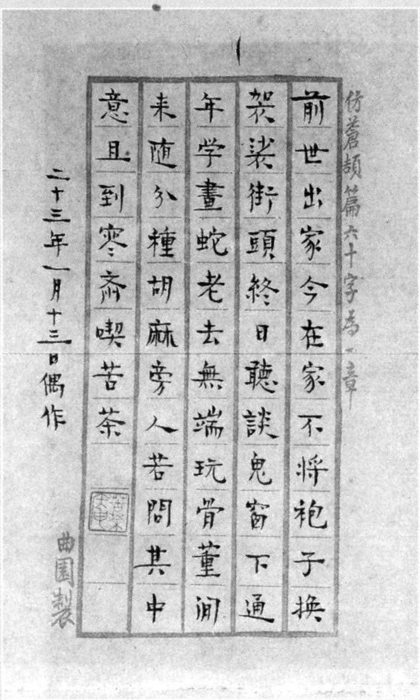

仿蒼頡篇六十字為一章

前世出家今在家不将袍子换
袈裟街頭終日聽談鬼窗下通
年学畫蛇老去無端玩骨董閒
来随分種胡麻旁人若問其中
意且到寒齋喫苦茶

二十三年一月十三日偶作

曲園製

五十自寿诗手迹

1932年，周作人将自己的斋号改为“知堂”。他这样阐述斋号的来历：

> 孔子曰，知之为知之，不知为不知，是知也。荀子曰，言而当，知也；默而当，亦知也。此言甚妙，以名吾堂。昔杨伯起不受暮夜赠金，有四知之语，后人钦其高节，以为堂名，由来旧矣。吾堂后起，或当作新四知堂耳。虽然孔荀二君生于周季，不新矣，且知亦不必以四限之，因截其半，名曰知堂云尔。[1]

周作人宣称不管世事，闭户读书，也是“智者”的态度。

在八道湾十一号“自己的园地”里，周作人生活的主要内容就是读书写作。他的阅读书目中，中国书所占比重越来越大，其中又多笔记类。他说：“近数年来多读旧书，取其较易得，价亦较西书为稍廉耳。至其用处则不甚庄严，大抵只以代博弈，或当作纸烟，聊以遣时日而已。”[2]这是一种故作轻松随便的说法，实际上，他要从浩瀚的旧籍中找寻符合自己明净生活观念的材料：

1　周作人《知堂文集 · 知堂说》。

2　周作人《自己所能做的》，载 1937 年 6 月 1 日《宇宙风》第 42 期。

> 中国民族的思想传统本来并不算坏，他没有宗教的狂信与权威，道儒法三家只是爱智者之分派，他们的意思我们也都很能了解。……不过后来出了流弊，儒家成了士大夫，专想升官发财，逢君虐民，道家合于方士，去弄烧丹拜斗等勾当，再一转变而道士与和尚均以法事为业，儒生亦信奉《太上感应篇》矣。这样一来，几乎成了一篇糊涂账，后世的许多罪恶差不多都由此支持下来，除了抽鸦片这件事在外。这些杂糅的东西一部分纪录在书本子上，大部分都保留在各人的脑袋瓜儿里以及社会百般事物上面，我们对他不能有什么有效的处置，至少也总当想法侦察他一番，分别加以批判。希腊古哲有言曰，要知道你自己。我们凡人虽于爱智之道无能为役，但既幸得生而为人，于此一事总不可不勉耳。[1]

翻检旧书，东摘西抄，在有些人眼中是雕虫小技，琐屑不足道，有人干脆讥之为“文抄公”。林语堂晚年在回忆录中评价周作人这些笔记体文章是“专抄古书，越抄越冷，不表意见”。香港友人把这段话抄给周作人，周作人回信辩解道：“语堂系是旧友，但他的眼光也只是皮毛，他说后来专抄古书，不发表意见，此与说我是‘文抄公’者正是一样的看法。没有意见怎么抄法？如关于《游山日记》或《傅青主》（皆在《风雨谈》内），都是褒贬显然……”[2]周作人觉得自己的工作指向世道人心，是很值得

1 周作人《自己所能做的》，载 1937 年 6 月 1 日《宇宙风》第 42 期。

2 周作人 1965 年 4 月 21 日致鲍耀明信，见《周作人与鲍耀明通信集》，河南大学出版社 2004 年版。

做的：

> 我不喜掌故，故不叙政治，不信鬼怪，故不纪异闻，不作史论，故不评古人行为得失。余下来的一件事便是涉猎前人言论，加以辨别，披沙拣金，磨杵成针，虽劳而无功，于世道人心却当有益，亦是值得做的工作。[1]

周作人所谈书，种类虽然杂，但读书人自有一个中心思想贯穿始终。徐志摩认为，周作人“是个博学的人；他随手引证、左右逢源；但见解意境都是他自己的，和他文章一样”。[2]朱自清也高度评价周作人的读书笔记，认为一般读书人“有其淹博的学识，就没有他那通达的见地，而胸中通达的，又缺少学识；两者难得如周先生那样兼全的。”[3]按照清代毛奇龄的说法：“生文人百，不及生读书人一。大抵千万人中必得一文人，而读书人则千百年不一觏者。”[4]周作人可以归入此类不可多见的读书人之列。

在朋友和弟子眼中，周作人不仅是一个“自由思想者”，同时也是可钦佩的长者和导师。几位气味相投的文人学者聚集在周作人身边。他们虽然同城居住，却频繁通信。20世纪二三十年

1　周作人《自己所能做的》，载 1937 年 6 月 1 日《宇宙风》第 42 期。

2　转引自康嗣群《周作人先生》，载 1933 年 11 月 1 日《现代》第 4 卷第 1 期。

3　转引自曹聚仁《苦茶》，载 1935 年 11 月 8 日《立报》。

4　转引自章学诚《乙卯札记外二种》，中华书局 2006 年版。

代，见面和通信，当然都不如今天快捷。但那时，人们对邮政服务却相当重视，京城之内，信件当天可达。奇怪的是，后来却有了退步。直到20世纪末21世纪初，北京才有了信件同城当日达的服务。如今，人们有了电话、手机，对书信不那么在意和讲究了。但其实，信件和物品的快递仍为人们日常所必需，非电话和传真所能替代。

周作人与朋友们通信，也不是总有大事要谈。除了必要的交流信息之外，还是一种情调，一种破除寂寞的方式。

废名是周作人追随者中最坚定和长久的一个。他在北大学习期间，有一天写信给周作人，说自己几乎没有饭吃。恰好住在八道湾十一号西跨院的章廷谦迁往南方，空出两间小屋，周作人就招了废名来同住，废名得以日常亲炙老师，如古人所说“目击道存”。周作人也很看重这位学生，说他相貌奇古，额如螳螂，声音苍哑，英文学和佛学修养都很高，熟读莎士比亚、哈代，又沉潜于杜甫、李商隐，其文学上的见解多有与周作人相契之处。例如废名说“中国文章，以六朝人文章为最不可及”，“中国后来如果不是受了一点佛教影响，文艺里的空气恐怕更陈腐，文章里恐怕更要损失好些好看的字面”。周作人认为这些意见“极正确，是经过好多经验思索而得的，里边有其颠扑不破的地方”。[1]

在废名眼中，周作人岂但是“智者”，简直是一位圣人。废名将自己的书斋命名为“常出屋斋”，大约是倾慕陶渊明之为人，因为陶渊明《归去来兮辞》中有“门虽设而常关”的句子。常出屋的废名会到哪里去呢？到八道湾苦雨斋求教，应该是他很

1 周作人《怀废名》，载1943年4月《古今》，收入《药堂杂文》。

乐意做的事。当林语堂在《人间世》第22期发表《小品文之遗绪》，称周作人为今日之公安派时，废名表示异议，认为不应拿周作人比附袁宏道那样的文人，而应该比之于陶渊明。他引述北齐杨休之评价陶渊明的话，“余览陶潜之文，辞采虽未优，而往往有奇绝异语，放逸之致”，遂对“辞采未优”四字大加发挥，说明陶渊明不是一般的文人：“陶诗原来是一个特别的产物，他虽然同魏晋六朝人一样的是写诗，他的诗却不是诗人骚士一样的写景抒情，而他又有诗人骚士一样的成功，因此古今的诗人骚士都可以了解他，而陶诗又实在是较难了解。陶诗像谢灵运的诗吗？像鲍照的诗吗？甚至于像阮籍的《咏怀》吗？我们直觉的可以答曰不像。原来陶诗不是才情之作，陶渊明较之那些诗人并不是诗人，那些诗人的情感在陶诗里头难有，因此那些诗人的辞采在陶诗里头难有。陶诗不但前无古人，亦且后无来者，后之论唐诗者每将王维韦应物柳宗元等人同陶渊明说在一起，以为他们学陶而得陶之一体，这样的说法其实未必公平，王维等人其辞采亦多于陶，与其说他们与陶公接近，还不如说与鲍谢更为接近，唐诗写山水之胜，求之陶诗无有也。”[1]

废名这么绕圈子，实在要表达的意思是：周作人不是文人，更进一步，甚至也不仅仅是陶渊明那样的诗人，而超越了陶渊明，是粹然一位儒者——是不是可以比作孔子呢？他可是没有明说。废名继续发挥道：“陶公到底还是诗人，孔子真是儒者的代表，……再来说今之人如知堂先生。或者有人要问，知堂先生自己出文集，陶渊明还未必自己出诗集，而你的意思仿佛还认知堂

1　废名《知堂先生》。

先生是儒家？是的，我在这篇文章的开始，不知不觉的以知堂先生的文章与陶渊明的诗相提并论，并没有想到要说《论语》，大约就因为文集与诗集的原故。然而我以为知堂先生是儒家。”

废名强调周作人思想中积极的一面。他不满于同时代人总把周作人描绘成隐逸，与陶渊明相提并论，并且一齐抹杀。他认为，陶渊明并非隐逸。周作人当然也不是隐士，他是积极的，他关心着社会人生：“我们生在今日之中国，去孔子又三千年矣，社会罪孽太重，于文明人类本有的野蛮而外，还不晓得有许多石头压着我们，道学家，八股思想，家族制度等等，我们要翻身很得挣扎。名誉，权利，爱情，本身应该是有益的东西，有许多事业应该从这里发生出来，在中国则是一个变态，几乎这些东西都是坏事的。我们今日说‘修身齐家’，大家以为落伍，不知这四个字谈何容易，在这里简直要一个很大的知者。孔子曰，‘己欲立而立人，己欲达而达人，能近取譬可谓仁之方也已’，孔子说这话恐怕还要随便一点，在今日这句话简直令我们感到苦痛，然而这却是知者的忧愁也。”[1]

另一位批评家苏雪林也表达这样的意见：如其说周作人先生是个文学家，不如说他是个思想家，对国民劣根性搐击，驱逐死鬼的精神和提倡健全的性道德，是周作人思想的几个特点。[2]

俞平伯认为，“知识”是周作人健全自然之人生观的基础。周作人一方面尊重中国文化传统，一方面广博地吸取西方文明成果，以批判的眼光来审视传统，调和贯通，并且以平实平常之心

1 废名《知堂先生》。

2 苏雪林《周作人先生研究》，载 1934 年 12 月《青年界》第 6 卷第 5 期。

身体力行，形成一种明净的人生观。

对待儒家经典的态度，就是直到今天仍引发争议的“读经”问题，周作人曾发表这样的意见：

> 现在提倡读经的目的，就是要维持孔子所说的种种道德，其实许多思想家，哲理家所提倡的，都是元来社会上所正缺乏的，而不是实在已有了的东西。固然我很赞成一个社会上有仁义种种的道德，但是这必须先使人民生活安定，至少有衣食可以维持生命，这才有希望，不见得是单读经与讲空话可能做到的，同时这与尊孔也是不相同的两件事，修建圣庙，更是风马牛不相及的事。再从个人方面讲，我自己也是读过经书的，可是看不出什么好与坏。同时现在四十岁以上的知识者，可以说都读过经书，在这些人以前的人，或者更读得多，何以对于甲申甲午庚子等年的变乱，都没有用处呢？读经无补于乱亡，这只看最近的过去，可以切实地证明。少数人从学术方面着眼研究，固然可以，但想要有多大作用，恐怕是不可能的。此外，有的提倡读经的人，他自己根本就没有懂得所谓经，他自己不懂而提倡，那怎能得到好的结果，所以提倡一件事情，应当言行一致，例如一个革命先进，经过许多危难，来讲革命，当然是够资格的，如果另有一个人，躲在租界洋楼里谈革命，怎能使人相信？读经的问题，也是这样，不懂经而讲读经，是盲目的。中国人做事的最大毛病，就是喜欢取巧，日本人说中国人喜欢用以夷制夷的政策，其实中国

那里够得上呢，不过总想自己不大费力气，想利用人家的力量来成事，这是实在的，就只是取巧，读经也是取巧的一种，希望读经像咒语一样，开口念一声，立刻发生大奇迹，使国家社会都得救。[1]

在一次与记者的会见中，周作人谈起“文物保护”的事：“最近将旧式的牌楼，改为洋灰牌楼，这于社会也没有什么用处，如给外国人看，他们见过的洋灰铁筋建筑物多得很。或许还有比这种好的，何必远涉重洋，跑到这里来看。在我们觉得这是消耗，而不是建设。这些牌楼有在那里，也可以看看，坏了就无妨拆掉，不必再花大钱买木头来重建，更不必说洋灰了。”[2]这意见对于目前中国到处泛滥的假古董是一个讽刺。看来，假古董现象“古已有之”、“近亦有之”、于今为烈。周作人坐在苦雨斋中说这番话时，自然料不到，离周宅不远的牌楼会在几十年后完全拆除；更没有料到，他的住宅所在的八道湾胡同如今也将消失。

智者有高见，生活却要讲实际，有时还颇为严峻。智者，尤其是日常生活中身体力行的智者，身边总少不了儿啼妇语和柴米油盐。兄弟聚居时代，鲁迅主事；现在周作人成了当家人，生活中很多事要自己面对了。

兄弟失和以后，鲁迅夫妇和母亲搬出八道湾，周宅里还有

---

1 刘涛《一篇访问记、一次演讲与一封书信——1935 年北平〈世界日报〉上有关周作人的三则史料》，载《鲁迅研究月刊》2010 年第 3 期。

2 同上。

九口人，加之周作人岳父家需要接济，有一个时期甚至来八道湾居住，因此经济上负担仍然不轻。为了养家糊口，周作人辛勤劳作，写作不辍。寅吃卯粮，预支稿费，在他成了常态。

有一次，周作人写信给梁实秋，请其协助出售书籍给学校。梁实秋为他联系办妥。梁实秋在回忆录中评论道："读书人卖书，自有其不得已的缘故。岂明先生非富有，但以'研究教授'所得，亦尚宽裕。我想必是庵中逼仄，容不得日益增多的书卷，否则谁肯把平夙摩娑过的东西作价出卖。"[1]

梁实秋是以常理推测的。那时代，北京的小学教师月工资是30—50元，中学教员收入在100—200元之间，而大学教授的薪水差不多是小学教师的10倍。调查显示，小学教员每家平均必需的生活支出为35.33元。[2]

当时大学教授一般都雇有专门的厨师仆人，有的甚至还专门聘请西式厨师，例如，北大教授金岳霖喜欢吃洋菜，除请了一个拉东洋车的外，还请了一个西式厨师，每逢"星六碰头会"，吃的冰激凌和喝的咖啡都是厨师按他要求的浓度做出来的。这样的生活，一直维持到七七事变为止。[3]美国记者海伦·斯诺1933年到北京居住，她在回忆录中提到自己和丈夫当时的生活状况："在北京时期，日常生活费大约是每月50美元——我们过的是王侯般的生活。每月买食品需80块银元，折合20美元，这还包括正式宴请在内。当汇率变化时，我们的花销更少了，房租是15美元，两

1 梁实秋《忆岂明老人》，载1967年9月《传记文学》（台湾）第11卷第3期。

2 陶孟和《北平生活费之分析》，商务印书馆1933年版。

3 金岳霖《金岳霖文集》第4卷，甘肃人民出版社1995年版。

个佣人每月8美元，中文教师5美元。”[1]

究竟是因为过于追求东洋味、追求精致的生活，还是因为人口太多负担太重，导致周家经济常常陷入拮据呢？这是一个令人迷惑的问题。

1 海伦 · 斯诺《旅华岁月——海伦 · 斯诺回忆录》，世界知识出版社 1985 年版。

十二　『日本店』

周作人1930年访日与徐耀辰等合影

日本自甲午年战胜中国以后，一直怀着完全控制中国的野心。尽管周作人与日本有亲戚关系，也很喜欢日本，但他对日本的侵华行为十分痛恨，对军国主义者的狼子野心，保持警惕并常常予以抨击。

周作人精通日语，喜爱明治时代文化。他翻译的日本文学作品，准确而流畅，水平显然要高于他从英文和古希腊文翻译过来的篇什。作为文学家，周作人有自己观察日本的视角，与从政治经济军事等角度观察者，有很大不同。胡适1921年5月7日在日记里称赞周作人是真正懂得日本的人：“像周作人先生那样能赏识日本的真正文化的可有几人吗？”[1]日本作家谷崎润一郎也曾做过如下评论：“关于日本文学，他（指周作人——引者）说：‘《源氏物语》五十四卷成于十世纪时，中国正是宋太宗的时候，去长篇小说的发达还要差五百年，而此大作已经出世，不可不说是一奇迹……这实在可以说是一部唐朝《红楼梦》，仿佛觉得以唐朝文化之丰富本应该产生这么的一种大作，不知怎的这光荣却被藤原女士抢了过去了。’他又把江户时代的平民文学与明清的俗文学加以比较，称赞一九的《东海道徒步旅行记》和三马的《浮世澡堂》与《浮世理发馆》的独创性，确实说得上是最了

1 胡适《胡适日记全编》第 3 册，安徽教育出版社 2001 年版。

解日本民族之长处的人。”[1]

周作人明白，人们很容易把自己视为“亲日派”。他指出，关键在于怎么理解“亲日派”这个词。他说：“中国所痛恶的，日本所欢迎的那种亲日派，并不是真实的亲日派，不过是一种牟利求荣的小人，对于中国，与对于日本，一样有害的，一面损了中国的实利，一面损了日本的光荣。”他认为中国没有多少人是真正了解日本的，因此谈不上有“亲日派”：“中国并不曾有真的亲日派，因为中国还没有人理解日本国民的真的光荣，这件事只看中国出版界上没有一册书或一篇文讲日本的文艺或美术，就可知道了。日本国民曾经得到过一个知己，便是小泉八云（Lafcadio Hearn），他才是真的亲日派。中国有这样的人么？我惭愧说，没有。此外有真能理解及绍介英德法俄等国的文化到中国来的真的亲英亲德等派么？谁又是专心研究与中国文化最有关系的印度的人呢？便是真能了解本国文化的价值，真实的研究整理，不涉及复古与自大的，真的爱国的国学家，也就不很多吧。”[2]

这番话，今天听来，也仍能给人以启示。

周作人接着写道：“日本的朋友，我要向你道一句歉，我们同你做了几千年的邻居，却举不出一个人来，可以算是你真的知己。但我同时也有一句劝告，请你不要认不肖子弟的恶友为知己，请你拒绝他们，因为他们只能卖给你土地，这却不是你的真光荣。”

1　谷崎润一郎《冷静与幽闲——周作人氏的印象》，见《知堂先生》，河南大学出版社 2004 年版。

2　周作人《亲日派》，载 1920 年 10 月 23 日《晨报》。

周作人了解日本，因为相知，遂有情意。而对一个国家的人民的最好理解，是对其文化内涵的理解。周作人认为，一个民族的代表可以有两种，一是政治军事方面的所谓英雄；二是文艺学术方面的贤哲。英雄有作恶的能力，做得出事来使世界震动，让人类吃大苦头，历史改变；但如果要找出日本民族的代表来问问他们的悲欢喜乐，则应该到小胡同大杂院去找。周作人的意思是，要理解日本文化，应该找出日本民族代表的贤哲来，听听同为人类为东洋人的悲哀，而把那些英雄搁在一旁。他主张，对于日本，不能因为喜爱它的文明而为它的丑恶行为辩护，也不能因为他的暴力行为就全盘否定其文化。[1]

实际情况却是，中国对日本的研究很不够：

> 大家都轻蔑日本文化，以为古代是模仿中国，现代是模仿西洋的，不值得一看。日本古今的文化诚然是取材于中国与西洋，却经过一番调剂，成为他自己的东西，正如罗马文明之出于希腊而自成一家（或者日本的成功还过于罗马），所以我们尽可以说日本自有他的文明，在艺术与生活方面更为显著，虽然没有什么哲学思想。我们中国除了把他当作一种民族文明去公平地研究之外，还当特别注意，因为他有许多地方足以供我们研究本国古今文化之参考。[2]

1　周作人《谈日本文化书（之二）》，载 1936 年 10 月《宇宙风》第 26 期。

2　周作人《谈日本文化书》，载 1936 年 7 月《自由评论》第 32 期。

其结果，中国人对于日本只有两种态度：不是亲日的奴厮便是排日的走卒。没有容许第三种即采取研究态度的独立派存在的余地。

周作人注意到日本的民间去寻找日本文化的特点。日本民族是爱美的，但其民间有不同于中国的宗教信仰，往往感情超过理智，蛮不讲理，有时离奇狂暴近于发疯。

可惜的是，周作人这样的“知日派”，在那个时代并不受欢迎。寄托深远的文化研究与眼前的政治经济利益势必发生冲突。

日本占领东三省后，周作人不断撰文，抨击日本对华的侵略行为。对于日本人中的所谓支那通和日本政府的殖民政策，周作人批评道：

> 日本人来到中国的多是浪人与支那通。他们全不了解中国，只皮相地观察一点旧社会的情形，学会吟诗步韵，打恭作揖，叉麻雀打茶围等技艺，便以为完全知道中国了，其实他不过传染了些中国恶习，平空添了个坏中国人罢了。别一种人把中国看作日本的领土，他是到殖民地来做主人翁，来对土人发挥祖传的武士道的，于是把在本国社会里不能施展的野性尽量发露，在北京的日本商民中尽多这样乱暴的人物，别处可想而知。两三年前木村庄八君来游中国时，曾对我说，日本殖民于辽东及各地，结果是搬运许多内地人来到中国，养成他们为肆无忌惮的，无道德无信义的东西，不复更适宜于本国社会，如不是自己被淘汰，便是把社会毁坏；所以日本努力移植，实乃每年牺牲许多人民，为日本计是极有

害的事，至于放这许多坏人在中国，其为害于中国更不待言了。[1]

这和鲁迅晚年对日本一些记者和中国问题研究者的看法相同。鲁迅批评道：“日本的学者或文学家，来中国之前大抵抱有成见，来到中国后，害怕遇到和他的成见相抵触的事实，一遇到就回避。这样来等于不来，于是一辈子以乱写告终。”[2]

就在全面战争爆发前夕，周作人态度鲜明，声称自己“爱日本，更爱中国”。在《颜氏学记》一文中他甚至愤激地说，日本只有武化，没有文化。与此同时，他开始撰写一系列研究日本文化的文章，取名《日本管窥》，申说中国和日本文化的亲缘关系，及加强交流和互相理解的必要性。

日本国民性中有好的一面，为什么不拿出来给中国，却总是不停地欺负中国，心存恶意呢？周作人得出的结论是，日本文化是吸收了中国文化和西洋文化的精华融会而成的，所以对中国负有文化上的债务：“这种文化的债务在当时虽很是欣慰，后来也会渐渐觉得是一种迫压，特别是自己站得起了，而债主已是落魄的时候。”日本人为这笔欠债感到屈辱，故而对中国施行暴力，就像中国古代传说中“逢蒙学射于羿，尽羿之道，思天下惟羿为愈己，于是杀羿”。日本明治维新，借用西洋文化成功之后，甲午之役出手一试，打胜了中国，此后反中国文化的情绪逐渐高

1 周作人《日本与中国》，载 1925 年 10 月 10 日《京报副刊》。

2 鲁迅 1932 年 1 月 16 日致增田涉信，见《鲁迅全集》第十四卷。

涨，20世纪30年代差不多到了顶峰。[1]

陶亢德编辑的《宇宙风》要出一个“日本与日本人”特刊，向周作人约稿。周作人认为，在这个时代，这种特刊是办不好的：

> 目下中国对于日本只有怨恨，这是极当然的。二十年来在中国面前现出的日本全是一副吃人相，不但隋唐时代的那种文化的交谊完全绝灭，就是甲午年的一刀一枪的厮杀也还痛快大方，觉得已不可得了。现在所有的几乎全是卑鄙龌龊的方法，与其说是武士道还不如说近于上海流氓的拆梢，固然该怨恨却尤值得我们的轻蔑。其实就是日本人自己也未尝不明白。前年夏天我在东京会见一位陆军将官，虽是初见彼此不客气的谈天，讲到中日关系我便说日本有时做的太拙，损人不利己，大可不必，例如藏本事件，那中将接着说，说起来非常惭愧，我们也很不赞成那样做。去年冬天河北闹什么自治运动，有日本友人对了来游历的参谋本部的军官谈及，说这种做法太拙太腌臜了，军官也大不赞成，问你们参谋本部不是与闻的么，他笑而不答。这都可见大家承认日本近来对中国的手段不但凶狠而且还卑鄙可丑，假如要来老实地表示我们怨恨与轻蔑的意思，恐怕就是用了极粗恶的话写上一大册也是不会过度的。[2]

---

1 周作人《日本管窥之四》，载1937年6月《国闻周报》第14卷第25期。

2 周作人《谈日本文化书（之二）》。

因此，周作人对中日关系持悲观态度。他自己的处境也很尴尬：抗日时或者觉得未免亲日，不抗日时又似乎对日本有点不够客气。他写完《日本管窥之四》后宣布结束“管窥”，关闭了“日本店”：“日本文化可谈，而日本国民性终于是谜似的不可懂，则许多切实的问题便无可谈，文化亦只清谈而已。”[1]

中日全面战争爆发之速，出乎周作人的预料。1933年7月3日他还在给上海友人张一渠的信中说：“北平近已平静，张家口方面似尚在做文章，但文章亦可想而知耳，平津或者不至再被牵动，不过中国全体殊不能乐观，殆无一件事不可叹息也。近来多雨，为以前所少见，因此曾有‘其鱼’之惧，看昨今情形又似略好。”[2]

中日双方战争力量强弱对比很明显。战，还是和，周作人似乎早就有了倾向。他在《岳飞与秦桧》（1935年3月）、《谈油炸鬼》（1935年12月）、《再谈油炸鬼》（1936年7月）等文中，多次谈到被中国大多数历史学者定论为汉奸的秦桧，认为秦桧的“主和”，符合宋朝国防力量的实际，未必就是坏事。他写道：“和比战难，战败仍不失为民族英雄，（古时自己要牺牲性命，现在还有地方可逃）和成则是万世罪人，故主和实在更需要有政治的定见与道德的毅力也。”他在《关于英雄崇拜》一文中说，我们对文天祥等人应该表示钦佩，但却不能向他学习，因为他算不得我们的模范。国人应该有气节，而这气节应该在平时使用，到了亡国的时候再来讲它，未免牺牲太大，在即将亡国的时候去死也没有什么益处。他还是以秦桧和岳飞为例立论：“中国往往

1 周作人《日本管窥之四》，载 1937 年 6 月《国闻周报》第 14 卷第 25 期。

2 周作人 1937 年 11 月 13 日致张一渠信。

大家都知道非和不可，等到和了，大家从避难回来，却热烈地崇拜主战者，称岳飞而骂秦桧，称翁同龢、刘永福而痛骂李鸿章，皆是也。”[1]有论者指出，周作人这些观点导致了他后来的投敌。

实际上，周作人对中日战争力量的对比持悲观态度。他曾说：“和日本作战是不可能的。人家有海军。没有打，人家已经登岸来了。我们的门户是洞开的，如何能够抵抗人家？”[2]

走，还是留，对周作人来说是很痛苦的抉择。政府撤离，文物搬迁，大学生们逃走。形势是严峻的：在日军占领的北平，如果不同侵略者合作，可能意味着没有工作，难以养家糊口。

周作人把苦茶庵改名为苦住庵，决心坚持下去。然而，他是中国第一流的文学家，全国文化界的代表人物，说得夸张一点，由于一直在做着社会批评和文明批评，他被尊为中国社会的良心。占领军必然要打他的主意。1938年2月9日，周作人参加了日本人组织的“更生中国文化建设座谈会”，并在会上发言，引起舆论哗然。武汉的全国文化界抗敌协会发出通电，声明将周作人、钱稻孙等汉奸逐出文化界。十八位作家还联名发表了《致周作人的一封公开信》，说：“先生此举，实系背叛民族、屈膝事仇之恨事，凡我文艺界同仁无一不为先生惜，亦无一人不以此为耻。……我们最后一次忠告先生，希能幡然悔悟，急速离平，间道南来，参加抗敌建国工作，则国人因先生在文艺上过去之成绩，及今后之奋发自赎，不难重予以爱护。否则唯有一致声讨，公认先生为民族之大罪人，文化界之叛逆者。一念之差，忠邪千

1　周作人《关于英雄崇拜》，载 1935 年 4 月 21 日《华北日报 · 每日文艺》。

2　郑振铎《惜周作人》，载 1946 年 1 月 12 日上海《周报》。

1935年北大外语系日语组毕业合影

载，幸明辨之！”[1]

刚从日本潜回中国参加抗战的郭沫若（鼎堂）写了《国难声中怀知堂》一文，对周作人的处境深表忧虑。他说，在国难深重的时候，人们多在系念某某司令、某某抗敌将军、某某民族英雄，但他回国以后时刻怀念的，却是北平苦雨斋中“我们的知堂”：

> 近年来能够在文化界树一风格，撑得起来，对于国际友人可以分庭抗礼，替我们民族争得几分人格的人，并没有好几个。而我们的知堂是这没有几个中的特出一头地者，虽然年青一代的人不见得尽能了解。[2]

郭沫若说，如果周作人能够飞到南方，像他这样的人，就是死上几千几百个换他也是值得的，因为，日本人中信仰周作人的比较多，如果他离开北平，本身就是对日本狂热的军国主义行动注了一针镇静剂。周作人看到这篇文章，给上海的友人写信说：“鼎堂先生文得读，且感且愧，但不敢不勉耳。”[3]面对舆论的关注，他必须做出承诺。于是他给南方的朋友写信，先描述自己的困难：“舍间人多，又实无地可避，故只苦住，幸得无事，可以告慰。……回南留北皆有困难，只好且看将来情形再说耳。”

1　载 1938 年 5 月 18 日《文摘·战时旬刊》第 21 期。

2　郭沫若《国难声中怀知堂》，载 1937 年 8 月 30 日《逸经宇宙风西风非常时期联合旬刊》。

3　周作人 1937 年 8 月 6 日、9 月 26 日致陶亢德，见《知堂在北平》，载 1937 年 11 月《宇宙风》第 50 期。

他表示：“有同事将南行，曾嘱其向王教长蒋校长代为同人致一言，请勿视留北诸人为李陵，却当作苏武看为宜。此意亦可以奉告别位关心我们的人，至于有人如何怀疑或误解，殊不能知，亦无从一一解释也。”[1]

李大钊的女儿李星华，离开北平往延安之前，特地到周作人那里辞行，问延安有什么事情没有。周作人说：“延安我不认识什么人，只认识一个毛润之，请你给他带好。”星华问他为什么不离开北平，并说：“大家对您的为人、声望都是很尊重的。对您的处境，又同情又感到惋惜。”周作人回答说自己走不了，同时也表示，自己绝对不会做对不起中国人的事。[2]

写于1937年11月13日的一首诗，道出他这个时期的心境：

正似群鱼脱故渊，
草间煦沫剧堪怜。
四方引领告归路，
何处将身托愿船。
漫策断株追日没，
孰将煎饼补天穿。
高歌岂必能当哭，
夜色苍凉未忍眠。[3]

周作人这个时期行事作文十分谨慎。参加与日本占领军有关

1 周作人致陶亢德信。

2 贾芝《关于周作人的一点史料——他与李大钊的一家》，载《新文学史料》1983年第4期。

3 周作人自注“步六松堂原韵”。六松堂为汤尔和斋号。见《周作人诗全编笺注》，王仲三笺注，上海，学林出版社1995版。

系的活动，他一开始是犹豫的。1938年8月6日，他访问女子学院的黎子鹤，嘱咐黎不要加入东亚文化协会；8月15日，他自己也拒绝了东亚文化协会的入会邀请，8月30日又辞东亚文化协会的宴请——这是日记中的记载。但实际上，他的内心已经有所动摇。8月16日，他和黎世蘅、文访苏、钱稻孙一起参加了教育部总长汤尔和召集的华方预定委员的座谈会，商讨会议的准备工作等事项，8月30日出席了东亚文化协议会并当选委员，只是晚上没有参加宴会而已。1938年8月30日到9月2日，东亚文化协议会在北平召开为期4天的正式会议。推选汤尔和为东亚文化协议会第一任会长。日本宇垣外相、板垣陆相、多田参谋次长、植田司令，中村大将等发来贺电。8月30日《实报》的相关报道中，周作人、黎世蘅、钱稻孙列于委员名单。周作人参加了会议，也参加了与会者的合影。

协议会会长汤尔和在宣言中说："爰集中日两国人士，结成此会，以传统之明伦亲仁为本，撷西学之萃以资利用厚生，努力迈进，庶几蔚为更进一层之新东亚文化。"该会的宗旨是，打破中国民众的民族、国家概念，强调中日两国"同文同种"，淡化、消除民众对日本政府的敌意。

日本人在该协会中占比重很高，从会长、副会长、理事的人员派驻，到实际事务的运转，日本政府都安插人员加以掌控。会后拍摄的"东亚文化协议会成立大会纪念摄影"很说明问题：在三十多位与会者当中，竟有七八个身穿日本军服、手持军刀的"大日本皇军"军官。

此后，周作人与这个协会的关系愈益紧密。1940年3月至1941年10月，任东亚文化协议会评议员、理事、文学部部长，1941年

10月任东亚文化协议会会长。

1938年8月，周作人收到远在伦敦的胡适的来信，内有诗一首，劝他尽快南下：“藏晖先生昨夜作一个梦，梦见苦雨斋中吃茶的老僧，忽然放下茶钟出门去，飘然一杖天南行。天南万里岂不太辛苦，只为智者识得重与轻。梦醒我自披衣开窗坐，有谁知我此时一点相思情。”9月21日，周作人答诗一首：“老僧假装好吃苦茶，实在的情形还是苦雨。近来屋漏地上又浸水，结果只好改号苦住。晚间拼好蒲团想睡觉，忽然接到一封远方的信。海天万里八行诗，多谢臧晖居士的问讯。我谢谢你很厚的情意，可惜我行脚却不能做到；并不是出了家特别忙，因为庵里住的好些老小。我还只能关门敲木鱼念经，出门托钵募化些米面——老僧始终是老僧，希望将来见得居士的面。”现在，八道湾十一号的周作人书斋的名称，似乎应该从苦茶改回“苦雨”。在战争状态下，哪里容许有品茶和标榜苦味的雅致？这里也不再有“苦雨斋”时代的浪漫：“屋漏地上又浸水，结果只好改号苦住。”

周作人在《桑下谈》序中述说自己苦住的心愿道：

> 这苦住的意思我很喜欢，曾经想借作庵名，虽然这与苦茶同是一庵，而且本来实在也没有这么一个庵。不过这些都无关系，我觉得苦住这句话总是很好的。所谓苦者不一定要“三界无安犹如火宅”那么样，就只如平常说的辛苦那种程度的意义，似乎也可以了。不佞乃是少信者，既无耶和华的天国，也没有阿弥陀佛的净土，签发到手的乃是这南瞻步洲的摩诃至那一块地方，那么只好住下来，别无乐行的大志愿，反正在中国旅行也是

很辛苦的，何必更去多寻苦吃呢？[1]

当然，“苦住”并不是不“出门”，正相反，他不得不出门“募化些米面”，为的是养活家中的老小。周作人在给多位关心他的出处的友人的信中，讲述自己的艰难处境：他不能南下，主要是因为家中人多，虽然北大负责人特准他留平，给一些补助，但很有限。本来，他自己的家庭只有三人，但弟弟周建人在上海另组家庭，与北平的妻儿四人分离，战事一起，更分文不寄。照顾他们的责任就落在周作人身上。要是离开北平，就要七人一起移动。而且，老母亲和鲁迅的结发妻子也在北平，需要有人就近照料。即便七人可以南行，这两位老人也是问题。除此之外，周作人的女儿虽已出嫁，但丈夫到外地教书，也得住在娘家。这么说来，不走反而是上策。

的确，周家人并非不愿离开北平，也曾考虑南下。在北平寓所和上海鲁迅遗属的通信中，可以看到就连老母亲也在考虑避难。1937年7月15日，鲁迅母亲的代笔人致信许广平：“今日见太师母商量南下，恐不堪贸然就道，且火车时有阻碍，购卧票亦属不易。拟暂不离平，如果形势紧急，再行设法趋避，其意见如此。”第二天又补充写道：“今晨大师母来说，太师母已决定不南下。”许广平曾在1938年7月11日和1939年2月10日给婆母的信中劝周作人南下。鲁瑞在回信中说：“老二现无南行之意，但觉行止两难。”[2]

1 周作人《〈秉烛后谈·桑下谈〉序》，北京新民印书馆 1944 年版。

2 《鲁迅、许广平藏书信选》，湖南文艺出版社 1987 年版。

七七事变后，周作人的收入来源大受影响。北大南迁，周作人算是“留平教授”，学校每月给予五十元津贴。收入剧减，养家为难，周作人又找编译委员会代理秘书关琪桐商量翻译希腊神话，每月交两万字，可得二百元稿费。但1938年上半年，编译委员会迁往香港，项目终止。1938年5月20日，燕京大学郭绍虞到八道湾周宅访问，聘周作人为客座教授，月薪一百二十元。

李霁野在自传中回忆说：“辅仁大学有几个教授组织了一个秘密的‘文教委员会’，想为尚留敌占的北平的文化人谋求生活出路，不作汉奸。他们拉我加入了，我尽力想为周作人找出路，失败了。”[1]李霁野还在《我的生活经历（四）》中说，他曾向沈兼士建议请周作人到辅仁大学中文系任教，由文教委员会给以经济补助。“我认为这是完全可以办到的，但他不置可否，以后也再没有谈起来了。”“这位负责人以后又对我说，周作人找他闲谈，没谈到任何正事，不知道有什么意思。我笑笑说，他是在做托钵僧化缘了吧……这以后，这位负责人又向我说：周作人拿了一把新写的折扇去找他闲谈，他说完全不知周是啥意思。果真不明白吗？那真是愚不可及了！不久周作人就做了北大文学院院长，更进一步做了什么教育督办了。”[2]

这个化缘的场景活生生地表现了周作人想求职又难开口的窘态。李霁野显然在埋怨沈兼士不为老朋友着想。

七七事变后一个时期，市面供应紧张，货币贬值，同样数目的钱，购买力较战前相差很大。战前的1936年，1元钱可买8斤猪

---

1 李霁野《自传》，见《李霁野文集补遗》（上卷），上海社会科学院出版社 2013 年版。

2 载《新文学史料》1985 年第 2 期。

肉；2元钱可买一袋上等面粉，年租8元可得一个约20间大房的四合院。当时北平一家四口，每月12元伙食费，即可达小康水平。与1938年北京日常生活用品比较：西贡米事变前每包是十四元四五角，事变后则增至二十一元八角，面粉由四元五角上下而涨至六元二，煤价由每吨六元增至十一元五角。[1]

周宅收入既减少，物价又大涨，生活质量的下降不难想见。

周作人与日本占领军和伪政府的这些交往，导致他1939年元旦遇刺。

---

1 《日所必需百物昂贵》，载 1938 年 11 月 6 日《实报》第 2 版。

十三　刺客

周作人遇刺后所摄，箭头标示中弹处

1939年1月1日上午，周作人接待来拜年的学生沈启无。宾主正在客厅里谈话，工役进来报告说，天津中日学院一位姓李的先生求见。

客人被请进来。周作人还没有看清来人的面貌，只听那人说了一声：“你是周先生么？”掏出枪来便打，周作人觉得左腹有点疼痛，但没有跌倒。沈启无站起来说：“我是客。”来人照着他也开了一枪，沈应声倒地。刺客跑到院子里，被工役抱住，并被缴了枪。接应刺客的人赶进来，开了几枪，救出刺客。

周宅有多人受伤，其中车夫张三当场死亡。沈启无弹中左肩，到医院治疗，一个半月后出院。周作人毫发无损——子弹正中毛衣纽扣。

警察厅事后询问周作人两个小时，但调查最终没有头绪。

当时中国各地出现一些抗日锄奸团一类的组织，有的在政府情报部门领导下。据刺杀周作人行动的参与者方圻回忆，他曾是某“抗日杀奸团”（也叫抗日锄奸团）的一员。刺杀周作人的行动，实施了两次，第一次因为路上受到军警盘查，没有成功。第二次是1939年元旦，虽然实施，却没有取得预期成果。在当年的总结会上，行动小组负责人宣读了上级的一封电报，其中有对这次行动的评语：“不够沉着，未能杀敌致果。”另一位参与者方旭接受采访时对当时的情景讲得更为详细，情节大同小异。他还提到几位执行此次任务的团员的结局："赵尔仁抗战后在重庆飞机厂负责检查工作，解放后作为历史反革命被判处无期徒刑，在东北服刑，后被减刑为二十年。他的一个妹妹在香港，刑期快满时，随国民党最后一批特赦人员释放，去了香港。宋显勇当时上的是燕大政治系，现在美国佛罗里达州的Tampa开饭馆。孙大成现在台湾。"[1]

战争结束后，美国出版了卢品飞（又译作卢彬斐）所著的《黑暗的地下》一书，叙述了这次刺杀行动的全过程，与以上两位参加者的回忆相合之处颇多。作者以第一人称叙事，说明行动的主要成员是"我"、高和王。组织里还有其他几位担任外围协助。

行动细节见该书第八章"玉碎"。

刺杀小组的成立得到上级的批准和经费支持——上级应该是国民政府相关机构。为了方便工作，他们分别在东城和西城开了两个小商店，用来传递信息、存储化学品。他们把制造炸弹和火器所需的化学品包起来埋在地下，把墙上的砖拿下来藏枪。当时，当局禁止人们收听短波，一经发现就要没收，因此难以买到收音机。一个小组成员用从别的收音机上拆下来的部件攒了一台，可以听短波，能直接同天津的小组负责人联系，并把重庆发布的新闻记录下来，油印散发给队员。

他们接到的第一道命令就是刺杀周作人："这位教授，是中国教育界的领袖人物之一，在民众中有巨大的影响。他已经同意去日本傀儡政府那里担任教育督办。此举影响甚大，因为人们对他很尊敬，相信他的判断力。像他这样的人决定同敌人合作，

1　黄开发《周作人遇刺事件始末》，载《鲁迅研究月刊》1992 年第 8 期。

是比不管多少日本的宣传危害更大的。必须在他公开宣布他的意图之前把他除掉。”有成员提出，杀死这位名望很高的教授很可惜，上级的回复是：“宁为玉碎，不为瓦全。在他给教育界带来无可估量的危害之前，必须把他处死。”

于是，他们开始搜集情报：周作人每天早上八点半离开家去上课，下午五点半乘车返回。他住在西城一座大宅子里，院子坐落在胡同中间，周围是高墙，东边有一个警察所。鉴于院内情形不明，大家认为最好在胡同里实施计划。周作人通常从东边进入胡同，不带保镖。于是他们决定，派一人跟踪周作人，同他一起乘车回家，高、王和卢在周宅附近等他们回来，跟踪者要先于周作人进入胡同，给大家一个信号。事成后，从胡同西边撤离，以免碰上警察。

第一次行动不成功。他们首先必须把手枪从东城带到周作人居住的西城，不料负责转移枪支的姑娘们路上遭到检查，不得不绕了几公里的道儿，下午五点十分，才把枪交到队员手上。队员们赶紧叫出租车赶往八道湾，路上却又遇见警察，遭到盘问，差一点败露。等赶到胡同口，周作人已经进了院子。

他们只好重新设计方案。因为学校已经放了寒假，在路上刺杀周作人有了困难。唯一接近周作人的办法是进入他家。但这很危险，因为周宅有高墙和大铁门。外人对院子里的情形一无所知，进门既不容易，进去之后，出来更难。

有人建议，可以扮作天津中日学院的学生进入院子：“随身带一封信。就说是学校校长给周作人的，就有关部门与日本互派学生的问题向他咨询。他对那种事一直很感兴趣。”

于是，这天上午，一行人赶到八道湾周宅。天刚下了雪，有四个小孩子在胡同里打雪仗。周家大门口有一个等活儿的人力车夫坐在车里快活地哼着小曲。他们从车夫旁边走过去时，车夫不经意地瞥了他们一眼。

他们敲了那个红色的铁门。一个中年仆人开了门：“你们找谁？”

高流利地讲述了他们编的故事。

“周先生现在正有一位客人，不过我可以去问问他。”仆人说。

五分钟后仆人回来，把他们领进门去。院内的形势对他们很不利：进门大约二十五码的地方有一座墙和另外一个门。墙很高，除了两棵大树的树梢外，他们什么都看不见。王意识到队员撤出时需要接应，就对另外两位说：“我没有什么需要跟周先生谈的，就在这里等你们吧。”他指了指门房，那是在第一道大门的右手。站在这个位置，他即便不能保证同伴从里边撤出来，也至少能够阻止里面的人跑到胡同里向警察所报告。

仆人把他们领到中间那间房子。屋里有两个人坐着喝茶。见到他们，周作人站起来。

“您是周先生？”高说，“这里有我们校长给您的一封信。”周作人接过去，请客人落座，然后打开信看。高立刻去掏枪。他穿了一件中式长衫，枪在衣服下面不好拿出来。好不容易把枪柄掏了出来，枪身却卡在衣服里了。周作人的客人看见了手枪，立刻跳起来，浑身发抖。他正要张嘴大叫，卢向他开了一枪，他应声倒地。周作人呆站着，说不出话。这时，高终于把枪掏出来，开火了，周作人一头栽倒在地。

这期间，那个引他们进来的仆人站在门口好像呆了一般。此刻，他抬起脚步，想悄悄溜走。

“不许动！”卢喝住他，“这不关你的事。”

两人匆忙离开，穿过花坛，走向第三道门，所幸门是开着的。刚走了两三步，有两个人对他们嚷叫起来。又有两个人从别的方向冲上来，把卢摔倒在地。

搏斗中，他们手中的武器被打掉。高猛地一拧身，挣脱那两个人，冲过了第二道门。卢则被四个人按倒在地上。不一会儿，王快步跑进来，高跟在他后面，两个人都拿着枪。三个仆人压在卢身上，第四个正试图把他绑起来。一个一直站在门旁的女佣轻轻地叫唤着。

“离开，要不我就开枪了！”王叫道，他用手枪敲了敲那个正在捆绑卢的仆人。压在卢身上的人并不动。王射中了最上面的那个，高把他拽下去。其他几个仍然不松手。于是，他们不得不一个接一个向这些人开枪，并把他们拽下去，使卢能站起来。

三个人穿过第二道门，跑到最前面那个院子。在到达大门之前，卢停下脚步，打掉身上的积雪，戴上帽子，把帽檐压得低低地几乎盖着脸。他们缓步走出大门，看见那个人力车夫还静静坐在路边，唱他的小曲。

卢著记述的事件结局是：

> 周作人的三个仆人死了；他的客人，据说是他的女婿，也因伤而死——而周作人却没有受伤！他只是因为受惊吓倒地；因为离得太近，子弹正好击中一个大铜纽扣，打飞了。周作人在医院里住了几天，从惊恐中恢复过来。

> 我们同马讨论了我们做过的一切。有人建议应该到医院里把周作人杀掉，但我觉得他可能会从这次事件中吸取教训。也许我们应该写信给他，告诫他与日本人脱离政治联系，他本人也许已经有心这么做。他还可以用自己渊博的学问为中国服务。
>
> 于是我们写信给周作人，几天以后，他在报纸上宣布，他要归隐故里，专心从事写作和研究。[1]

周作人晚年看到了这本书，很不以为然。他坚称刺杀事件系日本人策划。他在回忆录中写道："日本军警方面自然是竭力推给国民党的特务，但是事实上还是他们自己搞的。这有好几方面的证据。第一，日本宪兵在这案件上对于被害者从头就取一种很有恶意的态度。一日下午我刚从医院里回家，就有两个宪兵来传我到宪兵队问话，这就是设在汉花园的北京大学第一院的。当时在地下室的一间屋里，仔细盘问了两个钟头，以为可能国民党认为党员动摇，因而下手亦未可知。……第二，刺客有两个，坐汽车来到后面的胡同，显然大规模的。但奇怪的是，到家里来找我，却不在我到海甸去的路上，那是有一定的日子和时刻的，在那路上等我可以万无一失，也不必用两个，一个就尽够用了。"[2]周作人讽刺这位姓卢的作者为了挣稿费不惜假冒特务，还说，作

1 *It is Dark Underground: Student Resistance to the 1930s Japanese Occupation of China*, by Loo Pin Fei, G. P. Putnam's Sons, New York, 1946.

2 《知堂回想录 · 元旦的刺客》。

者姓卢，同伴中有一个姓马，合起来乃是一头驴子！[1]

《黑暗的地下》一书叙述刺杀经过，的确有些与事实不符的地方。例如，刺杀那天是元旦假期，应该是个特殊的日子，作者却没有顾及；再如，说那个受伤的客人是周作人的女婿，有误，沈启无是周作人的学生；又如，死伤人数并不像书中说的那么多。即如上面引述的《玉碎》一章结尾说周作人发表了归隐故里的声明，也是作者的想象之词。事实正相反，周作人立刻请求行政当局的保护。还有一点也需要更正，当时周作人要担任的还不是华北政府教育总署督办，而是北京大学的职务。至于书中说周作人是一个"肥胖的中年人"，周作人反驳道："恐怕见过我一面的人，没有会说是胖的，可见卢先生乃是未见的友人也。"这自然属于主观印象了。

无论存在多少细节差异，也无论该书有多少小说笔法，证之以前述两个当事人的回忆，说国民政府领导下的锄奸组织实施了这次刺杀行动，当是符合史实的。

刺杀事件第二天，已与日伪政府合作的钱稻孙到周宅看望和慰问，并传达了教育总署督办汤尔和的"劝说"。同时，周作人接受了日伪警察署派遣的三个侦缉队员进宅"护卫"。1月7日，他回访了钱稻孙，表示接受北大图书馆馆长一职。8日，周作人作打油诗一首："橙皮权当屠苏酒，赢得衰颜一霎红。我醉欲眠眠不得，儿啼妇语闹哄哄。"12日，他在《日记》中写道："下午收北大聘书，仍是关于图书馆事，而事实上不能不当。"这是周作人担任的第一个伪职。"仍"字说明伪政府已经不止一次以这

---

1 周作人1963年1月5日致鲍耀明信。

样的职务拉拢他；“不能不当”四字则道出了他的尴尬境况。虚与委蛇，半推半就，既不能见容于国人，也使占领当局不满。他必须做出抉择。

后来，周作人屡次辩解说：他决定出任伪职是抱着这样的信念：“学校可伪，学生不伪；政府虽伪，教育不可使伪。”这信念一直支撑着他，直至担任伪华北政府教育总署督办的重要职务。1964年7月18日，周作人在写给鲍耀明的信中说：“关于督办事，既非胁迫，亦非自动（后来确有费气力去自己运动的人），当然是由日方发动，经过考虑就答应了。因为自己相信比较可靠，对于教育，可以比别个人出来，少一点反动的行为也。”

周作人既已“出山”，就在伪政权的泥潭里越陷越深。他同汉奸政府的要员们周旋，还去拜见了满洲国傀儡政府的首脑、前清皇帝溥仪。溥仪退位后，周作人曾写过一封公开信登报，祝贺他成为一个普通公民，建议他补习一点功课，考入高中，将来上大学，毕业后去外国留学，做学术研究，并且还希望他学一点希腊文化。

然而现在，他们一同做了日本人的傀儡。

周作人任伪职期间，曾掩护、帮助过国民政府所派地下工作人员，对留平学者也曾予以关照。例如，他遇刺后的第四天，燕京大学司徒雷登校长就来慰问。后来，司徒雷登本人或委托他人找到周作人，联络感情，希望维护燕京大学，减缓日方对这所学校的渗进。

国民政府留守北平教育界的干部沈兼士曾是周作人北大同事。两人在北平沦陷时期的关系较为微妙。当时沈兼士是德国天主教会辅仁大学文学院院长，是秘密的国民党市委会委员，与国民政府教育部组织的“文教委员会”有联系，这个委员会的任务之一是替留在北平的文化教育界人士谋工作，维持生活。也许是能力有限，他似乎没有给周作人多大的帮助。但在周作人担任伪职后，他也多次接触周作人，大约对周作人有所利用。所以，战争结束后周作人受审判时，他提供了对周作人有利的证言。

当然，沈兼士和周作人是站在不同的阵营中的。林语堂说，1943年他在西安遇见从北平逃出来的沈兼士，沈兼士告诉他，周作人在北平做日本御用教育长官，中国青年被日本人关在北大沙滩大楼，夜半挨打，号哭之声惨不忍闻，而周作人竟装痴作聋，视若无睹。沈兼士说到流泪。[1]

1　林语堂《记周氏兄弟》，见《无所不谈合集》，台湾开明书店 1974 年初版。

十四　周公馆

20世纪40年代的周作人

当了高官的周作人，东拜日本御陵，北谒伪满皇帝，南贺汪伪主席，显得颇为风光；当然，不得不参加的活动也就不少。

例如，周作人到日本访问，除了拜见日本天皇，还得慰问日军伤兵。前者出于礼节，后者恐怕也不是自由选择。周作人还参拜了汤岛圣堂。圣堂就是孔庙。这或者是周作人所愿意的。日本军国主义政府一面侵略中国，一面打出“王道”旗号，大搞尊孔活动。当时的日本“国际文化振兴会”编写了一本《日本现存文庙》。周作人写了《汤岛圣堂参拜之感想》一文，称颂道：“晚近思想界多受西洋影响，盛行各派极端的主张。其言或甚美，或多近宗教，不合于人情物理，无论其为左为右，均是过激，大抵害多于利。如凡极端为社会国家而轻个人者，其危险倾向皆可惧也。孔子中道，庶几为救时之良药。中国为孔子故乡，其道当可重光。日本民间多文庙，今又得至汤岛瞻礼圣堂，知孔子影响之远大，深希望东亚得以保存其思想上之健全性，维持人道与和平，此盖不独为孔子之光而已。”[1]这就把孔子之道与东亚共荣的观念嫁接到一起了。周作人这次访日，很受日伪政权的重视，当时的华北电影公司，在新闻影片摄影课长伊藤和夫的指挥下，拍摄了纪录片，公开放映。

1　载1941年6月《斯文》23编6号。

汪精卫伪政府很重视周作人。汪精卫十分欣赏周作人的学问文章，他访问伪满洲国时，随员中，华北伪政府官员就只带了周作人一个。这次随行，大大加深了周作人与汪精卫之间的亲密关系。周作人回北平后不久，撰写了《〈汪精卫先生庚戌蒙难实录〉序》，其中说："中国历史上此种志士仁人不少概见，或挺身危难，或忍辱负重，不惜一身以利众生，为种种难行苦行，千百年后读其记录，犹能振顽起懦，况在当世，如汪先生此录，自更令人低徊不置矣。抑汪先生蒙难不止庚戌，民国以后，乙亥之在南京，己卯之在河内，两遭狙击，幸而得免，此皆投身饲饿虎，所舍不只生命，且及名声，持此以观庚戌之役，益可知其伟大，称之为菩萨行正无不可也。"[1]

汪伪当局采取了一系列措施稳固政权，如，发动"清乡"运动和"新国民运动"，以加强政治思想统治。"新国民运动"的重点是教育青少年，纲领共有六项：一是忠国家，二是爱东亚，三是重道义，四是尚勤俭，五是负责任，六是守纪律。周作人鼓吹道："以上六端就是建国的途径，努力的目标，希望青少年诸君在此正确的途径与共同的目标下，纠正民族意识的歪曲，克服自由主义的言行，肃清阶级斗争的邪说，消泯封建观念的流毒，由正确的意识，以指导正确的实践，由推动新国民运动以完成新国民组织，这是青少年重大的责任，神圣的使命。"[2]

汪伪政权制定了《新国民运动青年训练纲要》、《中国青年模范团组织原则》、《中国童子军组织原则》等文件，华北政权

---

1 载1942年6月《古今》第4期。

2 周作人《齐一意志，发挥力量》，载1943年1月《中国公论》第8卷第4期。

积极配合，开展了“强化青少年运动”。1942年12月8日下午，“中华民国新民青少年团中央统监部”成立大会在东单练兵场举行。王揖唐担任统监，周作人担任副统监。参加大会的青少年达数万人。成立大会后，在天安门举行了检阅式。周作人戴军帽，穿军装，检阅了游行队伍。

周作人后来说，这是“表演”，而且是“丑角”的表演。人在江湖，身不由己，自可拿来作借口。问题是，久而久之，人很容易习以为常，安之若素，把违心的事视为当然的事。

周作人接受伪北大图书馆馆长职务后，就不再担任月薪只有一百多元的燕京大学客座教授。此后不再教书。1940年12月19日，他被汪伪国民政府任命为伪华北政务委员会委员暨常务委员，兼教育总署督办。这一职务，让他从政委会得到六个月特别预备费，每月五千元。此后他担任北大图书馆馆长、北大文学院筹备员、北大文学院院长、伪华北文艺协会顾问、伪东亚文化协议会会长、伪华北教育督办、伪青少年团中央统监部副统监，伪国府委员，伪中央调查所副理事长、伪华北政务委员会咨询会议委员、东亚文化协会评议会会长、日中文化协会华北分会理事长等职务。1943年2月他被免掉督办一职后，仍保留了华北政务委员会委员的身份和俸给二千元。1943年3月，周作人被汪精卫政府追任为伪国府委员，月俸二千三百元；同年4月接受汪精卫的邀请，赴南京晋见并讲学，汪精卫赠予六千元。此外，周作人还有一些兼职，也能得到俸给津贴。

随着职务的升高，八道湾周宅的排场越来越大。装修自然也要上档次，1941年年初换室内地板，从高岛屋购地毯廿四尺，156元。住房面积当然也须扩大。1941年8月，经市财政局批准，周宅收买了约有半亩的门外公地，价二千三百十五元，不久即建成西跨院瓦房12间，灰背平房8间，廊6间；同时请匠人来拆改东屋，建小楼藏书。当年年底，单是付木厂钱就达一万五千元。

1941年10月5日，周作人“为定买西院后十五号房屋，付定钱百元。原价五千元”。据说这是为将要回京居住的大女儿静子一家买的。购房契约显示，民国三十一年（1942）3月25日“北京特别市公署财政局”发给“新业主周作人呈报置买XXX房产，座落在内四八道湾十五号”的印契。买主姓名及地址为“周作人，内四八道湾十一号”，所购的十五号房产为“瓦房三间，灰房壹间，共四间半”，面积“壹分玖厘捌毫”，买价“壹千叁百柒拾壹元”，中人姓名“曹润祥等”。附三十年（1941）10月“北京特别市不动产买典草契纸”一份，内容与“买契”一致，均盖有“北京特别市财政局”的印章。但不知什么原因，房屋的成交价只有一千多元。

1942年9月，周家又购买西邻十三号宅，地约一亩，瓦房十间半，价一万三千二百元。八道湾十一号原宅已有四亩地，相当宽敞，现在打通东邻西舍，称为高门大户，是当之无愧的了。

周氏兄弟的祖父周福清曾任京官，绍兴周家台门相当气派。本书开头的时候，周氏兄弟购买八道湾十一号，堪称周家的“中兴”局面。现在，几个院子连起来的壮观，该如何定义呢？这不能不让人感叹：在中国，千百年来，做官才是硬道理。

老母亲去世，大操大办丧事，也是一个高级官员应有的派头。

1936年鲁迅去世，母亲的赡养应该由周作人安排。鲁迅去世前对此做了安排，让许广平每月从他的版税中抽出一部分，由上

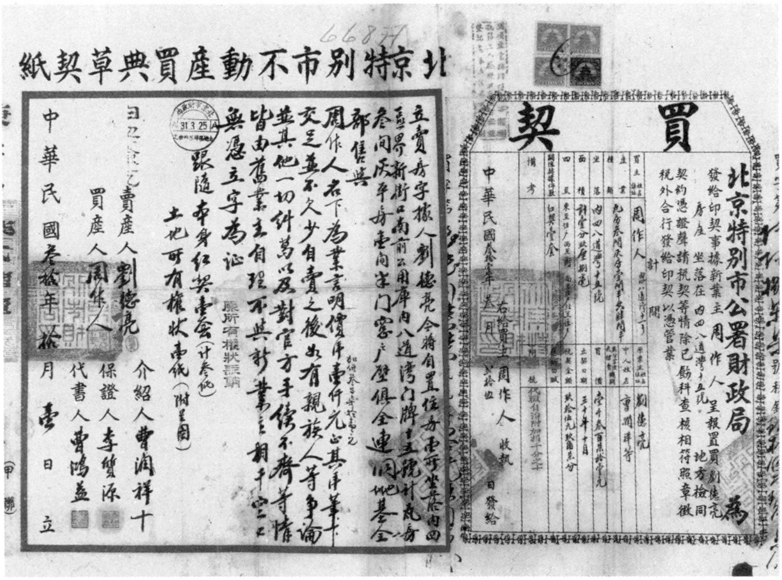

北京特别市不動產買典草契紙

立賣房字據人劉德亮今將自置住房壹所坐落在內四區界新街口南前公用庫內八道灣門牌十五號計瓦房叁間灰平房壹間……房屋俱全連同地基全部售與

周作人名下為業言明價洋壹仟元正其洋筆下交足並不欠少自賣之後如有親族人等爭論並其他一切糾葛以及對官方手續不齊等情皆由舊業主自理不與新業主相干空口無憑立字為證

跟隨老身紅契壹套（計叁紙）

土地所有權狀壹紙（附呈圖）

賣產人劉德亮　買產人周作人

介紹人曹潤祥　保證人李續源　代書人曹鴻益

中華民國叁拾年拾月壹日立

買契

北京特別市公署財政局為發給印契事據新業主周作人呈報置買劉德亮房產坐落在內四八道灣十五號地方檢同契約憑證聲請稅契等情除已飭科查核相符照章徵稅外合行發給印契以憑管業

計開

右給買主周作人收執

中華民國　年　月　日發給

周作人购买八道湾十五号的契约

海寄往北平，其中当然包括鲁迅有义务提供生活保障的原配妻子朱安的日常开销。

母亲鲁瑞于1943年去世，享年86岁。周作人花了一万四千多元为母治丧，前来吊唁者约四五百人。母亲晚年，虽然一部分生活费由鲁迅寄来，周作人因为在北平，侍奉母亲的很多琐碎事需要他和妻子来做。他忙的时候，就让妻子到西三条看望，送一些母亲爱吃的东西。母亲每年过生日，周作人总要订一桌酒席，由母亲叫几个陪客同吃，还让儿子丰一去给摄影留念。

办完丧事，周作人写了《先母事略》一文，除了赞扬母亲"性弘毅有定识，待人忠厚，见有急难，恒不惜自损以济人"外，还特别说母亲晚年"关心时世安危，时与儿辈谈论，深以不能再见太平为恨"。[1]太平，当指中日战争的结束。

当时敌占区报纸上登出来的周作人的讲话稿，口气俨然一个老官吏。这其实是周家传统。他的爷爷做过地方官和京官，哥哥鲁迅长期为吏，"官是吾家事"，耳濡目染，受了熏陶。

周作人在战争期间的很多发言，配合日本的大东亚共荣战略，主张中日亲善。他的谈话，当然必须符合大东亚思想的主旋律，虽是照本宣科，但也要说得煞有介事。例如，汪伪政府对英美宣战的当天，周作人发表"感言"说："大东亚战争之目的，则系为整个东亚民族之前途幸福，这也是人们所公认的。但东亚民族的事东亚民族应全体负责，人人有份，虽然一年多以来，战绩昭然，将来之胜利，可操左券，而此时战争尚未结束，英美势力尚未完全消失，即吾人之工作，尚得努力。"1942年9月13日，

1　周作人《先母事略》，载1943年5月15日《同声月刊》第3卷第3号。

周作人在伪华北作家协会成立大会上发表训词说，“现今世界情势大变，东亚新秩序相次建立，此时中国作家自应就其职域，相当努力”，“以不变应变，精进不懈，对于华北文化有巨大的贡献”。[1]

当然，周作人毕竟是读书人，他的调门不会像一般政客那么高。他的一位同事后来回忆说：

> 在我的印象中，周对日本人是消极应付，还不是积极逢迎，他没有干到日寇投降，也许有一定原因。1942年4月周率中方评议员（十多名）赴日参加“东亚文化协议会”年会，他第一次以会长身份登台致词，记得也只是说几句应酬话，没有卖力奉承。[2]

在当年参与接待周作人访日的日本记者高杉一郎看来，周作人在一群军政人员中，显得格格不入——他简直是一个“精神贵族”：

> 有一天，为了对周作人的访日表示欢迎，山本实彦以改造社的名义在星冈茶寮举办了宴会。我坐在末席上远远地看着坐在山本身边的周作人，他那张好像戴面具似的苍白的脸上没有一丝表情。我心里又一次念道：

1　《华北作家协会评议员会主席周作人督办书面训词》，载 1942 年 10 月 5 日《中国文艺》第 7 卷第 2 期。

2　陈涛《致鲁迅研究室的信》，载《鲁迅研究动态》1987 年第 10 期。

> “真是个精神贵族。”
>
> 另一天，在帝国饭店举行了周作人的记者招待会。有些记者提出相当露骨的问题，坐在周作人身边的一个上校总是抢先说：“这个问题由我来回答吧。”周作人只是默默地坐在一边，毫无表情地听着。招待会结束以后，有些人反驳那位陆军上校说：“连周作人也最终落在日本军部的手掌心里了吗！”我想面对这些军人和记者，也许周作人只是毫不动心地站在高处蔑视着他们而已吧。[1]

日军占领时期的周作人，并没有离开书斋。他仍然在写文章，还出版了《药堂语录》等文集。他思考中国的思想问题，主张回归儒家正统，似乎在幻想中国文化保持独立性，甚至最终同化异族侵略者。有一件事，周作人引以为荣，就是他发表的文章《中国的思想问题》，触怒了日本军部的御用文人，引得后者发出“扫荡中国反动老作家”的呼喊。周作人后来说，他那篇文章鼓吹原始儒家思想，写作动机是想阻止当时伪新民会将大东亚新秩序理念树立为中心思想的叫嚷：“本来这种驴鸣犬吠的运动，时至自会消灭，不值得去注意它，但在当时听了觉得很是讨厌，所以决意来加以打击。”文章开头就说：

> 中国的思想问题，这是一个重大的问题，但是重大，却并不严重。本人平常对于一切事不轻易乐观，唯

---

1 高杉一郎《忆周作人先生》，收入《国难声中》，河南大学出版社 2004 年版。

独对于中国的思想问题颇为乐观，觉得在这里前途是很有希望的。中国近来思想界的确有这样的根本基础在那里，只要好好的培养下去，必能发生滋长，从这健全的思想上造成新的国民出来。

这个中国固有的思想是什么呢？有人以为中国向来缺少中心思想，苦心的想给他新定一个出来，这事很难，当然不能成功，据我想也是可不必的，因为中国的中心思想本来存在，差不多几千年来没有什么改变。简单的一句话说，这就是儒家思想。”

“日本军部御用文人”片冈铁兵认为，周作人写《中国的思想问题》之类文章，是在与大东亚建设理念唱反调，他因此在公开场合加以攻击道：

余之议题虽为“中国文学之确立”，其实问题尚更狭隘，仅以中国和平地区内，基于渝方政权分立下之中国特殊情形，而有一特殊之文学敌人存在，不得不有对之展开斗争之提议。吾人若不先行注意中国之特殊情形，即难透视中国之动态。吾人对中国代表诸君协力大东亚战争之热情与阐发大东亚建设理想之努力，自不胜敬仰。但余想象，中国诸君或者以为自己目前之地位，因中国特殊情形之故，尚不得不姑息种种残余敌人之存在。现在余在此指出之敌人，正是诸君所认为残余敌人之一，即目前正在和平地区内蠢动之反动的文坛老作家。而此敌人虽在和平地域之内，尚与诸君思想的热情

> 的文学活动相对立，而以有力的文学家资格站立于中国文坛。关于此人之姓名，余尚不愿明言。总之，彼常以极度消极的反动思想之表现与动作，对于诸君及吾人之思想表示敌对。诸君及吾人建设大东亚之理想系一种崭新之思想，亦即青年之思想。欲将东亚古老之传统以新面目出现于今日历史之中，确乎只有精神、肉体两俱浸沉于今日历史生活中之青年创造意志，方能完成其困难工作。坦直言之，余年已五十，然而历史巨浪之大东亚战争与夫大东亚建设之思想，已使余返老还童矣。况诸君较余年轻，故余确信，以诸君之愤怒，必将向彼嘲弄青年思想之“老成”精神予以轰炸进击。[1]

“反动老作家”事件，在某种程度上坚定周作人的思想，并为他找到一种精神慰藉。他这个时期反复申说的观念是：道义的事功化，伦理的自然化。以前他主张独善其身，现在他要“兼济天下”，把自己的命运融入整个国家的前途来考虑。中国文化思想是大事，是公事，现在又成了周作人的私事。周作人要用国家大事为自己个人的行为辩护。

周作人做官并非一帆风顺。本国人民固然痛骂，占领当局常常也不满意，左右为难，两头受气。与日本占领军安藤少将的一次冲突就很能说明他的处境：

> 以前汤尔和氏在任的时候，北平教育界和新民会

1　见《知堂回想录 · 反动老作家（二）》。

及其他各方面的关系，若即若离，敷衍得很好。自汤氏病死，周作人“出山”，对于各方面的关系不大熟习，支持他的又只有大使馆和东京方面文化界的一些人，是没有枪杆在后面撑腰的。安藤正在势焰熏天，哪把这个“支那名流”放在眼里？

各闹市又在高扎彩坊了。大概是预备庆贺“皇军”占领宜昌罢！就在那一回，新民会、市政府、特务机关等等，都纷纷动员民众，参加大会，以表“鼓舞欢忭”之诚，并令各级学校的大中小学生们，要手执“日章旗”，到天安门前一同“祝祷”。往时教育总署接到这类公文，照例转发完事。各校参加与否，任其自由。这回语意却大有非去不可之势，所以署员不得不请示一下，怎样行文。周氏以为学生总应离开政治，参加与否，无关弘旨。署中就根据这个交谕，转告市政府教育局，和直辖各大学知照。次日，各校照例放假一天，却没有一个学生预备到会。

九点钟过了，天安门会场传来消息，说到会人数寥寥，并且不见一个学校出席。查问结果，才知是教育总署违抗新民会的命令，另出了花样。正在等着出席大会的安藤少将，登时大怒，立起身来，就要带了卫兵亲身去抓周作人，幸亏日本大使馆的一等参赞土田在场，再三解劝，低声下气地陪了多少小心，才把安藤拦住。一面通电都署，和市府教局，令他们转告各校，立刻派学生到会。各校接到电话，都大为焦急，“向哪里去召集学生呢！”没奈何只得分派校役，到学校附近去强凑了

> 几个人，拿了日本小旗，踉跄到会。安藤少将的一把无名怒火，才慢慢止息下来。
>
> 俗语说："是非只为多开口"，聪明如周作人，还能不懂得吗？所以从此以后，各级学校是有会必到，到必抢先；周作人噤若寒蝉，不敢再去多管这个事了。[1]

毕竟是书生为吏，周作人缺乏官场经验，而且他内心也不愿与官僚们勾心斗角，因此，最终的倒台不可避免。再说，他的利用价值也渐渐减少。1943年2月6日，当得知自己已被免去督办职务，新任委员长对他另有安排时，周作人在日记中写道："汪诩唐来，述朱三爷意，令长北大，笑谢之。手段亦仍如髯公（指王揖唐——引者），思之不快良久。"2月10日，他在日记中写道："朱深对汪主席云：周不惯政治，坚辞；对王舒鲁（指王克敏——引者）云：日方反对周放任学生。合前说而三。小人反复，常用手段故如是也。"[2]就这样，周作人被排挤出华北伪政府。

虽然秉性清高，但从高位上落下来，周作人还是感到怨恨和沮丧。不久，朱深死亡，周作人快意地在日记上补骂道："小人做坏事，想不到不得百五十日活。此事日后思之，亦甚可笑也"。

他的学生辈的沈启无、张深切等也在争权夺利。沈启无甚至还帮助日本人攻击周作人，周作人失望愤怒，发表"破门"声

---

1 于力《人鬼杂居的北平市》，群众出版社 1984 年版。

2 姚锡佩《周作人出任伪职的前前后后》，载《鲁迅研究动态》1987 年第 1 期。

明，与沈断绝师生关系。周作人担任副理事长的伪华北综合调查研究所，里面的日本人也相互倾轧。这一切，都使周作人深感沮丧。[1]

1943年6月，南京中央大学校长辞职。汪精卫一向看重周作人，认为如果请周作人担任这个职务，不但使学校增光，也可给他的政权增色，就亲自出面函电邀请，但周作人因不愿离开北平的家而婉言辞谢。

表面风光，内心叫苦。外人看起来堂皇的“周公馆”，周作人却呼之为“药堂”了。

1　姚锡佩《周作人出任伪职的前前后后》。

十五　囹圄

周作人前往法庭受审

1945年8月15日，日本宣布无条件投降。

战争结束，与侵略者合作的中国人——中国称为“汉奸”——的下场，可想而知。周作人预感到自己的命运将发生重大变化。日本宣布投降后不久，他就在文学院门口贴出声明，称自己不是汉奸，而是承担了对留在北平的青年的教育责任。[1]1945年8月20日，周作人复函北京大学文学院，同意担任国文系主任——他还想回到教授的岗位上。据当时北大同事回忆：“八一五日本投降以后，周作人想还自己当初身份面目，不但担任起主任职务，而且还上讲堂讲课了。原计划开‘佛教文学’和‘国文研究法’两门课，后来只开了一年级的国文研究法，在每星期四上午十至十二时上课，九月末开学上课，周上了不到三次课，因为‘肃奸’开始，周才不到校了。”[2]又据常风回忆，他这个时期去访问周作人时，周作人还对他说：“（沈）兼士是文教部门的接收大员，如果能见到他，我倒想请他派我到日本接收被劫走的文物。”常风写道：“他说这话时态度自然坦率，一如以往那样面带微笑，似乎全然没有想到会有什么样的命运正等待着

1　木山英雄《北京苦住庵记——日中战争时代的周作人》，生活 · 读书 · 新知三联书店2008年版。

2　张琦翔《周作人投敌的前前后后》，载《文化史料》1982年第3期。

他。”[1]

周作人并非没有意识到形势的严峻，他也试图寻找出路。例如试探前往解放区的可能性。据于浩成说：“大约在十月或十一月，有一天我父亲（董鲁安，化名于力，时任晋察冀边区参议会副议长兼华北联合大学教育学院院长）告诉我，赵荫棠受周作人的委托已来张家口找到我父亲，说周作人想来解放区，希望通过董鲁安问一问共产党能否接纳他。我父亲还说他已经请示成仿吾议长，成议长当即一口拒绝。”[2]

12月初，军警包围八道湾十一号，逮捕了周作人。他先被拘押在北平炮局胡同陆军监狱，半年后押解到南京接受审判。后来他回答记者提问时说：“我始终等待就捕。”记者描述，周作人与其他十几位“巨奸”一起，两人铐为一对，登上去往南京的飞机。周作人“瘦多了”，“光头，衣着陈旧”，态度冷淡。上机前称量体重是52公斤，是一行人中体重最轻的。记者还注意到他随身携带一本自著的《谈龙集》。[3]

检察官在公诉书中列举了周作人的罪状：其任伪职期间，聘用日人为教授，遵照其政府侵略计划实施其奴化教育，推行伪令，编修伪教科书，作利敌之文化政策，成立青少年团，以学生为组织训练对象，泯灭青年拥护中央抗战国策，启发其亲日思想，造成敌伪基要干部。又如协助敌人调查研究华北资源，便利其开掘矿产，搜集物资，以供其军需。他如促进沟通中日文化及

1　常风《关于周作人先生》，载《黄河》1994 年第 3 期。

2　于浩成《关于周作人二三事》，载《鲁迅研究动态》1987 年第 3 期。

3　《巨奸王荫泰等十四人昨由平解京审理》，载 1947 年 5 月 27 日《申报》。

发行有利敌伪宣传报纸，等等。[1]

周作人聘请了律师，并亲自做了答辩。他申明，日军占领北平后，自己处境恶劣，生活困难，特别是元旦遇刺，生命受到威胁，在汤尔和的再三怂恿下，出任北大文学院院长。但他并非真心投敌，而是想维持教育，抵抗奴化，减轻占领军造成的危害："头二等的教育家都走了，像我这样三四等的人，出来勉为其难，不致让五六等的坏人，愈弄愈糟。"[2]

庭审期间，有不少青年人来旁听。记者认为，这是因为"周逆昔日小有文名"。记者还听到周作人在回答询问介绍投敌之前经历时，"颇以二十年北大文科教授之任自傲"。[3]也就是说，周作人的投敌造成的损失，有一部分是精神上的。这样，人们对周作人案寄予的极大关心，就可以理解了。正如郑振铎在《惜周作人》一文中所说："在抗战的整整十四个年头里，中国文艺界最大的损失是周作人的附逆。"[4]

南京高等法院的判决书上，也特别强调了这一点：

> 该被告在各大学执教历有年所，我国人受其熏陶者不知凡几，又有相当学识，过去著作不少（即在战时所著《中国的思想问题》一书以忠恕为我国固有中心思想，亦颇有见地），我国人对其景慕者亦不知凡几，居

1　首都高等法院检察官起诉书，见《审讯汪伪汉奸笔录》，凤凰出版社 2004 年版。

2　同上。

3　同上。

4　郑振铎《惜周作人》，载 1946 年 1 月 12 日《周报》第 19 期。

> 领导民众之地位，负最高学府教育之重任，宜如何抱大无畏之精神，坚持到底，保全名节，以扶民族之正气。乃竟意志薄弱，一经遇刺，即变节附逆，觍颜事敌，只图个人偷生苟安，不顾国家、民族利益，不能不负刑事上之责任。[1]

当初，周作人滞留日本人占领的北平，迟迟不走，并与占领军有所接触时，文化界发起一场“营救运动”。现在，当他被捕受审、有可能被判重刑的时候，部分文教界人士又发起一场“说情运动”，请求法庭考虑他的特殊情况，减轻刑罚。

前辅仁大学教授沈兼士等十四人，北平临时大学补习班教授徐祖正等五十四人，呈文高等法院，“证明周作人在伪政府任职期内，曾有维护文教、消极抵抗之实绩，请求察核”，并“联名保证周作人并未通谋敌国，且曾作有利于青年教育之行为”。呈文呼吁：“周作人学术文章久为世所推服，若依据实绩，减其罪戾，俾使炳烛之余光，完其未竟之著译，于除奸惩伪中兼寓为国惜才，使存善美之微意，则于情理实为两尽。”[2]

周作人的两个弟子，废名和俞平伯，内心的忧急可想而知。日军占领北平时，废名跑回老家湖北乡下，以教书为生。周作人得不到他的音信，很怀念，曾写过《怀废名》一文，说：“废名曾寄住余家，常往来如亲属。次女若子亡十年矣，今日循俗例小作法事，废名如在北平，亦必来赴。感念今昔，弥增怅触。”很

1 《审讯汪伪汉奸笔录》，南京市档案馆 2004 年版。

2 同上。

希望与他恢复联系。[1]老师在北平做了大官，地位显赫，废名却没有来投靠。现在，老师落难，废名却站出来了。他不但没有谴责周作人，相反，却给老师极大的同情理解。他在小说《莫须有先生坐飞机以后》中称赞周作人道："知堂老简直是第一个爱国的人，他有火一般的愤恨，他愤恨别人不爱国，不过外面饰之以理智的冷静罢了。……他只注重事功（这或者是他的错误！），故他不喜欢说天下后世，倒是求有益于国家民族。""知堂老一生最不屑为的是一个'俗'字，他不跟我们一起逃了，他真有高士洗耳的精神，他要躲入他理智的深山。"[2]在另一篇文章中，他又一次把自己的老师推崇为当代大儒："因为国家的命运不好，他寂寞地忠于自己的见地，故与群众相反，这是信。敌寇当前，他还想救人，还想替国家有所保存，这是仁。这个人现在在狱中，他是如何的'忍辱'（这是他生平所喜欢的菩萨六度之一），他向着国家的法律说话是如何的有礼。"[3]

俞平伯写信给文化界有影响的人物胡适，希望胡适从爱惜人才的角度，出面为周作人说情，以减轻刑罚。俞平伯写道："以六旬之高年身幽缧绁，恐不能支，其可虑一也。名为显宦，实犹书生，声气罕通，交游寡援，将来宣判未必有利，其可虑二也。左翼文人久嫉苦茶，今日更当有词可藉，而诸文士亦以知堂之名高而降敌也，复群起而攻之，虽人情之常态，而受者难堪，其可

1　周作人《药堂杂文·怀废名》，原载1943年4月《古今》。

2　废名《莫须有先生坐飞机以后·一天的事情》，见《废名集》（第二卷），北京大学出版社2009年版。

3　废名《我怎样读论语》，载1948年6月28日《民国日报》。

虑三也。”[1]

周作人向法庭申明，1937年卢沟桥事变后，北京大学撤离北平，他与孟森、马裕藻、冯祖荀被校长指定为“留平教授”，看守校产。此时担任北大校长的胡适让学校出具证明说，收复以后清点校产，发现不但没有什么损失，而且还有所增加。[2]关于被指定为“留平教授”一事，原北京大学校长蒋梦麟后来在回忆录里谈到：“抗战的时候，他留在北平，我曾示意他说，你不要走，于是，他果然没有走，后来因他在抗战时期曾和日本人在文化上合作被捉起来关在南京。我常派人去看他，并常送给他一些需用的东西和钱。记得有一次，他托朋友带了封信出来，说法庭要我的证据。他对法庭说，他留在北平并不是想做汉奸，是校长托他在那里照顾学校的。法庭问我有没有这件事？我曾回信证明确有其事。结果如何，因后来我离开南京时很仓促，没有想到他，所以我也没有去打听。”[3]蒋梦麟当时担任行政院秘书长，他的证言是有分量的。周作人后来表达感激道：“他还讲信用，也就是还不势利。即如他以校长资格从云南打电报叫我照管北大校产，胜利后给我出证明（此事闻有一部分是由于吕云章的催促，吕系女师大旧生，国共合作时任华北党的妇女部长，后为张大元帅从苏联使馆破获，适以去京得免，但她的代理张挹兰代她死了，李大钊也是这一回死的），虽本是他的责任，但是在别人却早已赖掉

1 俞平伯致胡适信，见《胡适来往书信选》。

2 见《审讯汪伪汉奸笔录》。

3 蒋梦麟《谈中国新文艺运动》，见《中国文艺复兴运动》，台北文艺协会 1961 年 5 月版。

了，他却没有这样干，觉得还有古道可取。”[1]

周作人在任伪职前后做的一些事，对他的案情也是有利的。其中关照老同事老朋友李大钊遗属的事就很令人感动。

李大钊曾任北大图书馆馆长，周作人课余有时去找李大钊谈天，因为他觉得李大钊为人温厚，容易接近。李大钊参加革命活动后，周作人与他的交往少了。但因为李大钊的孩子们在孔德学校上学，与周作人的孩子是校友，两人仍然常通声气。周作人担任孔德高中的国文课时，李大钊的儿子李葆华就是他的班上的学生。

1927年4月，清明节放假，周作人和沈尹默到海甸沈士远家聊天，在沈宅碰到了许多孔德学校的学生，李葆华也在其中。当天夜里周作人和沈尹默回到城内，看报得知张作霖袭击了苏联大使馆，并把躲藏在里面的李大钊等逮捕：

> 尹默赶紧打电话给他老兄（即沈士远），叫隐匿守常的儿子，暂勿进城，亦不可外出，这样的过了有两个星期。但是海甸的侦缉队就在士远家近旁，深感不便；尹默又对我说，叫去燕京大学上课的时候，顺便带他进城，住在我那里，还比较隐僻。

不久，报上披露了李大钊被绞杀的消息。周作人发愁如何告知李葆华，就与沈尹默商议，决定由沈出面对他说出实情：“先来安慰几句，如说令尊为主义而牺牲，本是预先有觉悟的。及至说了，乃等于没有说，因为他的镇定有觉悟，远在说话人之上，

1　周作人1964年6月27日致鲍耀明信。

听了之后又仔细看报，默然退去。”后来李葆华又在八道湾周宅住了月余，由沈尹默安排，化名“杨震”，送到日本去留学了。[1] 李大钊的另一个孩子李星华在孔德学校上学，周作人安排她给学校刻写蜡版，以半工半读维持学业。

鲁迅去世后，周建人写信给周作人，提到鲁迅对周作人这个行动的肯定：“此时别人并不肯管，而你却掩护他，可见是有同情的。”[2]

周作人任伪职期间，仍一如既往帮助李大钊的儿女们。1939年1月，周作人任伪北大图书馆馆长，帮助接受李大钊遗属为生活所迫而出卖的李大钊的遗书，并把售书的120元分给李炎华、李星华、李光华等。当年 9 月，李大钊的次女李炎华与其丈夫、共产党员侯辅庭因冀东暴动失败，来到北平，周作人曾为侯辅庭在伪北京大学临时找了一个工作，后来侯辅庭返回冀东打游击，行前托付周作人关照其家小。差不多同时，李大钊的长女李星华及其弟弟李光华也因冀东暴动失败无法安身，来到了北平，周作人将李星华安排在北大会计科当出纳员。后来李星华、李光华潜赴延安，行前周作人帮助他们预支了薪金作为路费，又办妥了出城所需的证件。[3]

中华人民共和国成立后，李星华和丈夫一起到八道湾看望了周作人，表达感激之情。

北平沦陷后，国立北京图书馆先被伪临时政府接收，后为日

1　周作人《知堂回想录 · 坚冰至》。

2　周建人 1936 年 10 月 25 日致周作人信，见《致周作人》，河南大学出版社 2004 年版。

3　贾芝《关于周作人的一点史料——他与李大钊的一家》，载《新文学史料》1983 年第 4 期。

本宪兵队查封。周作人担任督办后，经多方交涉，北京图书馆划归伪教育总署管理，并由周作人兼任馆长。周作人亲自到馆，经过短时间整理，对外开放。抗战胜利后，该馆函复法院证明：在周作人管理期间，“本馆旧藏中西文善本图书及普通图书杂志报纸等，尚无缺损，均称完好”。

受到周作人掩护的国民政府派驻北平的地下工作者，这时出面作了有利于周作人的证词。[1]

经过多次审理，法庭判处周作人有期徒刑十四年，剥夺公民权十年。周作人不服，申请复判。又经审议，法庭做了终判：

> 查声请人在任伪北京大学教授兼文学院院长时所聘用敌人为教授，及在伪教育总署督办任内改编我国教科书，悉以文化沟通、经济提携、军事合作之近卫三原则为题材，成立青少年团，参照伪新民会之计划，实施并组织学生勤劳队在跑马场附近修筑马路，以供敌伪运输之用，均经声请人供明在卷。而声请人在日华协会成立会上发表谈话，称“此次设立日华协会必能予两国亲善提携有所贡献”，又称“日华协会自将本诸大东亚宣言之旨趣，促进两国文化交流”等语，可见声请人推行奴化教育业已充分表现。核阅三十四年十一月十七日《华北日报》登载教育部长朱家骅在北平市中小学校校长教职员欢迎会上所发表之演词，内有“今天证明敌人的奴

1　如北平市党部主任委员董洗凡、辅仁大学教育学院院长张怀，被日本宪兵队逮捕判刑，周作人参与保释。

化教育整个失败，其功当归诸于各位教职员先生身上”一节，经三十五年九月二日教育部公函叙明朱部长在北平市教职员欢迎会上发表训词系对出席欢迎会之忠贞分子加以勉励，但并非对汉奸而言，足见声请人所称不曾奴化教育无非托诸空言，无可采信。

对于周作人一再声称的自己因著文而遭到日本军方御用文人“扫荡”一事，判决书指出：

查声请人所著之《中国思想问题》，考其内容原属我国固有之中心思想，但声请人身任伪职，与敌人立于同一阵线，主张全面和平，反对抗战国策，此种论文虽难证明为贡献敌人统治我国之意见，要亦系代表在敌人压迫下政府所发之呼声，自不能因日本文学报国会代表片冈铁兵之反对，而解免其通敌叛国之罪责。

不过，法庭考虑到各方面递交的呈文和提供的证言，决定减轻刑罚：

惟查声请人虽因意志薄弱，变节附逆，但其所担任之伪职偏重于文化方面，究无重大恶行。原审既认其曾经协助抗战及有利人民之行为，依法减轻其刑，乃仍处以有期徒刑十四年，量刑未免过当，合由本院以职权撤销改判，以昭公允。[1]

周作人被关进南京老虎桥监狱服刑。

1949年年初，国共内战接近尾声，政府军溃败，国民政府准备撤离大陆，监狱的犯人尤其是政治犯面临疏散。周作人获得保释。他出狱后有诗述怀：一千一百五十日，且作浮屠学闭关。今日出门桥上望，菰蒲零落满溪间。他这样解释诗意："桥者老虎桥，溪者溪口，菰者蒋也，今日国民党与蒋已一败涂地，此总是可喜事也。"[2]

一千一百五十日，就是周作人实际服刑的时间。

1949年1月26日出狱后，即坐火车到学生尤炳圻在上海的家暂住。他在那里寄寓了一百九十八天。这段时期，对周作人来说，最重要的事情是考虑今后的去向。

周作人想到去台湾，他通过尤炳圻联系了以前教过的台湾籍学生洪炎秋，洪炎秋在北京大学修过周作人的"近代散文"课，1946年回台湾，1948年起在台湾大学任教。洪炎秋回忆说："周作人知道将被释放，叫尤君写信给我，说他想来台湾，问我有没有法子安置。我就找了老友郭火炎医师，向他借用北投的别墅供住，郭君满口答应，我于是立刻回信给尤君，告诉他住所已有，日常生活费用，我和老友张我军可以负责设法，可是他出狱后没能即刻来台，后来就断绝消息了。"[3]

1　南京高等法院审判书，见《审讯汪伪汉奸笔录》。

2　见周作人日记，转引自王仲三《周作人诗全编笺注》，学林出版社 1995 年版。

3　洪炎秋《我所认识的周作人》，载 1967 年 8 月香港《纯文学》第 1 卷第 5 期。

周作人并非不想离开大陆。胡适过沪逗留，两次约见周作人，都被他回绝，胡适托人捎话，建议他去台湾、香港，并答应给他教授职位，他也没有接受。当然，这些都是一般的接触，并没有进入实际操作阶段。周作人之所以没有接受胡适的建议，也没有通过别的途径到台湾去，是因为他知道，国民党政权是不会将汉奸奉为上宾的。周作人觉得自己如果离开大陆，难免会像流亡的白俄一样，要做“白华”，成为政治垃圾。还有一层，1949年1月接任台湾大学校长的傅斯年，在很多场合对他过去的老师周作人表现出蔑视和痛恨，对胡适出面做有利于周作人的证言表示不满。周作人自然不愿在这样一个他称之为“吃‘五四’饭”的新贵门下服务。

而一向与共产党领导的左翼文艺运动相对立的周作人，对共产党也没有多少好感。

周作人于1949年8月14日回到北平，10月18日住回八道湾十一号。

此时的北京已成为共产党政权的首都。周作人的罪行虽然是由民国法院判定的，但共产党政府不可能更改其结果，因为他的罪名是背叛国家民族。周作人试图接近共产党人，他在上海暂住期间就写了不少文章，批判国民党政权，歌颂新社会。他还给新政权领导人写信，谈自己的处境和思想，表达对新政权的认同。他深知自己的命运掌握在当局手中，没有上边的指示，自己很难有安定的生活。

唐弢曾听周恩来说，周作人给周恩来写了一封六千多字的长信，就自己过去的行为做了一些检讨，也做了一些解释。周恩来找了一些文化界人士拟具意见，报给毛泽东主席。据周恩来说，毛泽东看完信后说："文化汉奸嘛，又没有杀人放火。现在懂希腊文的人不多了，养起来，做翻译工作，以后出版。"[1]

毛泽东是否真的看到了周作人这封信，并作了这样的批示，因为没有实证材料，尚不能定论。但当时周作人为自己辩解是很努力的，写出的信可能不止一封，或者一封信投给不止一位领导人。据王士菁回忆，有一天，在上海鲁迅著作编刊社，冯雪峰灯下看一份材料，越看越生气，对他说："你看，周作人如果有一点自知之明，是不应该写这样的东西的。"这份材料应该就是周作人这类信件。[2]

毛泽东的秘书胡乔木回忆道：1951年，收到周作人给毛泽东写的一封长信后，胡乔木给毛泽东写了书面报告，称，周作人在信中辩白自己，要求不要没收他的房屋（作为逆产），不把他当作汉奸。胡乔木谈了自己的意见：周作人应当彻底认错，像李季一样在报纸上悔过。他的房屋可另行解决（事实上北京地方法院也并未准备把他赶走）。他现已在翻译欧洲古典文学，领取稿费为生，以后仍可在这方面做些工作。他还报告说，周扬也同意他的意见。毛泽东在这份报告上批示"照办。"[3]

周作人从内心深处是不认罪的，尤其是对战争时期自己的投敌行为，总是轻描淡写。据后来担任人民文学出版社副社长的楼适夷说，周作人"要求用周作人的名义出版书，中宣部要他写

1　唐弢《关于周作人》,《鲁迅研究动态》1987 年第 5 期。

2　王士菁《关于周作人》,《南开大学学报》1986 年第 3 期。周作人的信发表于《新文学史料》1987 年第 2 期。该刊的编者按说："这是周作人写给中央负责同志的一封信，是林辰同志于 1951 年向冯雪峰同志借阅时抄下的，现在我们从林辰同志处抄得一份，发表于此。"

3　胡乔木 1951 年 2 月 24 日致毛泽东信，《胡乔木书信集》，人民出版社 2002 年版。

一篇公开的检讨，承认参加敌伪政权的错误。他写了一份书面材料，但不承认错误，认为自己参加敌伪，是为了保护民族文化。领导上以为这样的自白是无法向群众交代的，没有公开发表，并规定以后出书，只能用周启明的名字。”[1]直到1984年，周作人翻译的《平家物语》在人民文学出版社印行时，仍不能使用本名。同一家出版社1988年出版《枕草子》和1989年出版《浮世澡堂·浮世理发馆》时，才印上“周作人译”的字样。

周作人虽然表态拥护共产党政权，但缺乏高昂的热情。看他给中共领导人的信，似乎是朋友的态度，甚至还略带前辈的口吻——他的确是毛泽东、周恩来一代人的老师——这或者也会让人心中不快吧。

周作人回到北京后，迫于生计，给当时上海的《亦报》和《大公报》写每篇五百至七百字的小品文，起初隔天一篇，后来几乎一天一篇。因为要以稿费养家糊口，写稿成了周作人日常最主要的事情。

周作人精通英语、日语和古希腊语。1952年，人民文学出版社向周作人约稿，请他翻译古希腊、日本的古典文学作品。1955年1月至1959年12月，人民文学出版社每个月预付两百元稿费给周作人，按月交稿。而另外一位特约译者钱稻孙每月只有一百元。反右运动中，周作人在北京图书馆工作的儿子周丰一被划为右派，停发工资，让周家经济负担加重。家庭经济困难的原因还有周作人的妻子羽太信子常年卧病不起，医药费负担很重。周作人不得已又给中央领导写信。在康生和周扬的过问下，他的稿费从

1　楼适夷《我所知道的周作人》，载《鲁迅研究动态》1988 年第 1 期。

1960年1月起，调高到每月四百元人民币。那时，教授属于“高薪阶层”，以上海八类地区而论，一级教授的工资是三百六十元，六级副教授是一百六十五元五角，北京是六类地区，还略低于此数。这就是说，周作人当时的生活费已超过了一级教授的工资，而一级教授在全国为数极少。虽然周作人后悔当初人民文学出版社来问他每月需要多少钱时，他没有像顾颉刚那样要伍佰元一个月，但他在给香港友人的信中也表示：“其实政府对于弟是够优厚的了。”[1]

文联的副秘书长阿英嘱咐黎丁去向周作人约稿，说国家出版社可以出版周作人的书，杂志也就可以发表他的文章，并要黎丁约周作人写点有关启蒙时期文艺界情况的文章。[2]阿英还对楼适夷说过：“周作人的学问和文章在全国，仍属第一流的。直到现在，还没有人能比得过他。”[3]胡乔木主持《人民日报》工作，重视副刊，也嘱咐编辑去约周作人写稿，说周作人虽然犯过错误，但文章写得好。编辑袁鹰奉命到八道湾拜访周作人，于是有《毒草》一文发表。周作人当然是顺着当局的意思说话：“思想有种种区别，有合理的，有不合理的，发表出来给大家批评一下子，看出是非，至于辨别是非的责任，那主要是在批评家身上了。现在如提倡‘百花齐放’，却又嚷嚷有毒草不许放，好像预先有自己承认是毒草，便不开放似的，天下有这种事么？既然齐放，也总得让它放了出来，随后你再研究它一下子，下判语道这有问

1　周作人 1962 年 4 月 25 日致曹聚仁信，《周曹通信集》，香港南天书业公司 1978 年版。

2　黎丁《编辑手记——有关周作人部分》，《鲁迅研究动态》1988 年第 1 期。

3　楼适夷《我所认识的周作人》，《鲁迅研究动态》1988 年第 1 期。

题，随即展开讨论，如果大家以为这花开得不好，那就算是不好。——开是开了，结果开得好不好是别一件事，这样才与'百花齐放'的原则不相违背。"后来形势突变，不许鸣放了，曾经鸣放的人都遭了厄运。但因为这一篇文章是化名发表，话说得也比较笼统，再说是胡乔木让编辑约来的稿子，所以周作人和报社编辑都没有受到牵连。

在周家帮佣的张淑珍说，即便是在三年困难时期，政府还给周作人发大米、糖、罐头，这些都是派她去东直门北小街领取的。事情的原委是，周作人夫妇喜欢吃大米，不习惯面食，但六十年代初，例如1962年，每人每月只有一斤大米的供给，副食品更少。文联工作人员每次与周作人谈到生活，周作人都表示在食品方面困难较大。文联本来想为他办一个副食品乙级补助证，但从政治上考虑又觉不妥，后来只好让文联总务科为周作人买些大米、炼乳、白糖之类，每逢节日，还带着点心、水果到八道湾看望周作人。1962年春节，文联干部还把文联自办农场的羊肉、白萝卜送他一份，而这样的待遇，当时只有文联的老病残全委会委员才能享受。有一件事，很能见出当时周家政治上和日常生活上的窘境。1962年年初，周作人写信给文联负责联络他的干部，说他家在街上买了私人的鸡蛋若干，受到街道监督人员的查问和训斥，希望帮他解决这个监督问题，因为需要营养，不买私人的东西此外就买不到了。那位干部看了信，赶往福绥境派出所商谈。此后，福绥境派出所民警就叫周家随便上街买东西了。[1]

周作人直到去世也没有获得公民权。当时杂志编辑黎丁从阿

1 佟韦《我认识的周作人》，载《鲁迅研究动态》1988 年第 1 期。

英那里听说，周作人快80岁了，还由派出所交街道管制改造，他的日本妻子有病，需要照料，却让他三天两头去开会受训，弄得周作人没有办法，只好写信给阿英，阿英又报告周扬，由周扬出面解决了。[1]周作人屡次申请恢复行使公民权。1953年12月，北京市法院给他的判决是：剥夺政治权利。周作人不甘心，1958年4月又向区人民法院申请选举权，得到的结果是：不予恢复。

令周家人稍感欣慰的是，羽太信子加入中国国籍的申请，于1955年得到内务部批准。

八道湾十一号的房间一下子少了很多。国军入住时占用的部分房产，随后被没收，包括周作人的“苦雨斋”在内。据当时报纸上的报道，法院要拍卖他的藏书。有人认为周作人的藏书拍卖散失，是一个损失，提议由国家交给图书馆或大学，妥善保存，最好由胡适出面来解决这个问题。[2]周作人的藏书，今天还能在北京大学图书馆和北京（国家）图书馆见到，不过已经零散。

除没收充公者外，周作人还留下一些书籍。大约是在1951年，北京图书馆寄给北京鲁迅博物馆一份“周作人的藏书目录”，说周作人有意把这批书卖给国家，因为他“缺钱用”。当时鲁迅的藏书刚从上海到北京，要入藏鲁迅故居，还没有来得及清理，鲁迅博物馆的工作人员只把这份目录和鲁迅藏书目录对照了一下，发现其中有不少雷同，就没有再同周作人联系。[3]到1952年，周作人仍有书籍出售。例如，3月18日的日记中有“下午整理

---

1 黎丁《编辑手记——有关周作人部分》，载《鲁迅研究动态》1988年第1期。

2 郭墨狼致胡适信，收入《胡适来往书信选》。

3 王士菁《关于周作人》，载《南开大学学报》1986年第3期。

废书，拟出售”的记载。除了卖书，周家还卖家具等物品。据周作人日记，1952年5月26日，卖家具二件，27日，卖掉德国闹钟，得六万元，还有一天，卖出床和大桌，得廿三万元，等等。

八道湾十一号总是“苦雨”，所以房屋要经常修缮，也是一笔不小的费用。1952年8月12日，请来姓高的瓦匠，为在北批屋东横梁下加柱，因为该梁已弯折，导致批屋常漏。19日上午招瓦匠补漏，大小工各一人。第二天，工人又来修厨房屋顶，两天工资是七万元，用料白灰二百斤，麻刀八斤，共六万元。外加工费三千五百元。

这时，周家还用着保姆。除张淑珍外，还有个在他们家受雇多年的老保姆——这位保姆并未因日本投降后周家境遇的变化而离开。张淑珍回忆说：“算上我，我家两代给周家做事。二太太每月给我20块钱，另加4块钱买月票。我老头姓白，二先生叫我白太太。二先生绍兴官话，口音特重，说话嘴里跟含了热茄子似的，我听不懂，他要买什么东西，就用毛笔在信纸上给我写个纸条。……那些字条要是都留下，得有二尺厚了。可惜都没了。”“50年代，东安市场里有苏联饭馆、日本饭馆，二先生常叫我上日本饭馆给他买紫菜卷儿和其他日本菜。二太太糖尿病，我上医院给她取药。就这样，我边做街道工作，边给二先生家当保姆。”羽太信子病逝后不久，周作人为了缩减开支，不得不辞退张淑珍，但可能是不好意思当面说，也可能因为担心沟通困难，就写了一封短信给她：“白太太：近来因开支增加，每月须要付房租，并寄西安补助费，对于你处所送之款不能再送了，特此通知，尚祈原谅是幸。周启明十月廿八日。”[1]

1　赵龙江《重访八道湾》，载《芳草地》2001年第1期。

20世纪50年代末60年代初，全国经济困难，食品短缺，很多人营养不良。周家虽然有政府照顾，但因为人口多，有限的配给不能满足需求，周作人不得不经常给海外友人写信，请求邮寄食品和药物。

1961年1月3日，他在给香港曹聚仁的信中说："因为预备过旧历新年，所以老实不客气的和你谈俗事了。想请你示知一下，在阳历一月底，可以寄给我的，大约有若干钱。我想《新晚报》，应不成问题，循环能支付否？'瞎子做梦，有无出路'，均希示及。又乙酉文编，何日可有希望，亦祈费神见示。国内现无文字'外快'可得，如港汇未能如预算的收入，则须得及早举债，故不得不急急也。幸祈恕之。"

1961年12月28日，周作人给香港鲍耀明写信说："昨方寄一信，奉托糯米，初意在旧历新年，仿故乡习惯，拟包粽子，但现在竹箬既然难得，而内人又久卧病，无人经营，为此特再上书，请予撤消。但另外乞寄砂糖一二公斤，则深感佳惠矣。……北京今年尚不大冷，新年将届，特发给肉票，每人可得三两，但人多肉少，至今还没有买到，听说可以买到一月二日。"

1961年8月2日，周作人给新加坡郑子瑜写信："今日连接到惠寄小包，角糖二包先二日收到。砂糖散装十斤，亦已于今日送到，且并不收税，至感嘉惠，亦并感激公家之照顾也。近闻政府对于进口之食粮等物，已免课税，惟肉类似在例外。北京近来闻油糖配给均将减少，亦未知如何，至猪肉则已有数月不发给肉票，人民亦习而安之矣。"

周作人晚年此类书信不胜枚举，透出了一个老年"乞食者"的无奈和悲哀。

周建人的妻子羽太芳子及其子女，仍然跟周作人一家住在一起，这无疑也增加了周作人的负担。

周作人晚年的写作，多回忆旧事，鲜明观点不多。因为没有发言权，更没有主人公的身份，作为边缘人甚至局外人，他的言论很难有主脑。但他的文章仍保持着文字的纯净，态度的安详，不失大家风范。

《知堂回想录》是周作人晚年较大的写作工程之一，写他的经历和交游，提供了很多珍贵史料。此外，因为有了充裕的时间，周作人得以潜心翻译，所以他这个时期翻译成绩很可观。不过，与创作一样，或者比创作更甚，翻译对他来说也是与世隔离的工作。出版社派给他的任务，大多是翻译古代的“经典”作品。

鲁迅少年时代家庭遭难，青年时代婚姻不幸，成名后常受“围剿”，心劳力竭，英年早逝。周作人虽然生活安稳，得享长寿，但晚年坐牢，丧失公民权，失去人格尊严，更显得凄惨。

周作人将这晚年处境自嘲为“寿则多辱”。

他一生的最后二十来年，象征地说，是在八道湾十一号四合院这个“囹圄”里服刑。

十六　恩仇

三兄弟晚年留影

光复后，民国政府没收八道湾十一号的“伪产”时，采用了横“切”的办法，即前院由军队占用，后院一部分让周作人和周建人的家属使用。共和国成立后，房管部门接管这所院子，陆续搬来许多住户。周作人一家也同其他住户一样，每月交纳住房租金。

也有人认为，既然属于周作人的那部分房产被没收，那么，他一家居住的就应该是产权属于鲁迅和周建人的房屋。鲁迅的儿子周海婴就持这种观点，他在回忆录中记述了自己第一次也是最后一次到八道湾十一号的经历：

> 那是1948年，北平解放。我随母亲从东北南下到北京，住在旅馆里。某个冬日的下午，章川岛先生陪我到北城购物，因时间尚早，大致才三点多钟，章先生便问我：“要勿要到你们的房子去看看？此地靠近八道湾，侬爸爸买格房子就在葛（这）里。”我当然高兴，催促快去。我出生在上海，远在北平的祖母极其盼望能够看看我这个大房孙子，可以说是魂牵梦萦。但她老人家由于健康原因，始终未能南下。我也几次失去北上省亲的机会。南北相隔，只有寄照片以解老人的思念，直到她老人家去世。朱安女士也同样无缘得见。但随着我年龄的渐渐长大，便不时听到有关八道湾的事，知道那里也

是自己的家，心里就有一种亲切和向往。走进八道湾十一号大门前院，章川岛先生告诉我，他曾在院里的西屋住过，“兄弟不和”时，他正住在此地。

走进里院，但觉空空荡荡的，很寂静，仅有西北角一个老妇坐在小凳上晒太阳。老妇把章川岛招呼过去，大概是询问来者是谁。章执礼甚恭，谁知仅简单地问答了几句，忽见老妇站起，对着我破口咒骂起来。后来似乎感到用汉语骂得不过瘾，又换了日本话，手又指又划，气势凶猛，像是我侵入了她的领地。章先生连忙拉我退到外院，告诉我，她就是周作人的太太羽太信子。照理说，我是她亲侄子，我们又是初会，上一辈哪怕有多大怨仇，也该与我不搭界，而她一听说是我，竟立即做出这种反应。这给予我的印象太深刻了，直到50多年后的今天，她那穷凶极恶的模样尚历历在目。从此以后，我再也没有踏进八道湾一步。到人民政府成立后，叔叔和我母亲将属于我们的这两份房产共同捐献给了国家，对此，当时报纸曾经有过报道。[1]

同住北京城的作人与建人几乎没有来往。周建人难以回到他的伤心之地八道湾十一号。他曾邂逅过周作人：

全国解放后不久，有一次，我在教科书编审委员会突然面对面地碰到周作人。我们都不由自主地停了脚

1　周海婴《鲁迅与我七十年》。

步。

他苍老了，当然，我也如此。只见他颇凄凉地说：“你曾写信劝我到上海。”

“是的，我曾经这样希望过。”我回答。

“我豢养了他们，他们却这样对待我。”

我听这话，知道他还不明白，还以为他自己是八道湾的主人，而不明白，其实他早已只是一名奴隶。

这一切都太晚了，往事无法追回了。[1]

两兄弟天分有异，资历不同，但结局却如此天壤，不能不让人感叹命运的无情和反复无常。按周作人的性格，只会把这一切默默忍受。迄今没有发现他在解放后曾向弟弟求助的资料。正相反，他对建人满怀怨恨和蔑视。他认为建人遗弃芳子，大家庭因之受到连累，芳子留在八道湾也成为他的一个负担。周作人一直在努力为可怜的芳子争得地位和权益。人民共和国成立后，建人地位不断升高，就在这时，芳子将其与建人的离婚案上诉北京市人民法院——这实在不是好时机。这次诉讼行动是否受周作人鼓动，不能确说，但毫无疑问，周作人是坚决支持芳子的。

法院的文件上写明，原告羽太芳子，57岁，未到庭，由其儿子周丰二代理；被告周建人时任浙江省人民政府副主席，中央人民政府出版总署副署长。

原告的诉讼请求，是提出正式离婚、得到八道湾房产的一部分、周建人承认其与周丰二的父子关系；被告一方则称“与原告

1　周建人《鲁迅与周作人》。

感情不和、意志不同，婚姻关系早已消灭，故捐献之财产不能认为共同财产。并以自己亦已年老，根据收入情况，无力帮助原告医药费用，并对原告母子等过去所为，深感愤慨，要求与子丰二脱离父子关系。”

判决书中提到这样的情节，显然对原告不利：“周作人于一九三九年曾任北京大学文学院长，一九四二年任日伪教育总署督办，充当汉奸，而鞠子曾随周作人赴日本东京，丰二曾在伪联银总行金融科任伪职。”

相反，“被告始终坚持了革命的人民立场，保卫祖国，保卫和平，进行反侵略的斗争，而与依附周逆作人的周芳子及叛变祖国的丰二和鞠子断绝关系，实属正当。且在日伪及蒋匪统治时期，所有革命人士随时随地都遭受反动政府之迫害，因此，如强调被告当时未在日伪及蒋匪统治时期的伪法院办理正式离婚手续，不认为夫妻关系仍然存在，显有未当，本案原告与被告之婚姻关系，实际上既已不存在，现原告请求与被告离婚，即属无据。”

原告的诉讼请求均被驳回。芳子不服上诉。中央人民政府最高人民法院维持原判，并在判决书中再次强调了政治因素：

> 查上诉人周芳子和被上诉人周建人系于一九一四年结婚，当时中国是个卖国政府统治的半封建的国家，深受日本帝国主义的侵略宰割。周芳子与其姊周信子(即周作人之妻)深受日本帝国主义思想的熏染，一贯歧视中国人民，以致在婚后，造成家庭中不调和的民族的和政治的斗争。……全国的抗日民族统一战线已经形成，逐步地走向团结抗日的道路，国人抗日情绪至为高涨，

被上诉人即与周芳子完全断绝关系，抗日战争爆发后周作人在周信子与周芳子姊妹的影响之下，叛国投敌，作了汉奸。而被上诉人则发扬民族正气，参加并坚持了反侵略的抗日斗争，双方已变为不共戴天的民族敌人了，在这样的情况之下，岂能谓双方的婚姻关系仍然存在？……以往一贯敌视中国人民利益的周芳子，自不得适用一九五一年五月一日所颁布的中华人民共和国婚姻法来向被上诉人要求因婚姻关系而产生的任何权利。周芳子上诉，把她以往一贯敌视中国人民的行为，曲解为被上诉人遗弃的结果，这是完全不符合事实的，应予驳回。[1]

1951年7月22日，周作人日记中记录了这场离婚诉讼导致的后果：芳子“服毒（硝酸银），陶愉孙女士适在，发觉，送入中央医院。信子往看，九时顷返”。周作人接下来写了一段评论，痛骂弟弟：

建人以抗日战争为遗弃妻子之口实，而遗弃妻子，即为其唯一抗战之成绩与政治资本。无良的“民主人士”，国家必欲如此尊重，亦大可异也。此为兄弟中唯一之非人，可为叹息。

十几年后，周作人在给香港友人的信中仍不无怨言：“内人之女弟为我之弟妇，亦见遗弃。（以系帝国主义分子之故）现依

1　转引自周海婴《鲁迅和周建人重婚了吗？》，载2009年6月25日《新民周刊》。

其子在京。其子以抗议故，亦为其父所不承认，此系家庭私事，因便中一并说及耳。”[1]

周建人那段回忆文字中周作人说的“我豢养了他们，他们却这样对待我”一句话，很耐人寻味。“他们”是指谁？有可能是指羽太信子等人。周作人被捕入狱后，周家生活水平大大下降，出狱后政治地位低下，又没有多少经济来源，日常生活的艰难困苦可以想见。周作人的日记上曾说他的老伴“晚年卧病，情绪不佳”，情绪不佳的原因当然有很多，生活困苦想必是重要原因之一，而卧病当然又加剧了穷困。

鲁迅的地位在新中国呈不断上升趋势，周作人作为鲁迅胞弟，自然也被卷入这个歌颂鲁迅的时代大潮。写回忆鲁迅的文章，周作人是最佳人选，他也曾自诩过的。鲁迅早年的很多活动，只有他亲见亲历，掌握有第一手资料。研究鲁迅的学者或出版社编辑经常来访问他。

《鲁迅传》的作者王士菁就曾多次访问八道湾十一号。

王士菁对后院的地势印象很深。这个鲁迅《鸭的喜剧》发生的场地，历经变迁，早已不复旧观，但“苦雨”却一仍旧贯：“一排坐北朝南的相当简陋的平房，门前是一个狭长的天井，地势是西面高而东面低，阴天落雨，雨水从西往东流，流到东头两间房子门前便停蓄在那里，……”

在王士菁笔下，这所院落已经没有了昔日的堂皇气派。苦雨斋里更没有豪华陈设，甚至令人觉得有点寒伧，真是一个“寒

1　周作人1961年11月28日致鲍耀明信，《周作人与鲍耀明通信集》，河南大学出版社2004年版。

斋”。一张不大的四方桌靠在玻璃窗下，几把硬背椅子放在两旁，一个低矮的旧书架上放着他自己的著作，简单到不能再简单了。周作人的衣着也很简单，布衣布履，和街坊上的普通居民差不多。除饮茶外，他没有什么特别的嗜好。

周作人的房间虽然陈设简单，但布置得相当雅致。进门左手的一间铺了榻榻米，作为卧室。羽太信子卧病后，为了便于照顾，为她在堂屋尽头安置了一张床。右手光线充足的一间，是周作人的书房，书桌就摆在窗下。房里沿墙都是书橱书架，摆满了参考书、工具书。堂屋和书房之间没有隔断，羽太信子躺在床上，便可以看见工作中的老伴儿。书房的北角有扇小门，通到周丰一夫妇的房间，这样，周作人夫妇随时可以得到儿子儿媳的照顾。

王士菁回忆说，周作人每次会见他，总是彬彬有礼，不失绅士风度。先寒暄几句，然后分宾主坐下。他的日本夫人随即端上茶来，一人一杯，每次都放在一定位置，几乎没有任何变化。——这可能是他们几十年养成的生活习惯。

鲁迅博物馆工作人员采访周作人时，遇到这样一件事：

> 记得第一次到八道湾去见周作人，我们走到后院最后一排房子的第一间，当我们轻轻地敲了几下门以后，来开门的是一位戴着眼镜、中等身材、长圆脸，留着一字胡，身穿背心的老人，我们推断这位可能就是周作人，可是开门的人，听说我们是找周作人的，紧接着就说，他在后边住。由于和周作人是初次见面，我们不敢相信自己的眼睛，就往后走，再敲门，他们回答说，

> 周作人就住在这排房子的第一间。我们只得转回去再敲门。来开门的还是这位老人，不同的是穿上了整齐的上衣。[1]

从人民文学出版社一位编辑的回忆里，可以看到这个时期周作人的状态：

> 我头一次见到周作人，是在1959年，当时他已74岁，不论冬夏，他都穿着干净朴素的中式裤褂。稀疏的花白头发推成平头，腰板挺得直直的，身子骨看上去还硬朗。他态度拘谨，话语简洁，隔着镜片（眼镜也是老式的）以锐利的目光冷峻地看着你。他给我的印象是：他始终也不曾忘掉早年享有的盛名。他同我打交道时，喜怒哀乐从不形之于色，常常使我想到日本古典能剧演员所戴的面具。谈工作时，他的话语多一些，如果谈完工作，我还想扯上几句别的，总是我问一句，他客客气气地答一句，决不饶舌。每次我告辞，他总要亲自送我到堂屋门口，目送片刻方回转身去，然而我不曾看到他哪怕是出于礼数而朝我露出一丝笑容。[2]

王士菁回忆说，他所接触和访问的许多人，数周作人最有学问，记忆力最强。鲁迅著作中涉及的问题，特别是早年的一些

1 叶淑穗《周作人二三事》，收入《回望周作人 · 知堂先生》。

2 文洁若《周作人及其儿孙》，载《作家》2004 年第 5 期。

人和事，知道的人很少，有时几个人说法也不一样。遇到这类情况，他就去访问周作人，往往会得到比较准确的答案。周作人对他的提问，从不敷衍了事。遇到记不清或拿不准的地方，他不急于下结论，总想方设法找出根据来。

周作人告诉王士菁，他的“对证孤本”之一，就是他的日记。

周作人从少年时代开始记日记，从未间断。这些日记，他平时秘不示人。但随着交往次数的增多，周作人打消了顾虑，曾把1923年之前的日记借给王士菁看。但1923年之后的日记，他就不愿出借了。

后来，可能是因为“缺钱用”，周作人把从起始到1934年的日记卖给了鲁迅博物馆。这些日记总共卖了1800元。在卖给博物馆之前，他在日记中记载兄弟失和一则上，用剪刀剪掉十几个字——此处记述的可能是他当时认定的鲁迅的过错。

周作人勤勉的工作态度给王士菁留下深刻的印象。勤奋工作，除了习惯成自然，可能也与挣钱养家有关系。王士菁说，他到苦雨斋访问，没有一次看到周作人是空手闲着的，虽然已是70岁的老人。当时周作人为人民文学出版社翻译希腊悲剧和日本古典文学作品，每月总要译出几万字来，除正文外，还加注释，工作相当繁重。然而他每月按期交稿，书写得清清楚楚，装订得整整齐齐，编辑可以不再多作加工，即能发到工厂排印。这是王士菁做多年编辑工作很少见到的情况。这固然是由于周作人学养深厚，但也得自其长期养成的勤勉的工作习惯和认真态度。有时，王士菁看到周作人摘掉深度近视眼镜，埋头查考细小字体的外文资料，鼻尖几乎碰到书本，专心致志，旁若无人。

有一次，周作人向王士菁谈到自己“落水”的事，只是轻轻地说了一句“糟了”，并无惋惜自责之意，脸上也没有任何表情，好像谈的是别人的事情一样。这冷静的态度让听者感到吃惊。

文联的干部佟韦陪同周作人到西安参观期间，也有类似的感受：

> 我曾有意与他谈谈这个问题，希望他能有所认识与反省。但基本上是失败了。有一次在西安人民大厦里，只有我们两个人，谈话很方便。但提到此事他面带愁苦的表情，说：“那也是不得已的事。”其他再不愿谈。又一次我提到此事，他则说“我和一些老朋友，也需要生活”。显然不想谈。我的印象，一是他对出任伪职事没有新认识，或者有什么隐情不愿讲，二是不想对我这样一个不到三十岁的普通工作人员讲。另一个印象是既不说自己坏，也不说自己好。伪职事，他不想或不能批判自己；他做的好事——例如贾芝、李星华同志证明的那些，他也一句不讲，似乎没发生过，又似乎已经发生了，但过去就过去了，不再值得讲了。[1]

但对海外友人，周作人有时不免有所申说——可能也因为几位海外友人不断来信询问——但也多是寥寥数笔。如1964年7月18日致鲍耀明的信中说：“关于督办事，既非胁迫，亦非自动，后来确有费气力去自己运动的人。当然是由日方发动，经过考虑就

1　佟韦《我所认识的周作人》，载《鲁迅研究动态》1988 年第 1 期。

答应了，因为自己相信比较可靠，对于教育可以比别人出来，少一点反动的行为也。”作人不出如学生何？这让人想起汪精卫、周佛海等人的话：“我不入火坑，谁入火坑？”“我不下地狱，谁下地狱？”只不过调门有高低罢了。

但当与来客谈到与“五四”时代的老朋友如钱玄同、刘半农等的交往时，周作人就不知疲倦，越谈越起劲。有时候，谈话间，他甚至寻找出几位老友写得十分有趣的书信给王士菁看，还曾赠送给他一些作为研究资料。

王士菁说，周作人经常向他诉说生活困难，写给他的信，将近一半是向出版社要钱的。“文革”开始后，社会各行各业陷入瘫痪，人民文学出版社的编辑们被关入“牛棚”，出版社不再寄稿费给周作人了。当时已年过七旬的周作人只好亲自登门去要钱，结果可想而知，“革命群众”毫不客气地把他轰走了。[1]

周作人接待研究者，回答有关鲁迅生平的问题。有一次，王士菁体贴他生活困难，怕耽误他时间，谈话后付给他一定的报酬。许广平知道此事，不满地说：“周作人不是律师，你还给他什么谈话费呢？”

1936年，鲁迅逝世，周作人只写过两篇文章，此后就拒绝报刊约稿，声明以他的身份，不便于写此类文章。但是，被判刑后，为了解决吃饭问题，他就顾不得身份和以往的声明了。1948年8月31日，他在《子曰》丛刊第三辑发表了解读鲁迅著作的文章《呐喊索隐》，署名王遐寿。为了隐藏身份，他假托说：“我的亲戚里边有一位方女士，她是鲁氏老太太的一个内侄女，又是义

1　王士菁《关于周作人（之二）》，载《鲁迅研究月刊》1999年第2期。

女，常在老太太那里居住，她知书识字，和老太太很谈得来，所以知道的事情很不少。有一回我们偶然谈到《呐喊》，她把里边有事实作背景的有些事情告诉我听，后来又说到《彷徨》里的故事，我都摘要记录在日记里，这些大概已是十年以前的事了。”后来他在《亦报》上继续写这个系列。文章结集起来，成为《鲁迅的故家》和《鲁迅小说里的人物》两本书，1953年由上海出版公司以“鲁迅研究资料”的名义出版，署名周遐寿。

《鲁迅的故家》包括“鲁迅在东京”35篇，“百草园”61篇，“学堂生活”24篇，“补树书屋旧事”15篇。《鲁迅小说中的人物》逐篇解读鲁迅小说，指出鲁迅小说中的人物的原型并提供背景材料，有“呐喊衍义”29篇，“彷徨衍义”26篇和“朝花夕拾”19篇。《朝花夕拾》虽不是小说，但其中提到的许多人物为周作人所熟悉。这些文章材料翔实，文笔亲切自然，深受读者欢迎。两本书最初由上海新文艺出版社出版。毛泽东读了，颇为欣赏，问胡乔木：“人民文学出版社为什么不出版这两本书？”人民文学出版社负责人冯雪峰得知，立即指示王士菁写信给上海新文艺出版社社长李俊民，双方商定把这两本书转给人民文学出版社出版。[1]

周作人自己也说，他手头掌握的鲁迅资料，好比钞票，用掉一张就少一张的。所以他不肯轻易示人。唐弢曾动员周作人把所藏鲁迅文物贡献给国家，但周作人没有答应。周作人当然有自己的打算，他后来把一些资料交给北京图书馆，因为他的儿子在那里工作。

---

1 王士菁《关于周作人（之二）》。

周作人以写鲁迅挣稿费，对他无疑是一种讽刺，不免要让人嘲笑他在“吃鲁迅饭”。他在文坛驰骋了半个多世纪，曾与鲁迅“双峰并峙”，结果仍然摆脱不开大哥的影响。

不过，周作人自有说辞，为自己找到了心理平衡——他把这时期卖力写有关鲁迅的文章视为对鲁迅的“报恩”：“我很自幸能够不俗，对于鲁迅研究供给了两种资料，也可以说对得起他的了，……”[1]

这里说的“不俗”，还包括他与鲁迅失和后，任人评说，从来不为自己辩解的态度。因为他已经看到，大多数人都把失和的责任推到他和妻子身上，指责他忘恩负义，至少是轻信妇人之言，将大哥赶出家门。他在《知堂回想录》里谈到兄弟失和事件，就声明自己采取的是“不辩解”的态度。这样做，表面上显示出对鲁迅的尊重，实际上却并不情愿为兄弟决裂负责，因为他知道社会期待他承担责任、深刻检讨。他和鲁迅共同的朋友许寿裳，曾就兄弟失和事件发表过评论。周作人对许寿裳的叙述评论提出质疑，对鲁迅，也在赞扬中暗藏讥讽：

> 关于那个事件，我一向没有公开的说过，过去如此，将来也是如此。……这里我要说明，徐是徐耀辰，张是张凤举，都是那时的北大教授，并不是什么“外宾”，如许季茀所说的，许君是与徐张二君明白这事件的内容的人，虽然人是比较“老实”，但也何至于造作谣言，和正人君子一辙呢？不过他有一句话却是实在

1　周作人《知堂回想录 · 不辩解说下》。

> 的，这便是鲁迅本人在他生前没有一个字发表，他说这是鲁迅的伟大处，这话说得对了。鲁迅平素是主张以直报怨的，并且还更进一步，不但是以眼还眼，以牙还牙，还说过这样的话，（原文失记，有错当改）人有怒目而视者，报之以骂，骂者报之以打，打者报之以杀。其主张的严峻有如此，而态度的伟大又如此，我们可不能学他的百分之一，以不辩解报答他的伟大乎？[1]

“不辩解”，在周作人的辞典里，是一个重要的词语。他自己很早以前就写过一篇文章《辩解》，中心意思就是申说辩解的无用。新中国刚成立时，他或者忘了那个“一说便俗”的教训，勉力给中共最高领导人写信，试探着为自己辩解过，效果并不理想。他早已明白，在失去公民权的状态下，不辩解是他所能采取的最好的姿态。

周作人在公开发表的文章中对鲁迅尽量保持客观的叙述语调和相当的尊重，但在私人信件里，他不满于时人给予鲁迅的高度评价。如读了曹聚仁的《鲁迅评传》后，他致信作者说：“云其意见根本是虚无的，正是十分正确。因为尊著不当他是‘神’看待，所以能够如此。”[2]在另一封信中，他认为上海虹口公园（今鲁迅公园）的鲁迅塑像很成问题——鲁迅被人利用了，而且利用得很拙劣：“死后随人摆布，说是纪念其实有些实是戏弄，我从照片看见上海的坟头所设塑像，那实在可以算是最大的侮弄，高

1　周作人《知堂回想录·不辩解说下》。

2　周作人 1958 年 5 月 20 日致曹聚仁信。

坐在椅上的人岂非即是头戴纸冠之形象乎？假使陈西滢辈画这样一张像，作为讽刺，也很适当了。”[1]在另一封信中他写道：“鲁迅写文章态度有时严肃、紧张，有时是戏剧性的，所说不免有小说化处，即是失实。”[2]他还批评鲁迅让青年不读中国书的言论是“好立异唱高调，故意地与别人拗一调。”他赞同林语堂的意见：“说鲁迅文人成分多，又说非给青年崇拜不可，亦似不敬，却也是实在的。”[3]

周作人这样解析鲁迅小说《伤逝》：“《伤逝》不是普通恋爱小说，乃是假借了男女的死亡来哀悼兄弟恩情的断绝的。”[4]这意见，他只能在给香港友人曹聚仁的信中提出：“《彷徨》中《弟兄》前面有一篇《伤逝》，作意不易明瞭，说是借了失恋说人生固然也可以，我因了所说背景是会馆这一‘孤证’，猜想是在伤悼弟兄的丧失。这猜想基础不固，在《小说里的人物》中未敢提出，但对先生私下不妨一说，不知尊见以为有一二分可取否？”

兄弟两个，原来地位相当，现在则一个天上，一个地下，反差巨大。鲁迅已经逝去，无从感知世情的变化；而活着的周作人，无论多么恬淡，心态恐怕是难以平衡的。因此，他针对许寿裳、许广平等“偏袒”鲁迅的人发表了一些不满的议论——当然不能公开发表。

1　周作人 1958 年 5 月 20 日至曹聚仁信。

2　周作人 1957 年 1 月 20 日至曹聚仁信。

3　周作人 1962 年 5 月 16 日至曹聚仁信。

4《知堂回想录 · 不辩解说下》。

1960年暑假，有两位学生到北京进行鲁迅研究调查访问，周作人自然被列为访问对象。当时，周作人正为许广平《鲁迅回忆录》中《所谓兄弟》一节而生气，拒不见客。两位学生辗转找到周作人和鲁迅当年的学生常惠，由他带领，方才完成采访任务。[1]

针对许广平在《所谓兄弟》中对自己的批评，周作人在给鲍耀明的信中说："她系女师大学生，一直以师弟名义通信，不曾有过意见，其所以对我有不满者殆因迁怒之故。内人因同情于前夫人朱安之故，对于某女士（指许广平——引者）常有不敬之词，出自旧家庭之故其如此看法亦属难怪。但传闻到了对方，则大为侮辱矣，其生气也可以说是难怪也。来书评为妇人之见，可以说是能洞见此中症结者也。"[2]还说过："我曾经说明《热风》里有我文混杂，后闻许广平大为不悦，其实毫无权利问题，但求实在而已。她对于我似有偏见，这我也知道，向来她对我（通信）以师生之礼，也并无什么冲突过，但是内人以同情关系偏袒朱夫人，对她常有不敬的话，而妇人恒情当然最忌讳这种名称，不免迁怒，但是我只取'不辩解'态度，随她去便了。"[3]

1956年，因为文艺界的大气候比较好，又值鲁迅逝世20周年纪念，到八道湾采访周作人的记者和约稿的编辑络绎不绝。周作人还被邀请出席纪念会，参观艺术家们创作的鲁迅题材作品，一时颇为忙碌。鲁迅博物馆的工作人员来访，询问鲁迅在北京生活

1　吴中杰《周作人晚年心态》，收入《重读大师：激情的归途》（中国卷），人民文学出版社 1999 年版。

2　周作人 1961 年 11 月 28 日致鲍耀明信。

3　周作人 1958 年 5 月 20 日致曹聚仁信。

的细节，年过古稀的周作人，不但口头讲述，还带博物馆的职员去绍兴会馆、砖塔胡同、旧教育部、广和居等地方实地查看，对博物馆的研究工作很有帮助。

从1956年8月开始到年底，周作人在全国多家报刊上发表回忆鲁迅的文章近20篇，后来结集为《鲁迅的青年时代》，由中国青年出版社出版（署名周启明）。

这个时期周作人发表的文章，追溯了鲁迅的学术渊源，指出鲁迅的创作所受的影响，有些观点很有参考价值。如谈到鲁迅的叛逆精神时，他明确指出本国和外国文化传统的影响痕迹，个中原因不难明白——培养鲁迅的文化环境，周作人自己从小也浸润其中。例如中国传统，周作人指出浙东和浙西学术的不同：浙西学派偏于文，浙东则偏于史，清朝前期的袁枚与章学诚，谭献与李越缦，可以作为例证。再推上去，浙东的毛西河专门与朱子为难，攻击得绝不客气，章实斋和李越缦不肯犯“非圣无法”的嫌疑，比起来要差一点，但鲁迅继承了这个传统：“拿鲁迅和他们相比，的确有过之无不及，可以说是这一派的代表。”[1]

在《鲁迅的国学与西学》一文中，周作人对鲁迅学问的特点——杂学或曰“旁门”——有较详细的论述，其实这也是他本人学问的特点：

> 文章方面他喜欢一部《古文苑》，其中一篇王褒的《僮约》，他曾选了来教学生。他可以说爱六朝文胜于秦汉文，六朝的著作如《洛阳伽蓝记》，《水经

1　周启明（周作人）《鲁迅的文学修养》，见《鲁迅的青年时代》，中国青年出版社1957年版。

《鲁迅的青年时代》，署名周启明

> 注》，《华阳国志》，本来都是史地的书，但是文情俱胜，鲁迅便将它当做文章来看待，搜求校刻善本，很是珍重。纯粹的六朝文，他有一部两册的《六朝文絜》，很精简地辑录各体文词，极为便用。他对于唐宋文一向看不起，可是很喜欢那一代的杂著，小时候受《唐代丛书》的影响，发心辑录唐以前的古小说，成为《钩沉》巨著，又集唐代“传奇文”，书虽先出，实在乃是《钩沉》之续，不过改辑本为选本罢了。这一方面的努力即是研究小说史的准备，北京大学请他教书，只是一阵东风，催他成功就是了。[1]

在《鲁迅的笑》一文中，周作人说，他所见过的鲁迅画像，大都严肃有余而和蔼不足。究其原因——周作人笔下留情，没有责怪画家有意拔高和扭曲鲁迅——“可能是鲁迅的照相大多数由于摄影时的矜持，显得紧张一点，第二点则是画家不曾和他亲近过，凭了他的文字的印象，得到的是战斗的气氛为多，这也可以说是难怪的事。偶然画一张轩眉怒目，正要动手写反击‘正人君子’的文章时的像，那也是好的，但如果多是紧张严肃的这一类的画像，便未免有单面之嫌了。”[2]

这篇文章发表在《陕西日报》上，应该与他到陕西访问有关。文联组织他与另外几个有相同历史问题的人到西安参观访问半个多月。回京后，还在全聚德宴请了他们。

1　周作人《鲁迅读古书》，见《鲁迅的青年时代》。

2　周作人《鲁迅的笑》，见《鲁迅的青年时代》。

三十年前，鲁迅同他分离后，曾到这个城市讲学。现在，周作人以一个“前朝”遗老的身份来参观访问。

不管怎么说，这次旅行让蛰居北京城的周作人心情舒展了一些。

十七　余光

周作人80岁留影

周作人在20世纪前半叶中国文坛上享有盛名。战争结束后，因其叛国投敌罪，文学史对他以往的功绩，不但不加表彰，反而施以严厉批判。

周作人对自己的文章相当自负。早在30年代，他就说："我不懂文学，但知道文章的好坏，不懂哲学玄学，但知道思想的健全与否。我谈文章，系根据自己写及读国文所得的经验，以文情并茂为贵。谈思想，系根据生物学文学人类学道德史性的心理等的知识，考察儒道释法各家的意思，参酌而定，以情理并合为上。我的理想只是中庸，这似乎是平凡的东西，然而并不一定容易遇见，所以总觉得可称扬的太少，一面固似抱残守缺，一面又像偏喜诃佛骂祖，诚不得已也。"[1]他知道自己文章的价值："我自己相信，我的反礼教思想是集合中外新旧思想而成的东西，是自己诚实的表现，也是对于本国真心的报谢，有如道士或狐所修炼得来的内丹，心想献出来，人家收受与否那是别一问题，总之在我是最贵重的贡献了。"[2]

直到晚年，他翻看自己以往的著作，仍然给予"不坏"、"尚佳"的评价。他在给海外友人的信中说："我的散文并不怎

1　周作人《秉烛后谈·自己所能做的》。

2　周作人《两个鬼的文章》。

么了不起，但我的用意总是不错的，我想把中国的散文走上两条路，一条是匕首似的杂文（我自己却不会做），又一条是英法两国似的随笔，性质较为多样，我看旧的文集，见有些如《赋得猫》，《关于活埋》、《无生老母的信息》等，至今还是喜爱，此虽是敝帚自珍的习气，但的确是实情。古人晚年常要悔其少作，我现在看见旧作还要满意，可见其了无长进了。”[1]

香港的鲍耀明来信向他报告说，陈之藩在纪念胡适的文章《在春风里》中有一段写到他：

> 胡先生对周作人的偏爱，是著名的。他曾不止一次的跟我说：“到现在还值得一看的，只有周作人的东西了！”他在晚年是尽量搜集周作人的东西。……我如果说：“不要打呀！苍蝇正在搓搓手搓搓脚呢。”他似乎就想起苦雨斋中的老友，在他回忆的茫然的眼光里，我看出胡先生对朋友的那份痴与爱。[2]

周作人看了这段文字，应该是很感动的。但他回信的口气却四平八稳：“胡君的确有他的可爱处，若其喜谈政治（当初却以不谈政治为标榜），自然也有他的该被骂的地方。唯如为了投机而骂之，那就可鄙了。我与适之本是泛泛之交（寻常朋友），当初不曾热烈的捧他，随后也不曾逐队的骂他，别人看来，或者以为

---

1 周作人 1965 年 4 月 21 日致鲍耀明信。

2 鲍耀明 1965 年 4 月 23 日致周作人信。

是，或以为非，都可请便，在我不过觉得交道应当如此罢了。”[1]

1956年，日本作家长与善郎等人来中国参加鲁迅逝世20周年纪念活动，向组织者提出会见周作人的请求。二十多年前，长与善郎在上海曾同鲁迅会过面，后来发表报道，内容与事实颇有出入，引起鲁迅不快。这次长与善郎等人见周作人，提出不要人陪同，也不要翻译。会见以后，文联要工作人员到八道湾看周作人，同他随便谈谈。周作人明白来人的意思，就主动报告了他与日本作家谈话的内容：对方主要关心他在国内的生活状态。他表示生活比较安定，工作也很顺利。不久前文联还专门派人陪他去西安参观，他对祖国建设事业的发展，表示非常满意。也谈到日本作家表示对蒋介石有好感，因为日本失败后没有要求赔款，又怀疑共产党政权对日本友好，是否意图赤化日本，等等。

三十多年后，这位工作人员回忆说：“他到底说了什么，我是有怀疑的，因为后来我在日本报刊上，看见过这几位日本作家访华后的观感，是对我们表示恶意的。如认为尊重鲁迅，也是一种虚伪的政治手段等等，这里边有没有与周作人谈话的影响，就不能说了。”[2]

让周作人发挥专长，翻译古希腊或日本的经典著作，文化界早有此议。抗战刚结束，郑振铎一面惋惜周作人的附逆，一面爱才心切，撰文呼吁道：“我们总想能保全他。即在他被捕之后，我们几个朋友谈起，还想用一个特别的办法，囚禁着他，但使他工作着，从事于翻译希腊文学什么的。……我们觉得，即在今

1　周作人 1965 年 4 月 28 日致鲍耀明信。

2　楼适夷《我所知道的周作人》，收入《知堂先生》，河南大学出版社 2004 年版。

周作人与钱稻孙

日，我们不单悼惜他，还应该爱惜他！”[1]

1950年1月，出版总署署长叶圣陶到八道湾访问周作人，请他翻译古希腊作品。周作人称这是他给公家译书的开始。他在给朋友的信中说：“弟之译书正是家庭手工业，但间接亦于国家有用。以前两年全与私商（书估）打交道，但现今那些货物（译稿大小五部）悉已由人民文学社收购，为此不但将来有出板之望，且亦足见以前工作在政府看来亦是有价值，总算不为白费，私心窃以为喜也。”[2]

周作人翻译了很多古希腊和日本文学作品。计有《阿里斯托芬喜剧集》（与罗念生、杨宪益合译）、《伊索寓言》、《日本狂言选》、《显克微支短篇小说集》（与施蛰存合译）、《乌克兰民间故事》、《俄罗斯民间故事》、《欧里庇得斯悲剧集》（三卷，与罗念生合译）、《希腊神话故事》（即《希腊的神与英雄》）、《浮世澡堂》、《石川啄木诗歌集》（与卞立强合译）、《古事记》等，此外还有他去世后问世的《希腊神话》、《浮世理发馆》、《枕草子》、《路吉阿诺斯对话集》和《平家物语》等。

周作人晚年完成了两个大的著译项目，一是写作《知堂谈往》（《知堂回想录》），一是翻译古希腊作家路吉阿诺斯的《对话集》。后者本是他早就喜爱并想翻译的古典名著。他写回忆录虽然尽力保持客观态度，但过去很多人事纠葛不可能不在他

1　郑振铎《惜周作人》，载1946年1月12日上海《周报》。

2　周作人1952年10月26日致龙榆生信，见张霖《周作人两封佚函笺释》，载《博览群书》2007年第6期。

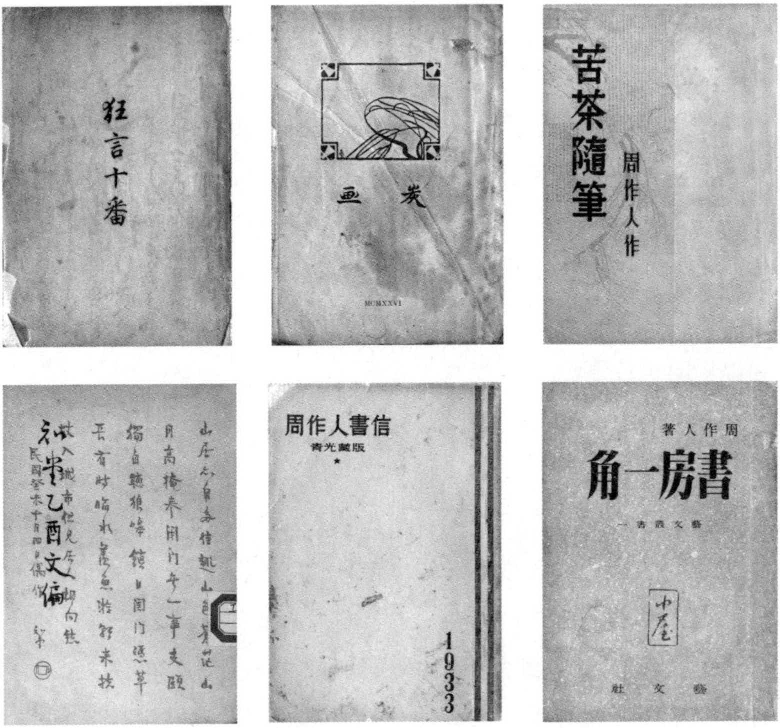
狂言十番
炭画
MCMXXVI
苦茶隨筆
周作人作
周作人書信
青光藏版
1933
周作人著
書房一角
藝文叢書一
藝文社

周作人著译书影

的心海中激起层层浪花。而在翻译古典作品时，周作人可以把注意力转移到几千年前的世界中，忘掉现世的烦恼，得到一时的解脱。他说，老年翻译这样大的作品“似乎未免太不自量了，不过耐心地干下去，做到哪里是哪里，写成功了一篇，重复看一遍，未始不是晚年所不易得的快乐。”[1]

1965年，在大动乱前夕，周作人立了一份遗嘱，内容是：

> 余今年已整八十岁，死无遗恨，姑留一言，以为身后治事之指针尔。死后即付火葬或循例留骨灰，亦随便埋却。人死声销迹灭最是理想。余一生文字无足称道，唯暮年所译希腊对话是五十年来的心愿，识者当自知之。[2]

1966年2月10日，周作人给香港的徐訏写信，回顾晚年所受种种磨难，说：“可是我也并不后悔，不但是后悔无济于事，而且现在这十多年来，得以安静译书，也是我以前未曾有过的境遇。以前以教书为职业，没有余暇做翻译的工作，现今是工作与职业合一了，我好久想翻译的书于今才得实现，即如希腊路吉阿诺斯（英国人叫他Lucian）的对话二十篇，总计有四十七八万言，这乃是我四十年来的心愿，在去年里总算完成了。”

就在“文化大革命”爆发前不久，“三·一八”惨案四十周年纪念日这一天，他想起故人，感慨良多。他找来鲁迅的著作，

1　周作人日记，转引自《周作人与鲍耀明通信集》。

2　同上。

翻阅一篇篇文字，重温两兄弟并肩战斗的岁月。他想起了他和鲁迅一起奋力痛打的那只“老虎”——《甲寅》杂志的主编——章士钊。这位老先生是当今伟大领袖的同乡，备受尊重。绝望中，周作人写信给章士钊，请求帮助。章士钊的秘书真的来了，但对这局面也无能为力。

周作人被管制，被批斗，成了惊弓之鸟。外地一位教师来拜访他，他以为是红卫兵或革命群众来“提审”他、惩罚他。这位教师辗转找到周作人居住的地方：

> 这小屋似乎是四方形的，总有十五六个平方大，中间是一个暖炕，头靠着东墙，炕上有棉被摊着，看得出知堂就睡在这里。不过，在我进去的时候，知堂已经从炕上起来。穿着黑色的短棉袄裤，帽子也不戴，俯着头默默地站立在炕那边的地上。我从他那样子可以看得出，他一定以为又是有什么人来找他麻烦了，所以预先做出“挨斗”的姿势，默默地站立在那里。暖炕的脚后边有一扇玻璃窗，当然是关着的；窗下放着一张小半桌，上面搁着一棵大白菜，从小桌旁边的煤炉推测起来，此时的知堂大概已经与其子女“划清界线”，一个人独自生活了。[1]

红卫兵和革命群众对他施行专政，批斗、罚跪，最后将他赶进洗澡间。他每天只能吃棒子面粥，因饥饿而身体浮肿。为搜集

1　孙旭升《我所知道的知堂》，收入《知堂先生》，河南大学出版社 2004 年版。

鲁迅资料而来访的鲁迅博物馆的工作人员，看到了这样的场面：

> 当我们走进他被关的小棚子里时，眼前呈现的一切确实惨不忍睹。昔日衣帽整齐的周作人，今日却睡在搭在地上的木板上，脸色苍白，身穿一件黑布衣，衣服上钉着一个白色的布条，上面写着他的名字。此时，他似睡非睡，痛苦地呻吟着，看上去已无力站起来了，而且几个恶狠狠的红卫兵却拿着皮带用力地抽打他，叫他起来。看到这种情景，我们还能说什么呢？只好赶快离开。[1]

不久，周作人在孤苦无依和屈辱中离开了人世。他去世的确切日期是1967年5月6日。

周作人的老伴羽太信子晚年多病，为了便于照顾，周作人为她在堂屋尽头安置了一张床。堂屋和书房之间没有隔断，羽太信子躺在床上，便可以看见工作中的老伴儿。1955年，信子归化为中国公民。1962年4月，羽太信子病逝于北大医院。钱稻孙到周家去吊唁，听周家人说，羽太信子病笃说胡话时，讲的居然是绍兴话，而不是日语，使周作人大为感动。[2]

羽太芳子一直受到周作人一家的照顾，于1964年去世。芳子的命运令人同情。鲁迅离开八道湾后，仍很关心芳子和她的孩子们。芳子日常生活中遇到困难，也会求助于鲁迅。鲁迅住进砖塔胡同后不久，1923年8月13日的日记中记载：“母亲来视，交来

1　叶淑穗《周作人二三事》，《鲁迅研究动态》1988 年第 2 期。

2　文洁若《周作人及其儿孙》。

三太太笺，假十元，如数给之，其五元从母亲转借。”大概是芳子零用需要。这笔钱芳子后来让建人于当月归还，鲁迅22日记：“上午得三弟信并泉十五元。”芳子患病住院，鲁迅一般都前去探望。如，1924年5月芳子生病住进山本医院，鲁迅即去医院看她，并转交周建人寄来的十元，他自已也给了十元，以后又多次往医院探望。芳子常给鲁迅写信，有时还带了孩子去拜望鲁迅。鲁迅喜欢芳子的几个孩子。例如长子丰二（即“土步”）生病住院，鲁迅关怀备至。鲁迅日记1924年6月21日记有：“至滨来香食冰酪并买蒲陶干，又购饼六枚持至山本医院赠孩子食之。”7月7日又记有：“午往山本医院，以黄油饼十枚赠小土步。”又如，对芳子的女儿鞠子（马理），鲁迅也多方给予照顾。1925年3月12日记记载：“晚为马理子付山本医院入院费三十六元二角。”其时，鲁迅已搬出八道湾，马理入院治病的费用理应由周作人支付，但鲁迅也乐意对侄女表达爱心。鲁迅定居上海后，虽然经常同建人的新家庭来往，但对北平的芳子及其孩子仍然给予关照。1936年8月至10月，马理一直住在大伯鲁迅家里。

周作人和周建人各有三个孩子。周作人一男两女（周丰一、周静子、周若子），周建人一女两男（周鞠子、周丰二、周丰三）。他们青少年时代都受了良好的教育，都就读于孔德学校。当时，孔德学校一般同学都到学校的饭厅或附近的小铺子去吃中饭，而周氏兄妹却乘包车回八道湾十一号去吃，可见家庭对他们的宠爱，也可见周家的生活水平相当优越。

周作人的儿子周丰一，又名丰丸。1930年毕业于孔德学校，随即赴日留学，就读于大阪浪速高等学校。“九·一八”事变后回国，1933年入北京大学外语系学习。先后担任北京大学、燕京大学日语教师。1947年入北京图书馆工作，直至退休。周丰一全家七口人，住八道湾后院中间的四间房——东头原来的三间客房变成了两间，搬进了新的住户。周作人有一些图书现存国家图书馆（北京图书馆），几年前，鲁迅博物馆的工作人员还在这家图书馆的外文藏书库看到盖有周作人藏书章的图书，可能是当时通过周丰一捐献或出售给图书馆的。1957年周丰一被打成右派，他父亲叛国投敌案的影响可能也是原因。周丰一日文功底很扎实，也写过一些散文小品，可惜因为家庭出身的关系，一生谨小慎微，隐名埋姓，写作翻译成果不多。日本的刊物上曾刊登过他的一些散文作品，用的是周之迪的笔名——这个名字是鲁迅给他取的。周丰一于1997年去世，享年85岁。

周作人的长女周静子，原名谧。经沈兼士介绍，与毕业于日本仙台东北大学数学系、任教于北平女子文理学院的杨永芳结婚。杨永芳自1937年起任教于北平女子文理学院、北平师范大学、辅仁大学、西北联合大学和西北大学等校，在数学教学和研究方面颇有造诣。战争时期有一个阶段，静子带着孩子在八道湾十一号生活，后来随丈夫定居西安，育有三男二女。1956年，周静子撰写了《回忆伯父鲁迅》，发表在《西北大学简报》上。周静子于1984年去世。

周作人的二女儿若子于1929年15岁时病逝。

建人的女儿鞠子，原名晨，乳名马理、马理子。孔德学校毕业后，升入中法大学，抗日战争爆发后，因学校南迁而辍学，转学钢琴，在西安求职期间与一位体育教师结婚，后辗转多地，定居河北唐山，育有一女二男。1976年死于大地震。

周丰二——《故乡》里的宏儿的原型、《鸭的喜剧》中跟爱罗先珂逗笑的活泼儿童土步——命运多舛。鲁迅很喜欢这个侄子，鲁迅日记1919年5月20日记载“晨得三弟信，言芳子于十五日午后五时生一男子，并属命名”。看来“沛”这个名字是鲁迅选定的。他两周岁时，鲁迅“食面饮酒”，为之庆贺。作为鲁迅的侄子、建人的亲生儿子，丰二本应获得一些福荫，但遗憾的是，他也是汉奸周作人的侄子，跟随周作人一家在八道湾长大，他的母亲和周作人的妻子又是同胞姐妹，而且，他与生父早早脱离了关系。

1936年10月，鲁迅逝世。1937年春节，母亲80岁，为了安慰母亲，周建人携王蕴如及孩子们到北平为母亲拜寿。次日即去八道湾。芳子正在院内擦窗，见他们夫妇进来，就大哭着回屋。丰二出来，与父亲发生冲突。随后，芳子、信子与周建人、王蕴如大吵。丰二为母亲抱不平，手持军刀要杀死父亲，后被制止。周建人王蕴如仓促返沪。平日为鲁迅母亲代写家信的宋琳在1937年2月25日给许广平的信中说：“三师母及丰二颇有不直三先生之意”，“丰二函三先生有所要挟，或以马理回平责丰二过分，谓三先生将登报不认他为子”，“三先生来信责备丰二”，[1]等等，关系急剧恶化。

周作人也于2月9日写信给周建人，指责他遗弃羽太芳子而和王蕴如同居：“王女士在你看得甚高，但别人自只能作妾看，你所说的自由恋爱只能应用于女子能独立生活之社会里，在中国倒还是上海男女工人辩姘头勉强可以拉来相比，若在女子靠男人蓄养的社会则仍是蓄妾，无论有什么理论作根据。”面对妻子信子

1　见《鲁迅、许广平所藏书信选》，湖南文艺出版社 1987 年版。

的不平、妻妹兼弟媳芳子及侄儿的愤怒，为求家中安宁，周作人只能说“此后双方不再提及”。许寿裳在当年2月20日给许广平的信中也转达鲁老夫人的意见，“对于三先生事她主张听其自然”。[1]

周丰二孔德学校毕业后，升入中法大学，1940年转入中国大学学习经济，毕业后在中国联合准备银行工作。新中国成立后，曾任职于贸易部、军队某仓库、商业部职工学校等单位，最后从北京市第95中学退休。据见过他的人回忆，他不健谈，平日总是找一个比较僻静的角落默默地坐着。“反右”的时候，以他的出身，自然逃不脱被打成右派的命运。他还曾被判定为“日本特务”，进了劳改队，被关进地下室。《周作人年谱》编著者之一张铁荣曾去访他，问及关于鲁迅、周作人及其他事，他表示无可奉告。鲁迅博物馆的工作人员也采访过他，倒从他那里得到不少信息。[2]周丰二于1992年在北京病逝。

周建人的第二个儿子周丰三生于1922年。1941年3月24日，周丰三在家里用二伯周作人警卫的手枪，对准自己的太阳穴，开枪自杀。有人说，是因为周丰三在辅仁大学附中的同学，为了保全周作人的清白，前去行刺周作人，不料适得其反，更促使周作人落水，丰三因思想苦闷而自杀。还有人甚至声言这个年轻人因抗议伯伯与敌伪合作，可以算是烈士，更是离谱。丰三自杀的主要原因之一，是家庭纠纷。父亲周建人与母亲脱离关系，又声明不承认儿子，对他无疑是沉重的打击。丰三那年19岁，正处在又懂事又不甚懂事的年龄里，精神上受不了，采取了自杀的过激行为。

1　见《鲁迅、许广平所藏书信选》。

2　姚锡佩《周作人购房“买契”引出的如烟往事》，载《鲁迅研究月刊》2013 年第 5 期。

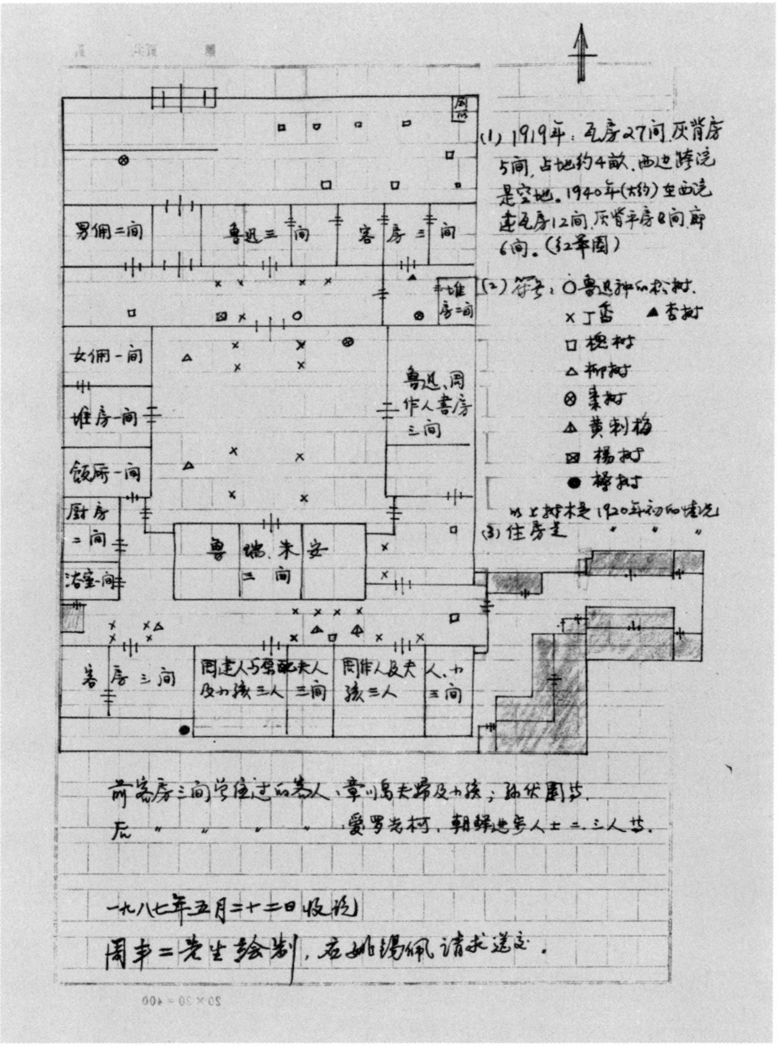
男佣二间
鲁迅三间
客房三间
堆房二间
女佣一间
堆房一间
厕所一间
厨房二间
浴室一间
鲁迅、周作人书房三间
鲁瑞、朱安三间
客房三间
周建人与芳子夫人及小孩三人三间
周作人及夫人、小孩三人三间
(1) 1919年：瓦房27间，灰背房5间，占地约4亩，西边跨院是空地。1940年(大约)在西院建瓦房12间，灰背平房8间，廊6间。(红笔圈)
(2) 符号：○鲁迅种的松树
×丁香 ▲杏树
□槐树
△柳树
⊗枣树
黄刺梅
⊠杨树
●椿树
以上树木是1920年初的情况
(3) 住房是 〃 〃 〃
前客房三间曾住过的客人：章川岛夫妇及小孩；孙伏园等。
后 〃 〃 〃 〃 ：爱罗先珂，朝鲜进步人士二、三人等。
一九八七年五月二十二日收到
周丰二先生绘制，应姚锡佩请求递交。

丰二手绘八道湾图

周建人在上海与往日在绍兴任教时的学生王蕴如同居。1926年生女儿周晔，1927年生女儿周瑾，1932年生女儿周蕖。

周建人于1984年7月在北京逝世，享年96岁。

周作人在“文革”中去世，后事的处理情况不详，可能连骨灰都没有留下，更不知埋葬何处。20世纪30年代，周作人翻译古希腊作品得到四百元稿费，就用这笔款在西直门外板井村购坟地一块，作为家族墓地。若子、丰三、三兄弟的母亲、羽太信子和羽太芳子姊妹都葬在这里。周丰一在他母亲去世的第二年去扫墓，后来写文章记述当时的情景道：

> 早先买好的墓地在郊区板井村，不太大，祖母已经安葬于此。整个墓地四周被松树围绕，里面还点缀着杨柳。
>
> 母亲入葬于此是1962年4月的事情了。当时只在农村流行土葬，在城市都是用火葬。母亲是日本人，便也沿用本国惯用的火葬了。我在祖母的坟边上，放进母亲的遗骨，然后再将土堆高些，以此代替石碑，表明这亦是座墓。翌年春天，我前去扫墓。时隔一年，四下难寻当初村落。问了边上一个农民，说是就在这里了。但我还是半信半疑。原来墓前已长了两寸高的小麦。我在母亲墓前默念祷告，祖母墓前也合掌祭拜了。以前有习俗，是将一枚纸钱放在墓前，用石块压着，以示全家人来祭扫过。如今自然不会这样了。我取一抔土放在墓前，绕墓地一圈，便离开了。[1]

1　周之荻《在记忆中——荻庐杂忆》。

十八　房产

即将被改造的八道湾十一号院及周边，摄于2009年

八道湾十一号，是一宗不小的产业。其产权，为三兄弟共有。当初立房契的时候，鲁迅本不打算写自己的名字，而准备写周作人为户主。后来经过教育部一位同事的劝说，才用了周树人的名字。[1]在几位乡亲朋友见证下订立的契约，申明八道湾的产业，分拆为四份：兄弟三人各占一份，母亲占一份。母亲这一份，作为她养老送终的费用。

鲁迅去世半年之后，由周作人主持，重订了八道湾房产议约，内容如下：

周作人
立议约人　朱氏
建人

立议约人周作人朱氏建人缘有浙江绍兴城内覆盆桥祖遗房产一所，曾于民国八年全家移居北平，将房出售，即以所得之款换购北平内四区新街口八道湾十一号住房，仍归三房共有。经公同议定，嗣后只准居住，未得三房同意，不得单独典卖。惟其户名则由长房树人出名，倘有事故，再以次房作人、三房建人挨次轮具。所

1　许广平《所谓兄弟》。

需老太太生养死葬之费，亦在其中。酌留全部四分之一以资公用，有余部分作为百年之后轮流值祭之用。恐口无凭，立约各执存证。

立议约人周朱氏（印章）

周作人（印章）

周建人周芳子代（印章）

见中乡长寿鹏飞（印章）

公亲阮文侗（印章）

代笔宋琳（印章）

中华民国二十六年四月　日立

这份契约订立时，朱安在北平，许广平在上海，周建人任职上海商务印书馆。朱安在契约上盖了印章，应该是知情的。许广平的儿子后来指控周作人不与在沪的建人和许广平商量，就办理了房产过户手续，是窃夺了八道湾的房产。实际上，周作人这么做，是为了保护家庭中的两位弱者，一位是鲁迅的原配朱安，一位是被三弟遗弃的羽太芳子。

“议约”写明：“老太太生养死葬之费亦在其中。”根据规定，新户主周作人应该负担母亲的一部分生活费用。1938年11月8日鲁瑞写信给上海的许广平说：“老二（按：指周作人）自一月起管我一部份用费，担当若干尚未说明。”[1]周作人因叛国投敌罪被逮捕后，八道湾房产面临没收。1946年1月13日，朱安致信上海的许广平说：“二先生（指周作人——笔者按）因汉奸名义已于

1　见《鲁迅研究资料》第16辑，北京鲁迅博物馆鲁迅研究室编，天津人民出版社1987年版。

上月六号被捕，至今尚未脱险，现设法营救还没结果，近日八道湾房子已有宪兵去住。兹抄附从前预备之议约一纸，未知对此房子将来可有应用之处否，大约须候审确定始有办法也。”[1]

当年秋，许广平返回北平西三条整理鲁迅遗物。此时，朱安身体衰弱，自知在世之日不多，就在许广平返沪前，交待了遗产问题。当时商定的办法是，首先在1946年11月朱安与周海婴的法定代理人许广平签署了一份《赠与契约》，申明：“周树人公遗产业经周朱氏与周渊（周海婴的化名）分割无异，周朱氏所得北平宫门口西三条胡同二十一号房产地基以及其他房产书籍用具出版权等一切周树人公遗留动产与不动产之一部情愿赠与周渊，周渊及其法定代理人许广平允诺接受并承认周朱氏生养死葬之一切费用责任。为免日后纠纷，特立此约为据。”[2]三位当事人签名盖章，证人是沈兼士、张荣乾、吴星恒、徐盈、阮文同、宋紫佩。这个赠与文件中所列项目，应该包括朱安应享有的八道湾产权的一部分。这份八道湾房产的议约件，正是由朱安请人拍成照片寄到上海的。1946年11月24日朱安致许广平的信中说，徐盈先生已来家“拿走议约去托沈先生。沈先生即找纪女律师，纪女律师把此议约照相三张，花八千元，但连做呈文等的钱，他都没有拿，该怎么办？请来信告知。又，沈先生与纪女士商量，建人先生既不在此要有一封委托信才好”。[3]

在同一封信中，朱安还请人为周建人代拟一函，要三弟亲笔

---

1 《鲁迅、许广平所藏书信选》。

2 姚锡佩《周作人购房“买契”引出的如烟往事》。

3 本信与下文所引许广平来往信件见《鲁迅研究资料》第16辑。

书写寄往北平，以便由周氏兄弟之友沈兼士代为委托律师向法院交涉，保留八道湾住房中属于鲁迅和周建人家的房产，以免因周作人案而被全部没收。1947年1月8日朱安给许广平信中说："徐先生来寓谓：律师已来过，但案尚无批文。"同年2月9日朱安在信中告诉许广平："八道湾房子的事情迄今无消息。"3月20日北平地方法院办理了朱安和周海婴订立《赠与契约》的公证。6月29日朱安逝世。

周作人转移户主名，属法律认可的范围内，合情合理，所以当时旁观者并不以为怪。他确定的议约人，除他本人外，长房署名盖章的是周朱氏，三房署名虽是周建人，却由周芳子签署并盖章，显示周作人用心良苦——企图借法律手续，确立并保证朱安和芳子的家庭地位和财产权。

鲁迅及其继承人应拥有八道湾十一号住宅的部分产权。兄弟失和后，鲁迅虽然迁出了八道湾，但仍然承担母亲的生活费用，从未向两个弟弟要任何财产。1941年12月7日太平洋战争爆发，日军进入上海租界；许广平的生活也遇到困难，无法继续寄款给北平奉养婆母。1942年5月以后鲁老太太的生活费靠周作人维持。1943年4月22日鲁老太太病故，遗言将周作人每月给她的零花钱转给朱安使用。朱安并没有向周作人索要八道湾房产，而是将西三条胡同住宅的多余房屋出租，补贴家用。但后来她的生活渐渐陷入困境，债务竟然"一天天加高到四千余元"。这期间发生了一件很难堪的事。1944年，因为要还债，朱安想把鲁迅的藏书出售。周作人让北平图书馆整理鲁迅藏书目录三册，散发求售。许广平和鲁迅的好友闻之，急忙阻止，并想办法解决朱安的生活困难。

1937年订立新八道湾十一号房产契约时，周作人当然想不到这房屋后来成了伪产，他为羽太芳子着想的计划也落空了。芳子在新中国成立后才上诉离婚，因为受了周作人汉奸案的牵连，处于劣势，不可能获得已被捐献给国家的房产。

八道湾十一号历经沧桑，从原来的大宅门渐渐变成大杂院。大门的变化就是一个很好的象征。五十年代，大门虽然已经破旧，但门框上还有堆砌的格子瓦装饰，还有屋顶，看起来还有个门楼样子；后来，大门虽然还是方形，但已经没有门楼，只用砖垒砌起来，上方搭了一根木板，木板上又砌了些砖头；再后来，干脆连门板也没有了。

周家的用人张淑珍也说，整个院子“文革”前变化不大，很气派，在这一带都数得上。但“文革”后，丁香、松树、槐树、海棠——都是从绍兴老家带来的树种——全被砍了，池塘也给填了。上面盖了房。由于人口增多，住房狭窄，住户不断扩张生活空间，加长屋檐，加修围墙，砖头、门板、塑料布，凡是能到手的材料都用上了。唐山大地震时，紧挨着房子。又搭起很多地震棚，有些至今还住着人，有些成了堆放杂物的仓库。

张淑珍说：“前些年房管局给院儿里的居民提供材料，说可以换掉木格花窗，安玻璃窗。别家全换了，我可舍不得。木格花窗还是当年大先生在时的，一点儿都没变。每年快冬天时用面糊打浆子，糊一块钱一张的高丽纸。差不多得用十几张。”

1996年6月间，《光明日报》刊登了八道湾胡同随东冠英小区的开发将被拆毁的报道。消息一传出，旋即在社会上引起一片议论之声。有人到北京市文物和规划部门，了解情况，不少文化界知名人士撰文呼吁开发商“手下留房”，并希望有朝一日将八道湾的现有住户搬迁出来，恢复这座院子的本来面貌，保留一段历史，保留一种文化，保留一部分城市的记忆。据报载，北京市规划局发函至负责东冠英危改小区规划建设的房地产公司，要求告诉原规划方案。由于政府部门的干预，房地产开发项目暂停。

当时，赞成保护八道湾十一号的意见占上风，但也有另外一种声音。鲁迅之子周海婴就说："据我了解，国家文物部门经费很困难，拨出巨款来修缮十一号院的可能性几乎没有。就现在这么一副破旧不堪的样子，将来和周围小区建筑对比起来，那是一番什么景象！春节期间，我和周建人（鲁迅的弟弟）的两位女儿对此交换了意见，一致同意不保留八道湾十一号院。我们认为，再以保护鲁迅故居的名义来保留十一号院是不合适的，可能产生一些负面效果。"他的理由之一是："八道湾的房屋以北房最佳，而父亲本人根本没有享受过，而'苦雨斋'又与鲁迅不搭界。他早年住过的屋子，又都破损不堪，而且听说现在也不是原屋了。要说北京的鲁迅故居，西三条才是。因为这是他用自己的钱独立购买的，并且也是居住过的。由此可见，保护八道湾实际等于保护周作人的'苦雨斋'。那么，汉奸的旧居难道是值得国家保护吗？"[1]

针对鲁迅纪念馆已经太多，不必再增加的意见，文化界人士提出反驳意见时，往往举出外国的例证，如，俄罗斯人为他们的伟大诗人、近代语言与文学的奠基人普希金，修建了很多纪念设施，不仅在大大小小的城市里有，就连偏远的米哈伊洛夫斯克或三山村，在小路旁或树林边，也会见到写着"普希金曾在这里散步"、"这里是普希金读过书的地方"的木牌。俄罗斯人甚至还为普希金的奶娘也建立了一座纪念馆，等等。

1　周海婴《鲁迅与我七十年》。

前几年，我在一次文学博物馆交流会上介绍了中国的六家鲁迅博物馆、纪念馆，指出这是近现代中国重文传统的一个显著例证。俄罗斯莫斯科一家普希金纪念馆的同行随即回应说，在俄国，普希金的纪念设施有十四处。好在我的发言还有一部分，是介绍中国自古以来的重文传统，我举出的中国古代的例证是杜甫，其纪念设施也在十几处之谱，而且近年来仍不断有规划建设新设施的消息。我这么说，当然不是为了跟外国同行争高低，只是想说明中国的重文传统一脉相承。我们是一个尊重诗人的国度，坚持这个传统，有希望也必定会出现更多更伟大的诗人。

在几年前，一本由日本学者写作的讨论周作人战争时期生活和思想状态的著作《北京苦住庵记——日中战争时期的周作人》（修订版）的中文译本出版。该书“审判”一章的一则注释对八道湾十一号的现状做了这样的表述：“八道湾的房地产因是‘祖产’而幸免于没收，周作人一家一直居住于此，但原本是兄弟三人的共同财产，故产权始终暧昧不清。最近，政府指定其为‘文物保护对象’，在北京鲁迅博物馆管理之下，作为分馆得到整备。”[1]这里有两点需要更正，一、周作人家虽然在这里居住一段时间，但并非房产的主人，他们也像其他居民一样缴纳房租；而且他们并非一直居住于此，周作人去世后，当地房管部门一位李姓职员就进院占房，最终迫使周丰一全家搬走；[2]二、从未闻见在这里进行鲁迅博物馆分馆的筹建工作。猜测起来，可能是作者修订本书时，正赶上舆论有此动议，就把议论当作事实写进书中了。

1　木山英雄《北京苦住庵记》。

2　赵龙江《重访八道湾》，载《芳草地》2010 年第 1 期。

后记

冬日的前公用胡同，摄于1980年

十几年前，我出版了一本记述鲁迅、周作人和周建人三兄弟生平事迹的传记《度尽劫波——周氏三兄弟》。周氏三兄弟在一起生活，除了青少年时代及鲁迅、周作人从日本回国后在绍兴任教的一个短暂时期外，就只有在八道湾十一号居住的几年。这两个时期也是三兄弟一生的关键期。在八道湾居住时期，鲁迅和周作人在社会上声誉渐隆，媒体上也有了“周三人”的称呼。但因资料欠缺和篇幅限制，《周氏三兄弟》一书对这个时期的叙述颇显不足。

最近几年，一些因素促使我撰写一本专门介绍八道湾周宅的小册子。

首先，八道湾十一号周氏兄弟旧居，因为面临拆毁，不时引起社会舆论的关注。海内外新闻机构纷纷发表报道和评论，甚至一些影视单位也赶来拍摄这残破的院落。我因为工作的关系，并因为写过《周氏三兄弟》一书，常被问及这个院子的历史、周氏兄弟在这里的生活情况等等，自然越来越给予关注。后来，几部文献纪录片陆续在大陆和香港播映。影视作品，因为传播的快捷方便，受众容易从中得到视觉满足等特点，比图书影响大，自不待言。我对影视之道不甚了然，但影视片的拍摄，在增加了我对这个院落的认识的同时，也使我起意写作这本小册子，倒是一个意外的收获。

其次，更多地记述周作人的事迹。三兄弟中，周作人在八道湾十一号院居住时间最长。他的人生道路与哥哥弟弟有差别，人生结局迥异，后世对他的评价颇多争议。他在人生某些阶段与哥哥弟弟有密切的交集，无论是友好，还是反目，都值得研究。鲁迅研究离不开两个弟弟作人和建人提供的资料，鲁迅研究自然也带动了周作人研究。借助于鲁迅的声望，促进周作人研究，看似一种策略，其实是一种必然。我参与过的几次在鲁迅博物馆举办的学术讨论会，就以鲁迅、周作人比较研究或以兄弟生平中某些重大事件为主题。《鲁迅研究月刊》特设“鲁迅同时代人研究”专栏，周作人是重点研究对象。周作人一生几次重大转折发生在这所院内，其思想发展脉络和种种欢欣、屈辱，与这个四合院密不可分。过去有这样一种观点：周作人留恋北京八道湾“苦雨斋”宁静、安逸的生活，是导致他走上了叛国投敌道路的重要原因之一。居处所在，环境熏陶，会引起人的思想性格的变化，正所谓居移气，养移体。周作人在八道湾的安居，与鲁迅在厦门、广州、上海的游动、租房居住及建人在上海等地打工的生活状态，其间的异同是很明显的。

再次，如何保护这个有丰富人文内涵但年久失修的院落，使其不至于损毁，是一个很现实也很急迫的问题。这本书开始写作的时候，第三次全国文物普查正在进行。在以往两次全国文物普查中，这所院落并没有被登记注册，所以有了1996年那次险些被拆毁的事件。经向有关部门查询得知，此次普查，文物部门已经将这个院落的各项数据登记在案。也就是说，政府已经将其纳入文物保护体系。但如何定级，如何保护，还没有具体的规划。

这本小册子试图将这个院落的命运与曾在其中生活的重要人

物的命运结合起来述说，力求多提供些信息，期望对其妥善保护和合理利用，有一点儿参考价值。

关于保护名人旧居的重要性必要性迫切性，我们可以讲出很多正确的理念。但究竟怎样保护，如何利用，却非易事。在城市化快速发展的时代，资金和土地都是急缺品，市区人口又不断增加，需要更多大容量的建筑，这是现实的需求。现状是，很多名人旧居已经变成大杂院。其中的住户大都想离开，住进干净、明亮、独立的单元房。固守在大杂院的所谓“钉子户”，绝不会像文物保护工作者或学术研究者一样倾心于文物保护理念，或者怀思古之幽情。他们最关心的，当然是改善自己的生活条件，他们所争的，往往是补偿款的多少。如果不能理解他们的困苦和诉求，名人旧居保护就成了唱高调。事实往往是，表面上显得争持不下的居民和房地产开发公司最终达成了一致，文物保护理念终成为不讨好的一方。我在写作这本小册子的过程中，屡屡想到也看到这种局面。我有一种预感：八道湾十一号不可能得到像宫门口西三条鲁迅旧居那样的待遇。

在本书写作过程中，八道湾十一号拆与保的争论和较量终于有了结果。因为金融街的扩张，毗邻金融街的三十五中高中部将搬迁至此。

2009年6月底，赵登禹路上及八道湾胡同口张贴了《北京市房屋拆迁公告》，要求“当地单位和居民自2009年6月26日起至2009年8月10日中午12时以前完成搬迁”。拆迁范围涉及前公用胡同、八道湾胡同、西直门内大街和赵登禹路，涉及居民1000多户。为此设置了拆迁办公室。7月13日的《京华时报》报道说，八道湾胡同十一号院——鲁迅和周作人的故居也在拆迁范围内。但媒体也引用官方消息说，八道湾十一号院不会拆掉，将作为校内文物保留。

这结果照顾到了各方，虽不能说皆大欢喜，也还差强人意。

当我和我的同事们赶去拍照的时候，三十六户人家中，已经搬迁大半，只有不多几户居民还在坚守。问起来，他们说是补偿太少，正跟拆迁办商谈价格。补偿不满意，他们是不会搬走的。

院里的居民几乎都知道这里原是鲁迅和周作人的故居。有些人对此持无所谓的态度。一位居民说，总有很多人来这里探访，说来看看鲁迅住的地方。“可鲁迅住这里那是多少年前的事了，关注这个有什么意义！”当然，也有居民表示，鲁迅兄弟三个都在这里住过，宅院应该保留下来，以后肯定有价值。

我联系了时任北京市西城区第十二届政协委员的王彬先生，他寄给我一份关于这个院落保护的政协提案。北京市规划部门的文件对未来这个院落的状态的表述是：“八道湾周氏旧居规划到三十五中新校址内。”政协委员的提案对此提出一些修补性建议：“此处原为胡同区，如盖大体量高楼势必与周围环境格格不入，破坏历史形成的胡同格局与风貌；新建中学清一色若是高大的教学楼，毫无建筑特色。如将准备迁来的三十五中学建设成为低层的仿四合院式的建筑群落，将不仅保护原有的胡同格局而且与周氏旧居相得益彰，凸显出西城区的人文色彩。”

对此提案，北京市规划委西城分局于2009年4月30日做了回复，称该项目方案2008年即已通过北京旧城风貌保护与危房改造专家顾问组的论证。规划前期研究过程中，罗哲文、宣祥鎏、谢辰生、傅熹年、徐苹芳、王世仁、柯焕章、边兰春等规划、文物专家多次到现场实地勘察，指导方案的修改和完善。方案充分考虑了旧城历史风貌的保护，用围合式的建筑形式对整个方案进行布局；根据历史资料对鲁迅家族旧居予以尽可能的保护复原；对前公用胡同41号、43号、45号三处文物普查院落予以保留；为尽可能的保护前公用胡同肌理，将前公用胡同沿线平房进行了修整和复建；并通过过廊，铺装等方式对八道湾胡同肌理、走向和区域历史记忆予以保留和标识；同时，通过对建筑退台、色调、坡屋顶等细部处理，使教学楼与鲁迅家族旧居更好地协调和过渡。

这诚然是好的。但无论如何复原，拆迁后的胡同肌理肯定会大大改变。虽然在总体规划中考虑了这一点，在学校大院中用转了几道弯的回廊演示胡同的格局，并在路上立牌说明，周边也保留了几座四合院与之呼应。不过，纪念馆设在校内，观众进出不便，怎样解决维持教学秩序、保障安全与免费开放、服务社会之间的矛盾，也是一个大问题。当初阜成门内宫门口西三条鲁迅旧居旁建鲁迅博物馆，拆掉周围大片民房，只保留半条胡同，现在观众只能靠照片、绘图来想象当年鲁迅在此居住时的情形了。八道湾周氏兄弟旧居周边环境，今后也只能靠这种办法模拟得之。

此事殊难两全。

事已至此，今后可以不必再纠缠于“原”与“变”的争论，而应该专注于如何把这个院落建好管好。

一晃几年过去了，工程在进行着。我因为忙别的事，放下了手中的资料收集和整理工作，《八道湾十一号》的撰写进展缓慢。直到2013年初，我重新回到这个题目。5月份，我联系了三十五中的朱建民校长，了解新校区建设进度，承他安排，穿过脚手架，跨过壕沟，参观了这个变得十分陌生的院子，只见有的房屋是原样修复，有的则落架大修。几天后，朱校长打电话给我，说要就院内的景观设计召开一个论证会。我因为有别的活动，没有参加这次会议，但还是勉力对方案提供一些意见和建议：

关于院内的地面铺设、花草栽植及后院的荷花池开凿，设计方案秉承了尽力符合历史原貌的宗旨，这种努力值得肯定……

一般来说，读者、观众对鲁迅、周作人的著作比较熟悉，已经有了充分的知识储备，他们希望拿书本上读到的“草木虫鱼”在这里得到印证，从而获得历史感和亲切感。旧居中的花木，因为历经百年沧桑，前后变化很大。我觉得应该以上世纪20年代初鲁迅在此居住时期的情形做复原性栽植。但因为设计师不太熟悉史料，故这个方案对一些树木的定位不准确。下面根据有关记载，从正门开始自南向北做一简述：

大门外是几棵槐树；大门口原有影壁，旁边有一棵枣树，后来拆除影壁盖成小房子，枣树被拔掉；前院最西三间是客房，门前有一棵杏树；其东边三间曾为鲁迅住室，有人说鲁迅在这里创作了《阿Q正传》。门前有两棵丁香，系鲁迅手植，有照片为证。根据回忆录，1956年10月，这两株丁香还在。有一天，周作人送客出门，走到这里，对客人说：“这是家兄种的。”鲁迅1924年搬到西三条二十一号后，也在院内种了两株丁香，至今八十多年了，仍极茂盛。这些丁香和杏树的对面，自西向东，依次是枣树、松树、杨树和槐树，其中松树系鲁迅亲手种植。中院南侧自西向东有丁香和柳树，北侧与南侧相同，惟西头多了一棵枣树；老虎尾巴的西侧是丁香和槐树。后院自西向东是槐树、黄刺梅、丁香和柳树。这柳树在乌克兰诗人爱罗先珂住过的客房门前。爱罗先珂回国前还栽过杏树，资料记载是在“东侧的路旁”，但这里后来修了房子，杏树也就不存在了。现在拆掉了后来搭建的房子，是否考虑补栽，请酌。此外还有一些小树种，如后院西南角曾有一株花椒。花椒和黄刺梅，西三条鲁迅旧居后园里也有。

院内还有一个重要景观，方案也做了详细的设计，就是后院的荷花池。……因为后院地势低，夏天容易积水，主人因势利导，挖了一个水池。水池并不居中，而在偏东的三间客房前面。鲁迅《鸭的喜剧》中有所描述，此外爱罗先珂在《小鸡的悲剧》中也提到这个水池。池子虽小，但名声颇大，值得下功夫恢复旧观，种上荷花，养起蝌蚪，很有趣味。鲁迅和他的弟弟们喜欢莲花。他早年写诗赞美其高洁：“扫除腻粉呈风骨，褪却红衣学淡妆。好向濂溪称净植，莫随残叶堕寒塘！”

荷花池应尽量朴素，不宜堆砌精美或奇怪的石料，而应以普通砖石为主。相应的，院内地面铺设也以朴素大方为宜。

在本书交稿前夕，2014年2月9日，我受邀到三十五中，与该校负责人和文史专家会面，讨论这个院落的命名问题。我提议用“周氏兄弟旧居”，得到大家的赞同。

接下来还有很多工作要做：布置各种设施，制作展览，展示鲁迅兄弟三人的生平特别是他们在此地生活时期的业绩，既尊重史实，又贴近观众，设计一些互动项目，还可以播放与三兄弟相关的影视资料，对学生进行历史文化教育。这个学校的学生——扩大到西城区乃至全市的学生——可以在旧居旁边的鲁迅书院（学校图书馆）里阅读和讨论三兄弟的著作，还可以针对中学生编辑三兄弟作品读本，请专家来做深度讲解……

大家对八道湾十一号周氏兄弟旧居的前景充满期待。

2014年6月30日

附录：

周氏兄弟与八道湾十一号

1919年

7月10日，鲁迅约徐吉轩到八道湾看屋。15日，前往量屋作图。23日，拟买八道湾罗姓房屋，并同原房主赴警察总厅报告。

8月2日，鲁迅到西直门内横桥巡警分驻所问房屋事。18日，到市政公所验契。19日上午，往浙江兴业银行取钱，买罗氏屋成，晚在广和居收契并先付1750元，又付中保175元。

9月6日，周作人领到买屋凭单。18日，鲁迅同齐寿山、徐吉轩及张木匠到八道湾看屋工。

10月5日，鲁迅到徐吉轩寓所，与其同往八道湾，收房九间，交泉400元。6日，往警察厅报修理房屋事。10日，到八道湾查看修理房屋。11日，到洪桥警察分驻所验契。19日，鲁迅与周作人一家查看八道湾房屋。27日，鲁迅到八道湾并付木工50元，又到自来水西分局。29日，鲁迅到自来水西局约人同往八道湾宅量地。

11月1日，鲁迅到八道湾宅。4日，同徐吉轩到八道湾见罗姓房主和中间人等，交付1350元，完成房屋交接。10日，鲁迅到八道湾查看。同日，周作人携妻弟羽太重久到八道湾，商量如何修建卫浴设施。12日，鲁迅、周作人到八道湾，托泽山工程局造日式房及浴室。13日，装水道，付工值80.1元，管道经陈姓宅，被索去假道费30元，又居间者索去5元。同日，鲁迅托齐寿山借钱500元，利息一分三厘，期限三个月。14日，鲁迅到八道湾宅查看，水道已成。又付木工钱50元。18日，鲁迅又到新宅查看。21日，鲁迅与周作人一家入住八道湾十一号。

12月29日，鲁迅陪同母亲及三弟建人一家从绍兴到北京，入住八道湾宅。

1920年

1月6日，鲁迅到本司胡同税务处税房契180元。10日，建人儿子沛生病，此后断断续续病半年，时轻时重，住院多次。19日，绍兴托运书籍等物到京。

2月19日，旧历除夕，周家祭祖先。夜放花爆。

3月14日，午周宅宴请买宅时赠物的同乡同事，共二席，十五人。

4月1日，《新青年》第7卷第4号上发表《新村北京支部启事》："本支部已于本年二月成立，由周作人君主持一切，凡有关于新村的各种事务，均请直接通信接洽。又有欲往日向，实地考察村中情形者，本支部极愿介绍，并代办旅行的手续。支部地址及会面日期如下：北京西直门内八道湾十一号周宅。"

4月7日，湖南青年毛泽东到八道湾十一号拜访周作人。

4月16日，鲁迅在住所庭前植丁香二株。

8月，鲁迅被聘为北京大学、北京高等师范学校讲师。

11月，周作人作《文学研究会宣言》，与沈雁冰（茅盾）、郑振铎、叶绍钧等11人共同发起成立文学研究会。

年底，周作人患肋膜炎，住山本医院。

1921年

3月29日，周作人肋膜炎复发，住山本医院。

4月11日，鲁迅收钱玄同等多人信，问周作人病情。

6月2日，周作人到西山碧云寺养病，9月21日返家。

9月2日，周建人离开北京去上海商务印书馆工作。

12月4日至翌年2月12日，鲁迅小说《阿Q正传》在《晨报副镌》上连载。

1922年

2月24日，爱罗先珂由郑振铎、耿济之陪同来到八道湾周宅，住后院东头三间客房。

下半年起，作人兼任燕京大学新文学系主任。

5月，三兄弟合译的《现代小说译丛》由上海商务印书馆出版，署名周作人。

1923年

2月14日，鲁迅收到去年10月下半月薪水150元。

3月25日，鲁迅早起到孔庙参加祭孔仪式，归家途中坠车落二齿。

4月30日，鲁迅收到去年12月下半月薪水150元。建人从上海回京探亲。

5月10日，鲁迅与周作人宴请建人。

7月3日，鲁迅与周作人至东安市场、东交民巷书店、山本照相馆等处。购买云冈石窟佛像和正定木佛像照片等。7月14日晚，鲁迅不到后院而改在自己屋内吃饭。

7月18日，周作人到前院向鲁迅递交一信请鲁迅以后不要到后院。鲁迅派人去请作人来，欲问缘由，作人不至。26日鲁迅到砖塔胡同寻找住处并收拾书籍入箱。

8月2日，鲁迅与妻子朱安迁居砖塔胡同六十一号。本月鲁迅著小说集《呐喊》由北京新潮社出版。

9月，周作人著《自己的园地》由北京晨报社出版。

10月30日，鲁迅到阜成门内三条胡同看屋，买定第二十一号门牌旧屋六间，议价800元。

12月，鲁迅编讲义《中国小说史略》上册由北京新潮社出版。

1924年

5月，鲁迅与妻子朱安自砖塔胡同六十一号迁居阜成门内西三条二十一号。

6月11日，鲁迅回八道湾取书籍物品，与周作人夫妇发生冲突。

12月，《语丝》创刊。周作人拟发刊词，主持编务。鲁迅为该刊主要撰稿人。

1925年

5月，鲁迅周作人参加女师大学生自治会召集的校务维持会，在《关于北京女子师范大学风潮宣言》上签名，支持学生。

12月，周作人著《雨天的书》由北新书局出版。

本年周作人任北京大学新成立的东方文学系筹备主任、教授，并在孔德学校兼课。

1926年

3月25日，周作人参加在“三·一八“惨案中死去的女师大学生追悼会。

8月，鲁迅携女师大学生许广平离京南下，辗转厦门、广州等地，次年10月定居上海。

1927年

4月，李大钊被捕遭杀害。周作人参与掩护其子女，将李大钊长子李葆华藏在八道湾周宅，后将李葆华送往日本留学。

9月，周作人著《泽泻集》由上海北新书局出版。

10月，《语丝》被当局查封，周作人外出避难。

12月，周作人著《谈龙集》出版。

1928年

1月，周作人著《谈虎集》由上海北新书局出版。

1929年

5月，周作人著《永日集》由北新书局出版。

11月19日，周作人次女若子病故。

1930年

5月，《骆驼草》周刊创刊，周作人为主要撰稿人。

1931年

2月，周作人著《艺术与生活》由上海群益出版社出版。

1932年

2月25日，开始周作人在辅仁大学作《中国新文学的源流》演讲。后由北平人文书局出版。

5月，周作人开始翻译希腊神话。

1933年

7月，《周作人书信》由上海青光书局出版。

10月，周作人编《苦茶庵笑话选》由上海北新书局出版。

1934年

1月，周作人设家宴五席庆贺五十寿辰，并作诗两首，先发表于《现代》，4月，又以“五秩自寿诗”为题刊登《人间世》创刊号，引发多位文坛名人唱和，也招来许多批评。

7月，周作人携妻子赴日探亲。

9月，周作人著《夜读抄》由上海北新书局出版。

本年周作人被聘为北京大学文科研究所歌谣研究会委员。

1935年

10月，周作人著《苦茶随笔》由上海北新书局出版。

1936年

2月，周作人著《苦竹杂记》由上海良友图书公司出版。

10月，鲁迅在上海去世。周作人作《关于鲁迅》，随后又作《关于鲁迅之二》。

1937年

春节，周建人携王蕴如及子女到京为母亲拜寿，在八道湾与原配妻子羽太芳子及其子女发生冲突。

春，作人、建人列名《鲁迅全集》编辑委员会。

4月，周作人主持重订八道湾房产议约。周作人，鲁迅妻子朱安和周建人妻子羽太芳子作为新约签订人。

7月，日军挑衅，全面侵华。

11月，周作人被指定为北大留平教授，协助保护校产。

1938年

2月9日，周作人出席《大阪每日新闻》社组织的“更生中国文化建设座谈会”。

5月5日，武汉中华全国文艺界抗敌协会通电全国文化界，声讨周作人的附逆行为。

8月30日，周作人出席东亚文化协议会并当选委员。

1939年

1月1日，周作人在家中遇刺，子弹被毛衣纽扣所阻，仅伤皮肤。12日，周作人接受伪北大图书馆长之聘。

3月，周作人任伪北京大学文学院院长。

1940年

2月，周作人著《秉烛谈》由上海北新书局出版。

3月，审阅小学国文教科书。

12月19日，周作人被汪伪国民政府任命为伪华北政务委员会委员暨常务委员，兼教育总署督办。

1941年

1月，周作人就任伪教育总署督办。同月被聘为伪华北文艺协会顾问。

3月24日，周作人侄子周丰三在家用周作人警卫的手枪自杀。

4月，周作人率东亚文化协会评议员代表团启程访日。访问期间两次慰问在侵华战争中受伤的日军官兵并赠款。

10月，周作人兼任东亚文化协议会会长。

11月，周作人赴徐州视察第三次治安强化运动实施情况及教育工作。

1942年

3月25日，周家购置八道湾十五号瓦房三间，灰房一间半，共四间半。

4月，周作人兼任北京图书馆馆长。本月周作人赴涿县、保定等地视察第四次治安强化运动实施情况。

5月，周作人随汪精卫赴长春参加庆祝伪满洲国成立十周年活动。

9月，周家购买西邻十三号宅，地约一亩，瓦房十间半，价13200元。

9月13日，周作人在伪华北作家协会成立大会上当选评议会主席并发表书面训词。

11月下旬，周作人到井陉、彰德等地视察第五次治安强化运动实施情况及教育工作。

12月8日，周作人担任伪中华民国新民青少年团中央统监部副统监。

1943年

2月4日，伪华北政务委员会改组，全体共署辞呈。但只有周作人未获留任。

3月，周作人任《艺文杂志》社社长。

4月，周作人被汪精卫政府追任为伪国府委员。4月5日应汪精卫之邀，赴南京、苏州等地讲学游览。

4月，母亲鲁瑞去世。

12月，周作人被任命为华北综合调查研究所副理事长。

1944年

1月，周作人著《药堂杂文》由北京新民印书馆出版。

11月，周作人著《苦口甘口》由上海太平书局出版。

1945年

8月15日，日本宣布无条件投降。同月周作人致函北京大学，同意担任国文系主任。

12月8日，周作人被捕，关押于北平炮局胡同陆军监狱。

1946年

5月27日，周作人被押解至南京老虎桥监狱。

1947年

本年，周作人因“共同通谋敌国、图谋反抗本国”罪被判处有期徒刑10年，褫夺公权10年，全部财产除酌留家属必需生活费外没收。

1949年

1月26日，周作人被保释出狱。暂住上海学生家。

7月4日，周作人致函周恩来，为自己的行为说明和辩解。

8月14日，周作人返京，暂住学生家。

10月18日，周作人返回八道湾十一号。

1950年

本年，许广平到八道湾十一号，跟住在院子里的华北军区纠察队的连长说，鲁迅和周建人名下的房产都已捐给政府。政府可能要把这里辟为纪念鲁迅的场所，或改作鲁迅小学。

11月，周作人译《希腊的神与英雄》由上海文化生活出版社出版。

1951年

2月，周作人致信毛泽东、周扬，为自己辩白，请求政府照顾自己的生活。

本年，羽太芳子将其与周建人的离婚案上诉北京市人民法院，要求分得八道湾房产，被法院驳回。又上诉至中央人民政府最高法院，复被驳回。羽太芳子服毒自杀，被救得免。

1952年

11月，周作人译《俄罗斯民间故事》由香港大公书局出版。

1953年

1月，周作人译《乌克兰民间故事》由香港大公书局出版。

12月，周作人申请政治权案经北京市人民法院判决“褫夺政治权利”。

1954年

本年，周作人著《鲁迅的故家》、《鲁迅小说里的人物》由上海出版公司以“鲁迅研究资料”名义出版，署名周遐寿。

1955年

本年开始至1959年12月，人民文学出版社每月预付200元稿费给周作人，周作人按月交译稿。

2月，周作人译《伊索寓言》由人民文学出版社出版。

4月，周作人译《日本狂言选》由人民文学出版社出版。

本年，羽太信子加入中国国籍的申请获得内务部批准。

1956年

8月到年底，周作人在全国多家报刊上发表回忆鲁迅的文章近20篇，后结集为《鲁迅的青年时代》，由中国青年出版社出版（署名周启明）。

9月，周作人与王古鲁、钱稻孙等赴西安参观访问。

1958年

3月，周作人编《明清笑话四种》由人民文学出版社出版。

4月，周作人恢复选举权的申请被西四区人民法院驳回。

本年，周作人把从起始到1934年的日记卖给鲁迅博物馆。

1960年

1月起，周作人在人民文学出版社的稿费调高到每月400元人民币。1964年9月减为200元，1966年完全取消。

12月起，周作人撰写《药堂谈往》（即《知堂回想录》），1962年11月完成。

1962年

4月8日，羽太信子病逝于北大医院。

6月，周作人开始翻译古希腊作家路吉阿诺斯的《对话集》，1965年3月完稿。

1964年

羽太芳子病逝。

1967年

5月6日，周作人在家中去世。

1984年

7月，周建人在北京逝世。

1996年

因旧城改造，八道湾地区面临拆毁。因引发争议，暂停。

2009年

八道湾胡同张贴《北京市房屋拆迁公告》，要求“当地单位和居民自2009年6月26日起至2009年8月10日中午12时以前完成搬迁。”媒体引用官方消息说，八道湾十一号院将作为第三十五中学校内文物保留。

2014年

北京第三十五中新址落成。校园内的八道湾十一号经过翻修，成为“周氏兄弟旧居”。

参考书目

《鲁迅全集》(18卷)，北京，人民文学出版社2005年版。
《鲁迅译文全集》(8卷)，北京鲁迅博物馆编，福州，福建教育出版社2008年版。
《周作人自编文集》，止庵校订，石家庄，河北教育出版社2005年版。
《周作人集外文》(上、下)，陈子善、张铁荣编，海口，海南国际新闻出版中心1995年版。
《知堂集外文〈亦报〉随笔》，陈子善编，长沙，岳麓书社1988年版。
《知堂书信》，黄开发编，北京，华夏出版社1994年版。
《周作人诗全编笺注》，王仲三笺注，上海，学林出版社1995年版。
《周作人日记》(上、中、下)，郑州，大象出版社1996年版。
《鲁迅研究动态》，北京鲁迅博物馆编辑出版。
《鲁迅研究月刊》，北京鲁迅博物馆编辑出版。
《鲁迅研究资料》(24辑)，北京鲁迅博物馆鲁迅研究室编，文物出版社、天津人民出版社、中国文联出版公司出版。
《回望鲁迅》(22卷)，孙郁、黄乔生主编，石家庄，河北教育出版社2000年版。
《回望周作人》(8卷)，孙郁、黄乔生主编，开封，河南大学出版社2004年版。
《关于鲁迅及其著作》，台静农编，北京，未名社1926年版。
《鲁迅先生二三事》，孙伏园著，重庆，作家书屋1942年版。

《我所认识的鲁迅》，许寿裳著，北京，人民文学出版社 1952 年版。
《亡友鲁迅印象记》，许寿裳著，北京，人民文学出版社 1953 年版。
《略讲关于鲁迅的事情》，周建人著，北京，人民文学出版社 1954 年版。
《鲁迅的故家》，周遐寿著，北京，人民文学出版社 1957 年版。
《鲁迅小说里的人物》，周遐寿著，北京，人民文学出版社 1957 年版。
《鲁迅的青年时代》，周启明著，北京，中国青年出版社 1957 年版。
《鲁迅回忆录》，许广平著，北京，作家出版社 1960 年版。
《知堂回想录》，周作人著，香港，三育图书有限公司 1973 年版。
《许广平忆鲁迅》，许广平著，广州，广东人民出版社 1979 年版。
《胡适全集》，合肥，安徽教育出版社 2003 年版。
《西潮与新潮：蒋梦麟回忆录》，北京，东方出版社 2006 年版。
《周作人传》，钱理群著，北京出版社 1990 年版。
《周作人年谱》，张菊香、张铁荣编著，天津，天津人民出版社 2000 年版。
《周作人的是非功过》(增订本)，舒芜著，沈阳，辽宁教育出版社 2000 年版。
《苦雨斋主人周作人》，倪墨炎著，上海，上海人民出版社 2003 年版。
《北京苦住庵记——日中战争时代的周作人》，[日]木山英雄著，赵京华译，北京，生活·读书·新知三联书店 2008 年版。

鸣谢

本书断断续续写了五年多。如果没有同事和朋友们的关心和帮助，恐怕直到今天还不能完成。

钱振文、宁敬武二君曾和我一起到即将被拆迁的八道湾十一号摄取影像资料，共同策划宣传活动，这些活动促进了本书思路的形成；中岛长文、刘礼昌、赵龙江诸位先生提供了他们不同时期拍摄的照片，许礼平、裘士雄先生惠赐相关图像资料；当然，提供图像资料最多的还是北京鲁迅博物馆的同事们；谨致衷心感谢。

感谢张胜、罗少强、王兆阳、李争诸君为本书的出版所做的努力。几年间，他们不时询问进度，与我讨论内容和写法，殷切的期望使我不敢懈怠。初稿完成后，他们，还有书云、嘉湇诸位学友通读全篇，提出修改意见。张胜君担任设计，肖严君担任责编，装饰而且润饰，大为本书增色。

张小苑、陈南、白海君诸君，翻译外文资料，为我解决疑难；北京市西城区政协程刚副主席和王彬委员、北京市第三十五中学朱建民校长和陈翠主任、首都博物馆马怀伟先生关心和鼓励本书的写作，或提出建议，或提供相关资料，在此一并致谢。

2014年11月27日于北京阜成门内

“肇赐嘉名”（代跋）

一

端午节。不免想到屈原和《离骚》。随手从书架上抽出《楚辞补注》，“……皇览揆余初度兮，肇锡余以嘉名：名余曰正则兮，字余曰灵均。”读到这儿，不禁废书一叹。何以故？我最近深感命名不易。譬如展览。把文物资料排列组合，由点到面，贯穿一线，最后需要一个既能阐发又能概括还要响亮的题目。2015年初，为纪念新文化运动一百周年，我们北京鲁迅博物馆（新文化运动纪念馆）动用几百件文物做了一个展览，叙述新文化运动由《新青年》开端，引进新思想，创作新文学，提倡民主，建设科学，发展教育，改良风俗的功绩。主意已定，却一时找不到妥帖的题目。最后，我从古书中翻出“周虽旧邦，其命维新”两句，建议定名为“旧邦新命，重铸文明”，以彰显新文化运动在中国文化史上的地位：注重在新旧嬗变中，保持核心观念的恒久性；在中西融合时，坚守民族文化的主体性。论证过程中，听从专家建议，删去“重铸文明”，用“旧邦新命”，加上副题“新文化运动百年纪念展”。差强人意。题目大且不说，文气也太重了些。观众要查了典故，看了前言，才明白制作者的意图。展览的题目究竟怎样才好？质朴正大如商代青铜器展、清宫服饰展之类，以物见长，无须文饰；西汉出土文物展，不仅脚踏实地，而且入地三丈。近现代文化类展览，概念性较强，不得不添加词藻，引动视听。话说回来，“旧邦新命”讲的是中华文明传承的大事，古雅一点儿也就罢了。

今年我参与制作的另一个展览是纪念中国抗日战争和世界反法西斯战争胜利70周年版画展，展出中国抗日战争时期版画（主要是木刻）作品300多幅。命名又是难题。我和有关诸君商议了好几个名目，都不满意。研讨会开到第三次，大家一边议论一边翻看作品，我突然看到一本版画集的封面上几个红色的大字“中国战斗”，结构壮阔，色彩夺目，就提议用这四个字作为展览标题。《中国战斗》是浙江版画家万湜思抗战时期出版的木刻作品集，书名“中国战斗”下面附有外文字（世界语），正是中国战场与世界反法西斯战场一体的明证。如今这展览在全国巡展，反馈意见中，为这四个字点赞的朋友不少。当然也有美中不足，就是题目中没有体现版画元素，“中国战斗”其实可以用在很多抗战题材展览中，因而仍需副题支撑：“中国抗日战争时期版画展”。看来，展览要从展品出发，题目应该从展品中生长。然而实际上，名实相符，妥帖、恰好，真是可遇不可求。这几天，新展览又在策划中了。鲁迅一生留下了一百多张照片，神态各异。几年前我写过一篇文章《开麦拉之前的鲁迅——鲁迅照相面面观》和一本书《鲁迅像传》，讲述相关故事，搜集材料，颇费了一番力气。同事姜君从中挑出几十幅，配上解说，意在让观众通过照片认识鲁迅。提纲初成，姜君请为命名。苦思多天，拟出“俯首•横眉——鲁迅生命中的瞬间”。照相摄取人的瞬间姿态，鲁迅诗中“俯首”、“横眉”两个姿态很具象征性和代表性，正好也有照片对应。质之姜君，以为如何？

二

正在俯首和横眉之间沉吟，三联书店的编辑肖严女士来电话说，我的那本小册子《八道湾十一号》已经付印了，一周内见书。高兴之余，也不免夹杂一丝感伤，六年才写成这本小册子！当初通过呼吁保护八道湾、促进相关学术研究的种种设想，早已成了云烟。六年间，几次想放弃，幸有友朋催促而且帮助，总算完稿。回想写作过程，虽有不少曲折，但也有令人欣慰之处。还是有关名称的事儿。书稿初拟提纲，征求意见，暂用了“八道湾十一号”之名。几个朋友看了却都说好，其中兆阳君最坚决地主张用“八道湾十一号”作为书名。书稿辗转几家出版社，期间有编辑提出书名应该更文学性一点儿，还有编辑主张不妨加个副标题点明院落中的人物如鲁迅。兆阳君闻之，强烈反对，说现在这个书名浑然天成。张胜君、少强君也持同样的意见。我自己实在想不出更好的名目，但总觉说浑然天成有点儿夸张，因为我担心不熟悉鲁迅兄弟生平事迹的读者，难以想象书的内容，会弃之不顾。八道湾十一号是中国现代文学史上的重镇，曾有两个大文豪在这里生活过，包括《阿Q正传》在内的不少名篇佳作在这里诞生，周氏兄弟在此反目成仇，一个受国人景仰的大文豪在这里叛国投敌。近二十年来，这个院落的命运几度危急，险些被拆掉。现在总算保存下来，被圈进一家中学院内，再无被拆之虞，但也失了自由之身。我的小册子对保护这个院落自然起不到什么作用，但在我算是完成了一件工作，证明光阴没有全都虚掷。至于能不能得到读者的喜爱，还在未知之数。总的说来，书的命名和展览命名不一样，展览要面对群体，应该更具吸引力和号召力，书则面对的是一个一个的读者，平实一点儿可能是上策。《八道湾十一号》这名目就算平实吧。

说起八道湾十一号，不妨顺便说说自己遭遇的另一个命名难题。八道湾十一号的居民搬出后，北京第三十五中学接管改造，有的房屋落架大修，有的则小修小补。建成后总要挂个牌匾，又需要定名了。我受邀参加了研讨会，提出“周氏兄弟旧居”的建议，得到专家们赞同。名称既定，学校想请个有名的书法家题匾。不料书法家希望知道如此命名的缘由，并提出为什么不称为周氏家族旧居。应学校负责人之约，我特地写了一封信给书法家。大意说，北京阜成门已有鲁迅旧居，再建一个鲁迅故居有重复混淆之嫌；在这所院子里居住的周氏家族人虽然很多，但究以三兄弟成就最大；而且，上世纪初鲁迅和弟弟就被称为“周氏兄弟”，流传至今，广为人知。如果用周氏家族的名目，则中国之大，周姓之多，可以称为周氏家族者滔滔皆是，不容易让人联想到鲁迅兄弟了。蒙书法家首肯，如今“周氏兄弟旧居”匾额已然挂在八道湾十一号周宅门楣上。

名，可名，难得嘉名。

2015年6月22日